Walter I. Farmer
Die Bewahrer des Erbes

Schriften zum Kulturgüterschutz
Cultural Property Studies

Schriften zum Kulturgüterschutz
Cultural Property Studies

Walter I. Farmer, Capt., Kunstschutzoffizier der U.S. Monuments, Fine Arts & Archives (MFA & A) 1945/46
Dr. Klaus Goldmann, ehem. Oberkustos des Museums für Vor- und Frühgeschichte, Staatliche Museen zu Berlin, Preußischer Kulturbesitz
Margaret Farmer Planton, Tochter des verstorbenen Autors Walter I. Farmer und Renate Hobirk-Farmer, Chillicothe, Ohio, U.S.A.
Dr. Henning Kunze, Rechtsanwalt in Dresden

Gedruckt mit Unterstützung der
Stiftung Preußische Seehandlung, Berlin

Die ZEIT-Stiftung Ebelin und Gerd Bucerius hat die Übersetzung gefördert.

♾ Gedruckt auf säurefreiem Papier,
das die US-ANSI-Norm über Haltbarkeit erfüllt.

Die Deutsche Bibliothek – CIP-Einheitsaufnahme

Farmer, Walter I.:
Die Bewahrer des Erbes : das Schicksal deutscher Kulturgüter am Ende des Zweiten Weltkrieges / Walter I. Farmer. Überarb. und mit einem Vorw. vers. von Klaus Goldmann. Mit einer Einl. von Margaret Farmer Planton. Aus dem amerikan. Engl. übers. von Henning Kunze. – Berlin : de Gruyter Recht, 2002
(Schriften zum Kulturgüterschutz)
ISBN 3-89949-010-X (De Gruyter Recht)
ISBN 3-11-017448-0 (de Gruyter)

Printed in Germany
Einbandgestaltung: +malsy kommunikation und gestaltung, Bremen
Datenkonvertierung: Werksatz Schmidt & Schulz GmbH, Gräfenhainichen

Walter I. Farmer

Die Bewahrer des Erbes

Das Schicksal deutscher Kulturgüter am Ende des Zweiten Weltkrieges

Überarbeitet und mit einem Vorwort versehen von
Klaus Goldmann

Mit einer Einleitung von
Margaret Farmer Planton

Aus dem amerikanischen Englisch übersetzt von
Henning Kunze

W DE G RECHT

De Gruyter Recht · Berlin 2002

Vorwort

Der Tag der deutschen Wiedervereinigung, der 3. Oktober 1990, war ein historisches Datum für viele deutsche Museen, nicht nur solche in der ehemaligen DDR, heute als Ostdeutschland bezeichnet. Ganz besonders galt dies für die einst „Königlichen Museen" in Berlin, die mit der Abdankung der Hohenzollern 1918 „Staatliche Museen zu Berlin" wurden und heute, unter demselben Namen, zur Stiftung Preußischer Kulturbesitz gehören. Gerade die alten Sammlungsteile aus dem ursprünglichen Bestand der Königlichen Preußischen Museen haben während des Zweiten Weltkrieges eine bedeutende Rolle in den Auseinandersetzungen zwischen den ehemaligen Kriegsgegnern Deutschlands im Osten und im Westen gespielt. Sie standen z. B. schon 1941 auf einer detaillierten „Wunschliste" der polnischen Exilregierung in London, in der aufgeführt ist, welche Kulturgüter aus deutschem Eigentum nach der schon damals fest erwarteten Niederlage Deutschlands als kulturelle Reparationen an Polen abgegeben werden sollten.[1] Der Streit um diese spezifische Kriegsbeute, heute gern als „Beutekunst" bezeichnet, hatte einen ersten Höhepunkt während der Potsdamer Konferenz (17. Juli bis 2. August 1945), auf der die Sowjetunion auch die Auslieferung der deutschen Kunst- und Kulturgüter, darunter besonders die Bestände der Berliner Staatlichen Museen und die aus der Verwaltung der Preußischen Schlösser, forderte, die von den Deutschen kurz vor Kriegsende offenbar gezielt in die Hand der Westalliierten transferiert worden waren.[2] Da man sich auf der Konferenz von Jalta (4. bis 11. Februar 1945) nicht über die Art und Menge der von Deutschland zu leistenden Kriegsreparationen hatte einigen können, vereinbarte man, jede Besatzungsmacht solle sich in dem ihr zugesprochenen Gebiet Deutschlands „bedienen".

Als bei Kriegsende die Armeen der Westalliierten schneller nach Osten vorstoßen konnten, als die Rote Armee nach Westen, besetzten sie deshalb auch große Gebiete, die als Teil der späteren sowjetischen Besatzungszone in Deutschland bestimmt worden waren. Ihnen waren deshalb auch umfangreiche deutsche Bergungsdepots jeglicher Art zugefallen, die neue Begehrlichkeiten erweckten, weshalb General Eisenhower bereits am 10. April 1945, wenige Tage nach der Entdeckung der deutschen Schätze in Merkers/Kaiseroda, den strikten Befehl erhielt, die dort und an anderen Bergungsorten innerhalb der späteren sowjeti-

---

1 Kowalski, Wojciech: Liquidation of the Effects of World War II in the Area of Culture, Warsaw 1994, S. 40ff.

2 Die Potsdamer (Berliner) Konferenz der höchsten Repräsentanten der drei alliierten Mächte – UdSSR, USA und Großbritannien (17. 7.–2. 8. 1945), Moskau/Berlin 1986, S. 326ff. (Anlage Nr. 102).

schen Besatzungszone entdeckten Werte, nicht nur Kunst- und Kulturgüter, sondern auch Patente, Gold- und Silberreserven, Kronjuwelen und nicht zuletzt die Banknoten der Reichsbank, – deren Papiergeld-Reserve aus der Mine übrigens die Grundlage der deutschen Wirtschaftskraft bis zur Währungsreform 1948 bildete – sofort in die künftige U.S.-Zone zu transportieren.[3] Auch blieb die zügige Rückforderung dieser Vermögenswerte durch Stalin während der Potsdamer Konferenz unerfüllt.

Lange danach noch spielten diese Sammlungsbestände der Berliner Museen im wenig später ausgebrochenen „Kalten Krieg" eine bedeutende Rolle. Noch die DDR forderte immer wieder die „Rückgabe" aller Preußischen Kunstgüter, weil sie ursprünglich ihre Heimat auf der Museumsinsel hatten, die ja im sowjetischen Sektor Berlins lag, der später „Hauptstadt der DDR" wurde.

Die 1945 in amerikanische Hand gefallenen Berliner Kulturgüter gelangten noch im April in das Gebäude der Deutschen Reichsbank in Frankfurt/Main, ihre Überführung von dort in das ehemalige Landesmuseum Wiesbaden, das zum U.S. Central Collecting Point bestimmt worden war und ihre Betreuung dort durch dessen ersten amerikanischen Direktor, Walter Ings Farmer, ist Gegenstand dieser Veröffentlichung.

Die Berliner Sammlungsbestände der Staatlichen Museen und der Staatlichen Schlösserverwaltung aus dem Wiesbadener Collecting Point und seinem Pendant in der britischen Besatzungszone, dem Art Repository im Schloß Celle, kehrten schließlich mit der Gründung der Stiftung Preußischer Kulturbesitz Ende der 50er Jahre nach West-Berlin zurück. Etwa zur gleichen Zeit erklärte sich die damalige Sowjetunion bereit, umfangreiche Museums-Bestände, die ihre „Trophäen-Kommissionen" in den ersten Jahren nach der Kapitulation aus ihrer Besatzungszone in zahlreiche Museen und Einrichtungen der Sowjetunion überführt hatten, an die Regierung der Deutschen Demokratischen Republik zurückzugeben. Dies führte nun dazu, dass seit 1959/60 in Berlin „Museums-Zwillinge" entstanden: Die während des Krieges nach Westen verlagerten Sammlungsteile der Staatlichen Museen zu Berlin wurden jetzt in West-Berlin gezeigt und verwaltet, die ursprünglich in der sowjetischen Besatzungszone verbliebenen gelangten nun zum großen Teil in die alten Häuser in der DDR zurück, darunter auch Bedeutendes, das die sowjetischen Trophäen-Kommissionen 1945 in Bergungsorten der Museen östlich der Oder/Neiße im heutigen Polen aufgefunden und in die Sowjetunion transportiert hatten.

Den Ost-Berliner Museumsbeamten der gesamten Hierarchie, vom Direktor bis zum Restaurator und Archivar, war es über lange Zeit untersagt, Kontakte zu ihren Kollegen in West-Berlin aufzunehmen oder zu halten. Dieses offizielle „Kontaktverbot" ist über Jahrzehnte auf allen Ebenen umgangen worden und

---

3 Hier: Anhang III, S. 203ff.

man informierte sich in Berlin ständig auch im Detail über alle aktuellen Museumsprobleme und tauschte Informationen über Vorhandenes und noch Verschollenes aus. Es ist aus heutiger Sicht kaum vorstellbar, dass diese engen Verbindungen und Bindungen dem wachsamen Auge der Staatsmacht, der allmächtigen „Staatssicherheit", entgangen sind. Es wird also damals auch in höchsten Positionen der DDR Personen gegeben haben, die im Interesse der Bewahrung des gemeinsamen kulturellen Erbes diese Kontakte geduldet oder gefördert haben.

Mit der Wiedervereinigung Deutschlands begannen die nun ebenfalls wiedervereinigten Staatlichen Museen zu Berlin eine intensive Erforschung der Nachkriegs-Geschichte ihrer Sammlungen in Ost und West. Da zur Zeit der „Wende" auch die damals noch bestehende Sowjetunion kurzfristig eine Reihe wichtiger Archive geöffnet hatte, wurde bekannt, dass tatsächlich noch viele Teile der Sammlungen der Staatlichen Museen zu Berlin in sowjetischen Museen zurückgeblieben waren, als zwischen 1955 und 1959 „offiziell" alle kulturelle Kriegsbeute aus den musealen Einrichtungen der Sowjetunion an die DDR restituiert worden war. Diese Tatsache wurde jedoch strikt geheim gehalten. In den Museen in Ost- und West-Berlin hatte man lange geglaubt, nach dem Krieg nicht aus der Sowjetunion zurückgeführte und bis heute weder im Osten noch im Westen der Stadt vorhandene Bestände seien im Kriege oder während der Transporte aus Deutschland in die Sowjetunion untergegangen.

So entstand nach der Wiedervereinigung eine erneute, jetzt weltweit geführte Diskussion darüber, was tatsächlich gegen Ende des Zweiten Weltkrieges und kurz danach geschehen ist, als die Aliierten die meisten der Kunstgüter, Bibliotheken und Archive aufgefunden hatten, die die Deutschen während des Krieges aus den von ihnen eroberten Ländern abgeführt hatten. Durch das Militärgesetz Nr. 52 beschlagnahmten die Aliierten zunächst auch alle Sammlungen von Kulturgütern aus prinzipiell unbestrittenem deutschen Eigentum, um das Eigentumsrecht der deutschen Einrichtungen für alle die Bestände zu überprüfen, die nach der Machtübernahme der Nationalsozialisten 1933 in die Sammlungen gelangt waren. (Im Falle einer Weigerung, die Erwerbungsakten und Inventare an die Besatzungsbehörden herauszugeben, wurde den deutschen Verantwortlichen standrechtliche Aburteilung angedroht.) Damals war es noch beschlossene Politik aller Kriegsgegner Deutschlands während des Zweiten Weltkriegs, aus unbestrittenem deutschen Kulturerbe „Restitution in Kind" vorzunehmen, also die Reparationen durch deutsche Kulturgüter, um durch deutsches Verschulden während des Krieges untergegangene oder verlorene Kulturgüter der deutschen Kriegsgegner zu ersetzen.[4] Dies verstieß zwar gegen die Vereinbarungen der Haager Konvention von 1907, wurde aber dennoch eine von den Aliierten bis in letzte

---

4 Nicholas, Lynn H.: Der Raub der Europa, München 1995, S. 281.

Details vorbereitete Politik – sozusagen als Gegenschlag zu dem, was die Deutschen während des Krieges, ebenfalls ohne Rücksicht auf die Haager Konvention, vorgenommen hatten.

Im Rahmen dieser intensiv von der amerikanischen „Roberts-Commission" vorbereiteten und von den Vereinigten Staaten getragenen Politik sind auch die in der vorliegenden Publikation beschriebenen Ereignisse aus der zweiten Jahreshälfte 1945 zu beurteilen. Die wertvollsten Teile der Sammlungen der Staatlichen Museen zu Berlin waren erst im letzten Moment vor der Eroberung Berlins durch die Rote Armee auf Grund eines „Führerbefehls" vom 6. März 1945 aus ihren bombensicheren Bergungsorten in Berlin in ein Gebiet Deutschlands überführt worden, das nach damaligem Wissen von den Westalliierten besetzt werden würde. Man setzte die unersetzlichen Kunstgüter den Gefahren der damals ständigen Tieffliegerangriffe aus, – die merkwürdigerweise ausblieben – und alle diese Transporte erreichten unversehrt ihre Ziele in Thüringen, Bayern, Sachsen-Anhalt und Niedersachsen. Dort wurden die Sammlungsbestände, einige sogar in der späteren britischen Besatzungszone, zunächst von Sonder-Einheiten der U.S.-Armee geborgen und zum großen Teil, wie beschrieben, in das Gebäude der Reichsbank nach Frankfurt/Main, der heutigen Bundesbank, gebracht. Dort unterstanden die Kulturgüter – wie auch der „Staatsschatz", also die deutschen Gold- und Silberreserven aus dem Kalibergwerk Merkers/Kaiseroda – bis Ende Juni 1945 nicht dem U.S.-Kunstschutz (MFA & A), sondern der „Finance-Division", die direkt dem U.S.-Treasury Department unter dem Finanzminister Henry Morgenthau zugeordnet war. Es ist bis heute auch aus den in den National Archives der U.S.A. zugänglichen Akten nicht zu rekonstruieren, ob alle aus den deutschen Bergungsorten zunächst in die Verwaltung der Finance-Division nach Frankfurt/Main überführten Kunstgüter schließlich tatsächlich in die Verantwortung der MFA & A gelangten, damit also in die verschiedenen Collecting Points in der U.S. Zone und – was Berlin betrifft – in den Wiesbaden Central Collecting Point. Die hier von Walter Farmer in vielen Details geschilderte Geschichte „seines" Collection Points, in dem er das deutsche kulturelle Erbe so kämpferisch hütete, läßt durchaus die Vermutung zu, dass er nur eine ursprünglich vorgesehene zweite Entnahme aus dem Museumsschatz der Berliner Museen verhinderte. Offenbar hat das von ihm initiierte „Wiesbadener Manifest" vom 7. November 1945 aber in den Vereinigten Staaten die ursprünglich vorbereitete Politik der „Restitution in Kind", die zugleich darauf angelegt war, Bestände eigener Museen durch „Reparationen von Kulturgut" zu ergänzen, in den Vereinigten Staaten seit dem Jahreswechsel 1945/46 nicht durchsetzbar gemacht. Ich fürchte allerdings, dass seit diesem Moment die Museumsleute in den USA, die inzwischen ihre Bestände hatten auffüllen können, ihre hochkarätigen politischen Verbindungen genutzt haben, damit alle Unterlagen vernichtet würden, die eine Rückverfolgung dieser wunderlichen Bestandsvermehrung nach Kriegsende hätte erlauben können. Dies aber ist in einem Land, das in seiner Aktenflut fast preußischer ist als das historische Preußen, schwer möglich, umso weniger, als die offene, vorbildlich freie Gesellschaft in den USA traditionell zutiefst misstrauisch ist gegenüber Regenten! Das Kapitel der seit 1945 aus vielen Ländern der kriegsführenden Nationen Europas verschwundenen Kulturgüter höchster Bedeutung wird erst in einer ferneren Zukunft geschrieben werden können, und kaum von einem deutschen Autor. Die Bundesrepublik Deutschland hat sich jedenfalls am 27. September 1990, wenige Tage vor der Wiedervereinigung, in einem Briefwechsel mit den Botschaftern der drei Westmächte, USA, Vereinigtes Königreich und Frankreich, verpflichtet, bestimmte Paragraphen des Besatzungsrechts weiter als gültig zu betrachten. Sie dürften auch nicht bezüglich der neu hinzugetretenen Bundesländer und West-Berlin umgangen werden. Danach gelten alle Beschlagnahmungen deutschen Eigentums, auch von Kunst- und Kulturgütern, die durch Anwendung von Gesetzen der Militärregierung vor und nach der Kapitulation Deutschlands erfolgten, als endgültig. Die Vereinbarung zwischen den Mächten wurde am 8. Oktober 1990 im Bundesanzeiger veröffentlicht und ist heute in Deutschland geltendes Recht.[5]

Mein Freund Walter Ings Farmer, der zu früh im August 1997 in Cincinnati verstorben ist, hat sich um das Gewissen der zivilisierten Welt verdient gemacht. Es ging ihm nicht nur um die Bewahrung des kulturellen Erbes der Deutschen, es ging ihm um kulturelles Erbe der Welt: Was nützt es, wenn die künstlerischen Schätze der Welt aus politischen Gründen, „weil das Gesicht gewahrt werden muß", in den Kellern und Außenstellen großer Museen versteckt werden? Russland hat diese Politik aufgegeben, nach und nach werden dort ursprünglich versteckte Kulturgüter wenigstens wieder zugänglich.

Walter Farmers Collecting Point in Wiesbaden wurde ein wohl behüteter Verwahrungsort für zahlreiche Kunst-Sammlungen aus deutschem Eigentum, die die Vereinigten Staaten 1945 in Verwahrung genommen hatten.

Als Architekt, Organisator und erster Direktor dieser Einrichtung war der U.S. Capt. Walter I. Farmer, Kunstschutzoffizier der Monuments, Fine Arts & Archives (MFA & A) – Section in dieser Zeit 1945/46 verantwortlich für ein Herzstück des deutschen kulturellen Erbes. Seine Erinnerungen beschreiben ein höchst bedeutendes Kapitel der Geschichte der Sammlungen der Staatlichen Museen zu Berlin, das in solcher Detailgenauigkeit bisher weitgehend unbekannt war.

Walter Ings Farmer hat das Manuskript zu Beginn der 90er Jahre mit Hilfe von Ruth K. Meyer verfasst. Es konnte später in engster Zusammenarbeit mit Walter Farmers Tochter, Margaret Farmer Planton, ergänzt werden, als eine ganze Reihe neuer Archivbestände in Deutschland, den Vereinigten Staaten und in Russland zugänglich geworden waren. Im Oktober 2000 ist im selben Verlag die englische Originalausgabe erschienen.

---

[5] BGBl. 1990, Teil II, S. 1386–1389.

Nicht zuletzt diese Veröffentlichung der Erinnerungen von Walter I. Farmer zeigt ausdrücklich, dass die Sammlungen der Staatlichen Museen zu Berlin nicht nur während des Kalten Krieges eine bedeutende Rolle spielten, sondern auch in der Weltpolitik, wenigstens seit dem Kriegsausbruch im Jahre 1939.

Mit seinem furchtlosen Einsatz zum Erhalt der ihm 1945 anvertrauten Bestände der Berliner Sammlungen für Deutschland hat er sich um das kulturelle Erbe der Welt verdient gemacht und gezeigt, wie man verantwortlich mit diesem Erbe umzugehen hat.

Ich verbeuge mich in Ehrfurcht vor dem verstorbenen Freund!

Berlin, im Mai 2002 — Klaus Goldmann

Inhaltsübersicht

Abkürzungen

ADHG	American Defense – Harvard Group
Advisory Commitee	Advisory Committee on Post-War Foreign Policy Preparation
AMG	Allied Military Gouverment
CAD	Civil Affairs Division of the War Department
CCCR	Committee on Conservation of Cultural Recources
CORC	Coordinating Committee of the Allied Control Council, Deutschland
DP	Displaced Person
EAC	European Advisory Commission
ERR	Einsatzstab Reichsleiter Rosenberg
JCS	Joint Chiefs of Staff
JDC	Joint Destribution Committee
KFM	Kaiser-Friedrich-Museum (Berlin)
MFA & A	Monuments, Fine Arts and Archives
NGA	National Gallery of Art (Washington, D.C.)
MacMillan Committee	British Committee on the Preservation and Restitution of Works of Art, Archives, and Other Material in Enemy Hands
MP	Military Police
OCS	Officiers Candidate School
OMGUS	Office of Military Government for Germany (U.S.)
OSS	Office of Strategic Services
RDR	(Division for) Reparations, Deliveries and Restitution
Roberts Commission	American Commission for the Protection and Salvage of Artistic and Historic Monuments in War Areas
SWNCC	State, War, Navy Coordinating Committee
SANACC	State, Army, Navy, and Air Force Coordinating Committee
SHAEF	Supreme Headquarters, Allied Expeditionary Forces
UNICEF	United Nations International Children's Emergency Fund
UNRRA	United Nations Relief and Rehabilitations Administration
USFET	US Forces, European Theater
USNR	US Naval Reserve

USGCC	US Group, Control Council
Vaucher Commission	Inter-Allied Commission for the Protection and Restitution of Cultural Materials
VE	(V-E) Victory in Europe
WAC	Women's Army Corps
WCCP	Wiesbaden Central Collecting Point
YIVO	Yiddish Scientific Institut Library (Vilnius, Litauen)

und:

KG	Klaus Goldmann
MFP	Margret Farmer Planton
RKM	Ruth Krueger Meyer
WIF	Walter Ings Farmer

Einleitung

Als die russischen Panzer im Frühling 1945 in Berlin einfuhren, bot Deutschland ein Bild der Verwüstung. Die jahrelangen Bombardierungen hatten Telefon- und Versorgungsnetze zerstört, Städte verwüstet und ihre Bewohner obdachlos gemacht. Auf der Suche nach Nahrung, Schutz und einem Dach über dem Kopf zogen Flüchtlinge in Scharen durch die Straßen. Die alliierten Armeen bewachten zahllose Kriegsgefangene in riesigen Lagern. Unüberwindlich schienen die Schwierigkeiten der Besatzungsarmeen bei der Verwaltung der eroberten Gebiete, der Versorgung der Bevölkerung mit Nahrungsmitteln und Unterkünften, dem Wiederaufbau der zerstörten Infrastruktur und bei der Behandlung der ehemaligen Führer des besiegten Deutschlands.

Die kriegführenden Nationen hatten auf ihrem Zug durch Europa Güter von kulturellem und historischem Wert erobert, die von ihren deutschen Hütern entweder sorgfältig geborgen oder sogar öffentlich zugänglich waren. Während die Alliierten im Sommer 1945 vor allem für das tägliche Überleben der deutschen Bevölkerung zu sorgen hatten, mussten sie sich ebenso der Kunstwerke, des weiteren kulturellen Erbes und der Denkmäler in den besetzten Gebieten annehmen. Die Basis für diese Aufgabe hatte General Eisenhower mit einem Befehl aus dem Jahr 1943 gelegt, demzufolge Kulturgüter wenn irgend möglich bei militärischen Aktionen zu verschonen waren. Die Besatzungsmächte bildeten kleine Offizierseinheiten und übertrugen ihnen die Verantwortung für alle Kulturgüter, die in ihrer Zone aufgefunden wurden. Für die US-Armee hatte die *Monuments, Fine Arts and Archives Group* unter dem erschütternden Anblick eines dem Erdboden gleichgemachten Deutschland Gegenstände von kultureller Bedeutung zu identifizieren und vor weiterer Beschädigung zu bewahren (siehe Anhang I)*.

Jahre später war Deutschland nicht nur wieder aufgebaut, sondern hatte sich zu einem NATO-Partner und einer Wirtschaftsmacht entwickelt. In den florierenden achtziger Jahren wurde die Suche nach vermissten Kulturgütern zu einem Thema der Medien. Wissenschaftler durchforsteten die lange gelegenen Akten und suchten nach überlebenden Zeugen und Armeeangehörigen, um in Erfahrung zu bringen, was über den Verbleib einiger der größten Schätze deutscher und anderer europäischer Museen noch bekannt war, nachdem die Alliierten Armeen 1945 den Bombern durch die Städte Europas gefolgt waren.

Den Anlass zu dieser Gedenkschrift, *Die Bewahrer des Erbes*, gab der 6. November 1945, der Tag, an dem mein Vater einen Befehl erhielt, den er nicht akzeptieren konnte. Mein Vater, Walter I. Farmer, damals Captain, war Direktor des *Wies-*

---

* Siehe Seite 133ff.

baden Central Collecting Point. Per Telegramm befahl das höchste US-Oberkommando, dass mindestens zweihundert herausragende Kunstwerke aus deutschem Besitz nach Washington zu verbringen seien. Mein Vater hatte seine gesamte Kraft für die Sicherung und Bewahrung der Meisterstücke aufgewendet. Dieser Befehl konterkarierte all das, wofür er und die anderen 34 Offiziere der *Monuments, Fine Arts and Archives Group* so hart gearbeitet hatten. Sein direkter Aufruf zu handeln brachte am 7. November 1945 32 der Kunstschutzoffiziere an seinen Dienstsitz, wo er mit ihnen diesen unerhörten Befehl besprach. Gemeinsam verfassten sie eine Protestnote gegen diesen Armee-Befehl, die sie vor das Kriegsgericht hätte bringen können. Im Jahre 1987 erhielt diese Protestnote neue Bedeutung, als Dr. Klaus Goldmann in deutschem Auftrag meinen Vater in Washington D.C. nach verschollenen Kunstschätzen befragte. Dieses Interview rückte die Geschichte um die Protestnote, nun als „Wiesbadener Manifest" bezeichnet, nach Jahren des Vergessens in das Rampenlicht der internationalen Öffentlichkeit.

Lynn Nicholas und andere unterstützten Dr. Goldmann dabei, meinem Vater Fragen über den *Wiesbaden Central Collecting Point* vorzulegen. Ich selbst wurde 1987 in diese Vorgänge einbezogen, als ich meinem Vater half, diverse Unterlagen abzufassen, zusammenzustellen und zu übersetzen. Meine Eltern, Walter und Renate Hobirk Farmer, hatten mir oft erzählt, wie sie sich kennen gelernt hatten und wie sehr ihre Liebe zur Kunst und dem Schönen sie verband. Von Juni 1945 bis März 1946 war Vater Direktor des *Wiesbaden Central Collecting Point*. Mutter war dort von Juli 1945 bis Mai 1947 als Verwaltungschef beschäftigt. Jahre später half ich nun meinem Vater, das umfangreiche Archiv zu ordnen, das er angelegt hatte. Ich redigierte sein Tagebuch aus der Armeezeit, sortierte Originaldokumente, stellte Listen zusammen, übersetzte Artikel aus dem Deutschen und übertrug Briefe, die er nach Hause an seine erste Frau Josselyn geschrieben hatte. Diese Briefe belegen seinen grenzenlosen Enthusiasmus für die Aufgabe und seine Dankbarkeit, die er angesichts der Chance, zur Rettung der Meisterwerke der Kunst beizutragen, empfand.

Mit dem Eingeständnis Russlands in den neunziger Jahren, Sammlungen deutscher und anderer europäischer Museen konfisziert und versteckt zu haben, wurde Kunst zum Gegenstand hitziger politischer Debatten. Das Buch „*Der Raub der Europa*" von Lynn Nicholas machte dieses Thema einer breiten Leserschaft zugänglich. Im Januar 1995 sprach mein Vater als einer von fünf amerikanischen Offizieren, die mit der Bewahrung der Kunstwerke betraut waren, auf einem Symposium des *Bard Graduate Center* zum Thema: „The Spoils of War: World War II & Its Aftermath" (Kriegsbeute: Der zweite Weltkrieg und seine Auswirkungen). Am Ende dieser wichtigen internationalen Zusammenkunft hob der deutsche Diplomat Hagen Graf Lambsdorff die Bedeutung des Manifests für Deutschland hervor, indem er das Dokument in ganzer Länge verlas. Am 9. Februar 1996 erhielt mein Vater aus der Hand des deutschen Vizekanzlers und

Außenministers Dr. Klaus Kinkel, stellvertretend für alle Offiziere der *Monuments, Fine Arts and Archives Group*, das Große Verdienstkreuz der Bundesrepublik Deutschland, das ihm Bundespräsident Roman Herzog verliehen hatte. Dieser Ehrung folgte im Mai 1997 die Verleihung des *Humanitären Preises Deutscher Freimaurer* durch die Großloge der Alten Freien und Angenommenen Maurer von Deutschland.

Ich versprach meinem Vater vor seinem Tode im August 1997, dass ich die Arbeit an seinen Memoiren zu Ende führen würde. Es erfüllt mich mit großer Dankbarkeit und Freude, sein Lebenswerk nun zu vollenden. Es war für mich eine einzigartige und erfüllende Erfahrung, so eng mit meinem Vater, meiner Mutter und anderen Kunstschutzoffizieren und Dr. Goldmann zusammenzuarbeiten und über die Arbeit meiner Eltern zu Zeiten des Krieges zu schreiben. Sehr gerne habe ich meinen Vater nach New York, Bonn, Berlin und Fürth begleitet. Die Anerkennung, die er von der deutschen Regierung und von den Freimaurern erhielt, bedeutete ihm viel. Mit welch großem persönlichen Einsatz er die gesamte Forschung durchgeführt hat, zeigt sich auch an der tiefen Freundschaft zu Dr. Goldmann und seiner Familie.

Im Auftrag meines Vaters danke ich Dr. Ruth K. Meyer, der ehemaligen Direktorin des Taft Museums in Cincinnati, Ohio, für die Erstellung des ersten Entwurfs seiner Memoiren im Jahr 1994. Sie befragte eine große Zahl der Kunstschutzoffiziere und überprüfte umfangreiche Archivquellen. In den Jahren 1998 und 1999 halfen mir Dr. Goldmann, Dr. Martin Albrecht und Renate Farmer, die Arbeit an der Darstellung der Geschichte des Wiesbadener Manifests zu vollenden.

Bis zu seinem Tod hoffte mein Vater, dass alle verschollenen Kunstwerke wieder aufgefunden würden. Während heute, im Jahre 2002, in vielen Ländern juristisch debattiert wird, ist es wahrscheinlich, dass einige Sammlungen wieder an ihre Heimatstätte vor dem zweiten Weltkrieg zurückkehren. Möge es in der Geschichte unserer Welt immer Hoffnung und genügend Raum für weitere Taten geben, die aller Ehren wert sind.

Chillicothe, Ohio
im Juni 2002

Margaret Farmer Planton

Erstes Kapitel: Mein Schloss

Als Kind baute ich mir in meiner Fantasie ein Schloss, in dem ich ungestört von meinen Eltern oder meinen Geschwistern, mit denen ich nie meine wirklichen Interessen teilte, so leben konnte, wie ich es wollte. Mit zunehmendem Alter wurde das Schloss zu einer geistigen Zuflucht und zu einem Ort in mir, an den ich mich zurückziehen und über mein vor mir liegendes Leben träumen konnte. Während meines Militärdienstes, von dem ich später berichten werde, verbarg ich mein Interesse an Kunst und Kultur, um in einer Männergesellschaft, die hierfür kein Verständnis zeigte, überleben zu können. Indem ich also meine Neigungen verheimlichte, konnte ich zum abteilungsleitenden Offizier des Colonels aufzusteigen, während ich zugleich das Motto des Regiments: *Honest Duty* (Ehrliche Pflichterfüllung), verinnerlichte. Ich war sehr erstaunt, als mich Bell in der Widmung des Buches über die Geschichte unseres Militärdienstes zum „Kulturträger des Regiments" erhob. Ich hatte die Wände meines Schlosses für dicker gehalten.

Ich wurde am 7. Juli 1911 in dem Ort Alliance im nördlichen Ohio geboren, 50 Meilen entfernt von Cleveland. Als viertes und letztes Kind eines Ehepaares in den Vierzigern, hielt ich Einzug in einen wohlgeordneten Haushalt, in dem meine Ankunft die bestehende Routine nur wenig aufwirbelte. Vater war leitender Angestellter einer Stahlfabrik und Mutter führte ein zurückhaltendes soziales Leben. Ohne dass sie es bemerkten, steuerte ich schon bald in eine frühreife Jugend. Bereits in jungen Jahren hatte ich Bücher, Musik und die Sammelleidenschaft für mich entdeckt und erwarb dank dieser Interessen die Freundschaft der Erwachsenen und ihre Förderung.

Aus der Geborgenheit meines Elternhauses kam ich zu zwei unverheirateten Damen, den Schwestern Vale, die mir Musikunterricht gaben, mich in das Studium von Kunstwerken einführten und mir beibrachten, einen Garten zu pflegen. Die Schwestern Vale unterwiesen mich auch in der Ahnenforschung und erläuterten mir, wie man Stammbäume erstellt. So packte mich schon in jungen Jahren die Lebensaufgabe der Ahnenforschung. Mein Onkel, Honorable David Adams Hollingsworth, ein prominenter Politiker aus Ohio, veröffentlichte 1920 seine Autobiographie. Ich brachte das Buch mit in die Schule, wo der Lehrer laut daraus vorlas. Im Alter von neun Jahren war ich plötzlich stolz darauf, „jemand" zu sein. Hollingsworth war Staatsanwalt in Ohio und Kongressabgeordneter. Aus seinem Buch erfuhr ich, dass meine Familie zusammen mit William Penn nach Amerika gekommen war. Ein paar Jahre später veranstaltete er eine große Familienfeier, auf der mir ein Stück aus dem Familienbesitz überreicht wurde. Meine Eltern förderten meine Vorlieben, indem sie mir ein Klavier kauften und mir erlaubten, auch die Räume meiner Geschwister in Beschlag zu nehmen, nachdem sie aus dem elterlichen Haus ausgezogen waren. Im Dachgeschoss unseres Hauses begann ich nun mit dem Aufbau meiner eigenen Sammlung, einer Art persönlichen Museums mit sorgfältig ausgewählten Familienerbstücken, Naturobjekten und anderen Schätzen.

Die Karriere meines Vaters war mir ein Vorbild, obwohl sein Streben nach Erfolg dazu führte, dass er während meiner Jugend oft verreist war. Vater war leitender Angestellter der Morgan Engineering Company, des größten Industriebetriebs in Alliance, Ohio. Er hatte eine Ausbildung zum Maschinisten in Bheeling, Westvirginia, absolviert und wurde zum Experten für die Bestimmung von Herstellungskosten für schwere Krane und andere Maschinen, die die Morgan Company produzierte.

Als es klar war, dass Amerika in den ersten Weltkrieg eingreifen würde, wurden Vaters Kenntnisse in die Dienste der US-Regierung gestellt, als Morgan die Herstellung von Munition und schwerem Kriegsgerät aufnahm. In einer hektischen Zeit unterhielt Vater Wohnungen in New York und Washington, während er zwischen Bürokraten und Finanziers pendelte, die die Nation auf den Krieg vorbereiteten. Unmittelbar nach dem Krieg nahm die Arbeit bei Morgan dramatisch ab und Vater musste sich eine neue Beschäftigung suchen, so dass ich ihn wenig sah. Dennoch habe ich wunderbare Erinnerungen an ihn, wenn er zu Hause war, besonders an seine Herzlichkeit. Er verankerte in mir das Erbe der Quäker, nämlich die Verantwortung für das Wohlergehen anderer. Bescheiden, aber nicht unterwürfig, erweist man der Menschheit seinen Dienst, indem man sich in die Gemeinschaft einfügt. Sein Tod im Jahre 1927, ich war 16 Jahre alt, beraubte mich seiner Führung, gerade als ich zum jungen Mann wurde, aber ich versuchte immer, seinem Beispiel zu folgen.

Bei der Forschung nach meinen Ahnen stellte ich fest, dass ich mit Lydia Farmer Painter verwandt war, einer großartigen viktorianischen Entdeckerin, die ein Buch über ihre Abenteuer geschrieben hatte. Die Suche nach ihrem Buch bescherte meinem Leben einen neuen väterlichen Einfluss. Lydias Sohn, Kenyon Vickers Painter, lebte in Cleveland, wohin die Farmers gezogen waren, um das Management der Pittsburgh Cleveland Railroad zu führen. Hier, wo sie zu Wohlstand gelangten, hatte Kenyon's Vater für Lydia eine Villa mit achtzig Räumen gebaut, die noch heute an der Ecke Lee Road und Fairmont Boulevard steht.

Da ich wusste, dass Lydia bereits verstorben war, schrieb ich einen Brief an Kenyon Painter und fragte ihn, wie ich wohl zu einem Exemplar ihres Buches kommen könnte. Painter war so beeindruckt von meinem jugendlichen Enthusiasmus für die Geschichte der Familie, dass er mich zu sich nach Cleveland einlud. Er nahm mich mit zu sich nach Hause, wo ich alle Schätze vorfand, die seine Mutter angesammelt hatte. Kenyon Painter erweiterte die Sammlung und verschönte das Anwesen mit einem Garten, einem Zoo und einer Voliere.

Das Haus war ausstaffiert wie ein Museum, mit Gemälden, Skulpturen, Wandbehängen und einer großen Zahl seltener Bücher. Meine Besuche in Cleveland dehnten sich aus und ich übernahm es, die Bibliothek zu katalogisieren. Zwar war Painter verheiratet und hatte eigene Kinder, sie waren jedoch zu jung, um seine Sammelleidenschaft zu teilen, und er fand Gefallen daran, einen vaterlosen Jungen aufzuziehen. Dank seiner Führung gewann ich eine Vorstellung davon, welche Bedeutung Kunst und Architektur in meinem Leben einnehmen könnten.

Die Architektur des Hauses war dem Compton Wynates nachempfunden, einem Haus im Tudor-Stil im englischen Warwickshire, und Painter importierte „gotische" Tafeln und Möbel passend zum Äußeren. Als sie ankamen, überließ man es mir, die Tafeln im Haus zu verteilen und anzubringen. Mit Painter reiste ich nach New York, wo wir in Kunsthandlungen und Auktionen weitere Werke zum Ausbau des Ensembles erwarben. In dieser Zeit meines Lebens führte ich, wenn ich mich nicht in Cleveland aufhielt, in Alliance das Leben eines typischen Gymnasiasten mit den üblichen Partys und Vergnügungen. Painters Einfluss in meinem Leben war stärker als der meiner Mitschüler und als er mir anbot, ihn 1929 auf einer Jagdexpedition durch Afrika zu begleiten, hatte ich keine Bedenken, die Schule zu verlassen und meinen Abschluss zu verschieben. Den ganzen Sommer hindurch war ich mit Reisevorbereitungen beschäftigt, jedoch musste die Reise wegen der fortschreitenden Börsenkrise abgesagt werden, so dass ich die Schule doch im Januar 1930 abschloss.

Painter übernahm die Leitung meines weiteren Ausbildungsweges und schlug vor, dass ich nach der Schule für ein Jahr die Arbeitswelt erkundete, bevor ich mich an der Yale University, seiner Alma Mater, immatrikulierte. Painters große Leidenschaft war die Jagd und das Sammeln von Trophäen. Er hatte Expeditionen von Carl Akeley finanziell unterstützt, dem berühmten Präparator und Erfinder einer Filmkamera, der in New York City ein Studio besaß. Im Sommer 1930 erhielt ich bei Akeley's Firma eine Anstellung mit einem Gehalt von 25 Dollar pro Woche und bezog im Sloan House in New York eine Wohnung.

In den nun folgenden sechs Monaten wandelte ich mich vom frühreifen Vorstadtjungen zu einem weltoffenen jungen Mann. Als erstes bekämpfte ich meinen breiten Ohio-Akzent, indem ich laut vorlas und die Sprachmelodie meiner neuen Bekannten nachahmte. Ich schrieb mich in Abendkurse der Columbia University ein, nahm Reitunterricht im Central Park und gab das Geld, das eigentlich für Verpflegung gedacht war, dafür aus, meine Augen und Ohren mit Opern- und Konzertbesuchen zu erfreuen. Ich war versessen darauf, alles was die Stadt zu bieten hatte, sofort zu erleben und in mich aufzusaugen.

Als ich an Weihnachten nach Alliance zurückkehrte, erkannten mich meine Mutter, meine Schwester und Brüder fast nicht wieder. Ich war abgemagert und übernervös von all den neuen, mich regelrecht elektrisierenden Eindrücken. Meine Mutter war entsetzt und wollte von meiner baldigen Rückkehr nach New York nichts wissen. Meine Eltern waren stets über meine Ausgelassenheit und meine überschießende Energie besorgt und hatten sich immer gefragt, wie man meinen

Enthusiasmus, mein fast schon obszessives Interesse an Kunst und Kultur in ein normales und produktives Leben kanalisieren könnte. Der starke Einfluss von Kenyon Painter schwand allmählich. Mein Mentor hatte mit eigenen Problemen zu kämpfen, nachdem die Börse zusammengebrochen und die Union Trust Bank of Cleveland, deren größter Anteilseigner er war, in Bedrängnis geraten war. Als sich die Depression ausweitete, wurden seine Clevelandanteile wertlos, und nach seinem Tod verkaufte seine Frau das großartige Anwesen an einen Nonnen-Orden.

Ohne das Einkommen meines Vaters verschlechterte sich die Situation unserer Familie, wie die jeder anderen. Eine kleine Erbschaft von meinem Onkel D. A. Hollingsworth erlaubte es mir, 5000 Dollar für das College anzusparen. Um die vier Jahre bis zum Abschluss finanzieren zu können, wählte ich die Miami University at Oxford, Ohio, an der gerade erst ein Studiengang Architektur eingerichtet worden war. Ich schrieb mich für das Wintersemester 1930/1931 ein und ließ mich in der kleinen Stadt nieder, die zwar ländlichen Charakter hatte, aber eine akademische Atmosphäre besaß.

Es war nicht New York, aber Oxford bot ein kulturelles Leben, das sich mir dadurch öffnete, dass ich Vereinen beitrat und an studentischen Musik- und Theaterveranstaltungen teilnahm. Kurz nach meiner Ankunft besuchte ich eine Lesung, veranstaltet von Mrs. Wade McMillan, und fand sofort einen neuen Mentor. Marian Thayer McMillan war zugleich Studentin und Autorin, die Lesungen über Kunst und andere schöngeistige Themen hielt. Sie verfügte über eine theatralische Ausstrahlung und forderte mit ihren Lesungen die provinziellen Gemüter ihrer Zuhörer heraus. Henry James war ihr besonderer Mentor und sie veröffentlichte ihre Korrespondenz mit ihm. Ihr Buch *Reflexionen: Die Geschichte des Wassers,*[1] kann als gutes Beispiel ihres Stils dienen. Es ist im Wesentlichen eine Sammlung von Fotografien ruhiger Seen und Uferlinien, deren Ansichten um neunzig Grad gedreht sind, so dass die Horizontale zur Vertikalen wird und die gespiegelten Abbildungen wie Rohrschach-Tintenkleckse erscheinen. In ihren begleitenden Texten vermischen sich östliche Religionen, Mythen und Folklore in einer die Interpretationen des Betrachters anregenden Weise. Marians Schwägerin Mary McMillan, ebenfalls eine Dichterin, schrieb sapphische Verse und erfreute sich einer ebenso glühenden Anhängerschaft. In Oxford unterhielten die McMillans einen Salon, in dem man lebendig über Kunst debattierte.

Meine Entscheidung, Architektur an der Miami Universität zu studieren, war ein realistischer Kompromiss. Zwar hätte ich ein Studium der Kunst oder auch der Innenarchitektur bei Weitem vorgezogen, besonders da meine Erfahrungen mit Kenyon Vickers Painters Haus und Sammlungen hierfür ein Talent offenbart hatten. Aber zu dieser Zeit war ein Studium der Kunstgeschichte nur an den

---

1 Thayer McMillan, Marian. *Reflections: the Story of Water.* New York, Greenberg, 1936.

westlichen Universitäten möglich und für Innenarchitektur gab es in den Vereinigten Staaten überhaupt keine Collegeprogramme. Nur an der Fakultät der Parsons School in Paris konnte man Kurse belegen und die historischen Stile studieren, die die Innenarchitekten weltweit beeinflussten. Alliance in Ohio hatte nur einen Absolventen dieser Fakultät hervorgebracht. Bill Tollerton war etwa in meinem Alter und präsentierte mir voll stolz seine schönen Entwürfe, die er in Paris angefertigt hatte. Der Architekturkurs in Miami ging in sein zweites Jahr, als ich mein Studium aufnahm. Unser Semester wurde maßgeblich vom Wiederaufleben des Klassizismus geprägt, den die Ecole des Beaux Arts propagierte und den in Amerika die meisten anderen Architekturschulen übernahmen. Die Moderne von Le Corbusier und Mies van der Rohe war uns ebenso unbekannt wie der internationale Stil, den sie mit prägten und von dem wir erst am Ende des Jahrzehnts durch Philip Johnsons hervorragende Ausstellung im *Museum of Modern Art* erfuhren.

Wir übten uns im Zeichnen dorischer, ionischer und korinthischer Säulen, während wir lernten, die Statik von Gebäuden zu berechnen. Zusätzlich zu diesen Kursen, die sehr viel Zeit in Anspruch nahmen, studierte ich an der Schule für Freie Künste. Im ersten Sommer meines Studentenlebens ging ich an die University of Colorado, um hier die Kurse nachzuholen, die ich wegen meiner verspäteten Ankunft in Oxford verpasst hatte. In Boulder, Colorado, erteilte ich Reitunterricht im englischen Stil, den ich im Central Park New Yorks erlernt hatte, und hielt mich so über Wasser.

Auch in meinem zweiten Jahr war mein Leben geprägt vom Studium und dem gesellschaftlichen Leben, das ich seit Beginn meiner Zeit in Oxford führte. Die Planungen für eine Reise nach England im Sommer 1933 zusammen mit meiner Mutter, auf der wir unsere Verwandten der Familien Farmer und Ings besuchen wollten, nahmen mich vollständig in Anspruch. Die Reise sollte vier Monate dauern. Wir wollten einen Wagen mieten und ich nahm mir vor, alle englischen Kathedralen und so viele Herrenhäuser und Gärten wie möglich zu besuchen. Alte Ausgaben der Zeitschrift *Country Life* dienten mir als Reiseführer und halfen mir, meine Kenntnisse in Architektur und Ahnenforschung zu vertiefen.

Die Reise war ein überwältigender Erfolg, den ich zumindest auch meiner umsichtigen Planung und den jahrelangen Forschungen in den Ahnenbüchern der Familie Farmer zu verdanken hatte. Bei meiner Ankunft in London erzählte ich Mitarbeitern der Gesellschaft für Englische Sprache von meiner Mission und sie waren mir mit großer Bereitschaft dabei behilflich, die Besitzer der großartigen Häuser in Briefen um Einlass zu bitten. Sie unterwiesen mich im Gebrauch der Etikette und der förmlichen Anrede, die es beim Besuch der Adelsfamilien zu wahren galt. Diese Hilfe erwies sich als unschätzbar, denn jedes Mal wurden wir aufs Wärmste empfangen. Unsere Gastgeber waren sehr überrascht, einen jungen amerikanischen Collegestudenten kennenzulernen, der mit englischen Gepflogenheiten umzugehen wusste. Auf der Reise erwarb ich weitere Bücher über englische Architektur und Ausstattung und begann eine Sammlung von Gemälden und Zeichnungen.

Nach meiner Rückkehr nach Oxford widmete ich mich wieder ganz dem Vorschlussjahr meines Architekturstudiums. Noch ganz eingenommen von den Eindrücken meiner jüngsten Reise, begann ich mit Projektstudien für ein Stadthaus im Stile Adams und stieß auf den Widerspruch meines Professors, dem meine Zeichnungen missfielen. Obwohl ich wusste, dass er England nie besucht und nie das gesehen hatte, was ich deutlich vor Augen hatte, versuchte ich seine Kritik zu ertragen, bis mich seine Einwände eines Tages über die Maßen verärgerten. Glücklicherweise kam mir der Dekan des Fachbereiches Architektur, Russel Porter, zu Hilfe und erlöste mich von den Bevormundungen meines Kritikers. Dean Kratt wurde nun mein Lehrer und meine akademischen Leistungen begannen allmählich, den hohen Erwartungen zu entsprechen, die ich an mich selbst stellte. Er förderte mein Interesse an der Musik und mit seiner Unterstützung konnte ich zusätzliche Kurse belegen, die mir zwei Universitätsabschlüsse ermöglichten, einen in Architektur und einen in Mathematik.

Als der Universitätsabschluss immer näher rückte, berieten meine Kommilitonen, welches Abschiedsgeschenk wir der Universität machen sollten. Ich schlug vor, Geld für den Sockel einer George Washington Statue von Jean-Antoine Houdon sowie für die Restauration der kleinen Gemäldesammlung der Universität zu sammeln. Für das zweite Projekt fuhr ich nach Cincinnati, wo mir Restauratoren der A. B. Closson Company zeigten, wie man die lackierten Oberflächen von Staub und Schmutz befreit. Zu dieser Zeit ahnte ich noch nicht, dass ich einige Monate später bei dieser Firma meine erste Arbeitsstelle antreten würde.

Auch wenn es mich eigentlich nach Osten zog, um mein Architekturstudium in Harvard fortzusetzen, wo ich einen Studienplatz bekommen hatte, besaß ich kein Geld, um meine Ausbildung weiter zu betreiben. Im Jahre 1935 waren alle Familienmitglieder, denen es vor dem Zusammenbruch 1929 so wohl ergangen war, verstorben und ihr Vermögen war zerronnen. Wieder einmal verdankte ich Russel Porter, dass er meine Situation erkannte und mich Innenarchitekten in Cincinnati vorstellte. Porter wusste, dass mir die Praxis in den strukturellen Anforderungen der Architektur fehlte und dass es wegen der allgemeinen Depression keine Lehrstellen auf diesem Gebiet gab. Immerhin stand am Anfang meines Studiums das Interesse für die Innenarchitektur, und es war ja auch möglich, dass mir dieser Berufszweig größere Chancen bot.

Die A. B. Closson Company, allgemein bekannt als die Clossons, gab mir Gelegenheit, in einer großen Firma zu arbeiten, die eine stattliche Zahl Designer beschäftigte und eine regionale Kundschaft bediente. Ihr Geschäft hatte einen guten Ruf und lockte Kunden aus allen drei benachbarten Staaten an. Mit eigenen Abteilungen für Geschenke, Accessoires, Gemälde und Zeichnungen sowie Möbel und Textilien spiegelte ihr Warenangebot die breit gefächerte Nachfrage wider. Meine Architekturausbildung kam mir zugute, als sich zeigte, dass mir das perspektivische Zeichnen der Architektenmodelle lag. Ich verdiente fünfzehn Dollar in der Woche.

Die Lage im Zentrum Cincinnatis brachte mich an den Puls des Geschehens. Ich begann meine Laufbahn mit Enthusiasmus und machte mich daran, neue Freunde zu gewinnen, mein Studium fortzusetzen und die schönen Dinge in Ohios zweitgrößter Stadt zu erkunden.

Als ich im Herbst 1935 in die Belegschaft der Clossons eintrat, bediente dort ein Team von Innenarchitekten die wohlhabende jüdische Kundschaft aus den Vororten von Clifton, Walnut Hills und Hyde Park und insbesondere aus Avondale, wo die wehrhaften, herrschaftlichen Wohnhäuser der deutschen Siedler dicht an dicht standen. Die ersten Einwohner waren um die Wende des 19. Jahrhunderts unmittelbar aus England und aus den amerikanischen Kolonien nach Cincinnati gekommen. Kurz danach ließen sich die deutschen Siedler nieder und errichteten eine engmaschige und schnell aufblühende Gemeinde. Es entwickelten sich zwei Kreise, der jüdische und der nicht-jüdische, und beide vermischten sich leicht, wenn es um geschäftliche, politische und philanthropische Belange ging, und besonders bei der Pflege der Schönen Künste. Das gesellschaftliche Leben blieb jedoch getrennt, und auch die Wohngebiete waren voneinander abgegrenzt.

Clossons befand sich in einem fünfstöckigen Gebäude in der Race Street im Herzen der Stadt. Das Erdgeschoss hatte Ausstellungsräume für Geschenkartikel, Accessoires und Möbel. Die Attraktion des zweiten Stocks war der Red Velvet Room, in dem fahrende Händler den örtlichen Sammlern ihre Gemälde und Drucke zeigen konnten. Das nächste Stockwerk beherbergte ein Lager und den Ausstellungsbereich für Stoffe, aus denen die Designer die Vorhänge und Wohnungseinrichtungen entwarfen, für die das Geschäft berühmt war. Im Stock darüber waren orientalische Brücken und Wandteppiche untergebracht und dann kam der oberste Stock mit den Büros. Nach meinem Hochschulabschluss bestand meine erste Aufgabe darin, die beträchtliche Sammlung der feinen Stoffmuster, welche die Designer bei der Arbeit an den Entwürfen für ihre Kunden herausgezogen hatten, zu falten und in Regale zu legen.

Unter den Dekorateuren waren Vashti Cohen, eine Absolventin der Parsons School in New York, Evelyn Lindahl und andere junge Frauen meines Alters. Mrs. Erma Wald nahm sich meiner besonders an und stellte mich ihren jüdischen Kunden vor. Als die Töchter dieser Kunden heirateten und ihren eigenen Hausstand gründeten, begann ich, mir aus ihrem Kreis und ihren Freunden einen eigenen Kundenstamm zu schaffen.

Nach etwas mehr als einem Jahr hatte ich meine sozialen und beruflichen Kontakte ausgedehnt und begann, am Cincinnati Art Museum zu unterrichten. Das Museum verfügte über ein umfangreiches Programm an Vorträgen und

Kursen für Kinder und Erwachsene. Frauen interessierten sich besonders für Kurse über Innenarchitektur und Vorträge über Gartenarchitektur und über die Verwendung von Silber, Porzellan und Stoffen im Kunsthandwerk. Ernestine Evans, die Museumspädagogin, ermunterte mich zu unterrichten und wurde bald meine ständige Begleiterin.

Die Kurse im Museum bestärkten mich in meiner Neigung, an meinen Studienfächern festzuhalten, und sie brachten mich mit potenziellen Kunden in Berührung. Auftritte in Ruth Lyons örtlicher Radiosendung erweiterten meinen Horizont noch zusätzlich.

Meine Arbeit stieß auf Anerkennung und ich bemühte mich, an den Prinzipien festzuhalten, die ich für einen Erfolg als Designer für notwendig hielt. Ich verstand mich als Arzt, der sich um ein kränkelndes Haus kümmert, während seine Bewohner jede Hoffnung aufgegeben hatten, aus ihm ein Zuhause zu schaffen. Viele junge Frauen mühten sich mit älteren Häusern ab, die im vergangenen Jahrhundert ohne jeden architektonischen Rat, bloß nach den Plänen des Bauunternehmers errichtet worden waren. Diese Häuser lagen zwar in attraktiver Umgebung, litten aber immer unter einer ungünstigen Anordnung von Kaminsimsen, Bücherschränken, Kaminecken und Säulen. Meine Architekturkenntnisse erlaubten mir, diese Elemente entfernen zu lassen, wo sie der Öffnung eines Raumes für mehr Licht und bessere Lüftung im Wege standen.

Während ich das gesellschaftliche und berufliche Leben mit jungen Männern meiner Altersstufe in jeder Hinsicht genoss, verfolgte ich die politischen Ereignisse in England und auf dem europäischen Festland, wo die nationalsozialistische Partei zu einer Gefahr für die Freiheit der Nachbarn Deutschlands wurde. Die politischen Ansichten meiner Freunde befürworteten den Isolationismus und Maßnahmen ohne direkte Intervention. Als aber Adolf Hitler 1939 in Polen einmarschierte, sank die Wahrscheinlichkeit, dass die Vereinigten Staaten nicht in den Krieg eingreifen würden. Die jungen Männer in meiner Umgebung sprachen nun darüber, sich zur Marine, zur Armee oder zur Luftwaffe zu melden, und bewarben sich für Offizierslehrgänge.

Es schien, dass ich bei einer freiwilligen Meldung nur ausgemustert werden könnte, da ich wegen meiner schlechten Augen seit meiner Kindheit eine Brille tragen musste. So sehr ich auch den Mut meiner Freunde bewunderte und sie sogar um die Chance beneidete, ihren Patriotismus unter Beweis zu stellen, blieb mir doch nur abzuwarten, ob ich zur Armee einberufen würde.

Die Ereignisse in Europa nahmen für mich eine neue Bedeutung an. Um 1940 hatte ich mich mit einer polnischen Familie angefreundet, den Liszniewskis, die Verbindungen sowohl zur internationalen Musikwelt als auch zu Diplomatenkreisen besaßen. Mme. Marguerite Melville-Liszniewska, ein amerikanisches Wunderkind, studierte in Wien bei dem berühmten Pianisten Lisezitsky und hatte dort Dr. Karol Liszniewski geheiratet. Er fand eine Anstellung im diplomatischen Dienst und seine Frau wurde Assistentin von Lisezitsky. Ihre Tochter Josselyn und deren Bruder John waren in Wien zur Welt gekommen. Nach dem ersten Weltkrieg war die Familie nach London gezogen und dann nach Cincinnati gekommen, wo Madame Liszniewska einen Lehrauftrag für Meisterkurse im Klavierfach an der Musikhochschule erhielt.

Josselyn Liszniewska nahm in unserem Freundeskreis eine besondere Stellung ein, denn wir waren von ihrem europäischen Habitus fasziniert. Natürlich war sie auf eine elegante Weise schön, die uns im mittleren Westen geradezu exotisch erschien. Aufgewachsen in Mitteleuropa, sprach sie acht Sprachen und hatte ihre Promotion an der Universität von Cincinnati in Französisch und in organischer Chemie begonnen. Ich kann mich nicht genau erinnern, wann ich mir eingestand, dass ich mich in Josselyn verliebt hatte.

Mit dem Eintritt der Vereinigten Staaten in den Krieg in Europa veränderte sich unser Lebensrhythmus schlagartig, weil die jungen Männer, die ich beruflich und privat kennengelernt hatte, nun in den Krieg zogen. Ich musste aus der großen Wohnung, die ich mit fünf Freunden geteilt hatte, in ein kleineres Appartement zu einem jungen Arzt namens James Ruegsegger ziehen. Schon bald ging auch er zur Marine.

Im Jahr 1941 wurde ich vier Mal von der Armee zum Militärdienst einberufen und vier Mal wegen meiner schlechten Augen abgewiesen. Darüber war ich maßlos enttäuscht. Mir lag zwar viel an schönen Dingen und an Lebensstil, aber dennoch wollte ich wie jeder meines Alters meinem Vaterland dienen, weil ich es für meine Pflicht hielt. Ich bemühte mich ohne Erfolg um die Aufnahme in die Marine. Daraufhin brachte mich ein älterer Freund, der gute Beziehungen zu Offizierskreisen besaß, persönlich zu einem Stützpunkt in der Nähe von Dayton, wo ich um Aufnahme in die Luftwaffe ersuchte. Wieder bestand ich alle Tests, wurde aber ausgemustert, weil ich ohne Brille nicht lesen konnte.

Wieder zurück bei Clossons, holte mich das geschäftige Treiben der Ferien- und Einkaufszeit ein. Meine Werbung um Josselyn wurde immer glühender, und so reiste sie nach Kalifornien, um einem anderen Verehrer den Abschiedsbesuch abzustatten. Nach der Reise erklärte sie, sie werde mich heiraten, und wir gaben unsere Verlobung bei einem vornehmen Weihnachtsball bekannt, den Jack und Babs Emery auf ihrem Gut Indian Hill in Peterloon veranstalteten.

Es war schwierig, sie näher kennen zu lernen, weil sie ständig mit ihrem Studium beschäftigt war, und wenn sie nicht lernte, fanden wir uns in der Gesellschaft ihrer Familie wieder oder gingen mit anderen Paaren aus. Unsere zweimonatige Verlobungszeit gab uns nicht die Gelegenheit, besser miteinander vertraut zu werden. Sie hatte ihre Prüfungen, und ich arbeitete bis spät in die Nacht, um meine Kunden zufrieden zu stellen und das Geld für unser späteres Eheleben zu verdienen. Am Tag unserer Hochzeit zog ich in das Hause von Dr. Liszniewski, wo ich eine Wohnung für uns renoviert und eingerichtet hatte. Ich wusste, dass ich eine wahre europäische Prinzessin geheiratet hatte.

Fünf Wochen später, im März 1942, erhielt ich eine weitere Vorladung der Armee. Mit meinen dreißig Jahren wurde ich zum medizinischen Versorgungstrupp eingezogen, wo meine Sehkraft kein Problem darstellte. Nach dem Einführungslehrgang in Ft. Thomas in Kentucky fand ich mich in einer Gruppe Rekruten aus den Bergen dieses Staates und aus West Virginia wieder. Am Karfreitag brachen wir nach Ft. Sam Houston in San Antonio auf. Am Ostersonntag begann ich meine militärische Laufbahn und entschloss mich sehr bald, meinen beruflichen Hintergrund zu verschleiern. Ich gab meine bisherige Beschäftigung als „Konstruktionszeichner" an, damit auf keinen Fall in der Armee bekannt würde, dass ich Designer für Innenausstattung war.

Fest entschlossen, die Schutzschicht um meine Person aufrecht zu erhalten, wagte ich es doch, mich zu melden, als einer der Sergeants fragte, ob jemand in unserer Einheit mit einer Schreibmaschine umgehen könne. Ich hob die Hand und stieg im gleichen Augenblick aus der breiten Masse empor und erhielt die Chance, in die Verwaltung der Armee aufzusteigen. Ich erkannte die Gunst der Stunde und konzentrierte all meine Anstrengung darauf, meine Akribie und meinen Arbeitswillen zu demonstrieren. Die Armee belohnt solche Sorgfältigkeit, und ich wurde bald befördert. Ich wurde Assistent des First Sergeant, der mit allen Fragen der Personalverwaltung befasst war. In dieser Funktion erledigte ich die gesamte Schreibarbeit der Kompanie und vertiefte meine Kenntnisse über Verfahrensabläufe in der Armee.

Von dieser Position aus konnte ich in Erfahrung bringen, wie ich in die Offiziersanwärterschule gelangen könnte. Zuerst bewarb ich mich für das Versorgungskorps. Zum Glück hinterfragte ein freundlicher Offizier meine Bewerbung und riet mir, besser zum Allgemeinen Technischen Dienst zu wechseln, wo meine Architekturausbildung von Nutzen wäre. Wunderbarerweise nahm man meine Bewerbung für die Offizierslaufbahn an und ich wurde nach Ft. Belvoir in der Nähe von Washington versetzt, um die Offiziersanwärterschule für Ingenieure zu besuchen.

Meine Aussichten auf den Besuch dieser Schule wären beinahe ebenso schnell wieder zunichte gemacht worden, als ich erneut zu einer Gesundheitsuntersuchung geladen wurde. Just als ich das Medizinerzelt für den letzten Abschnitt, den Sehtest, betrat, drehte der Arzt die Sehtafel um. Bevor er sie auf ihre leere Seite drehte, konnte ich einen Blick auf sie erheischen und prägte mir schnell die ersten Zeilen ein, so dass ich sie nachher fehlerlos aufsagen konnte. Bestanden. Aber der Erfolg in Ft. Belvoir bedeutete nicht automatisch, bis zum Abschluss mit dabei zu sein, und ich stellte bald fest, dass die Lehrkräfte ihr Bestes gaben, um ältere Anwärter wie mich loszuwerden. Wir lernten Gehorsam und dass

Befehle nicht zu hinterfragen waren. Dabei wurden wir in jeder nur denkbaren Weise provoziert, bedroht und eingeschüchtert.

Den Spätherbst 1942 verbrachten wir damit, am Potomac River das Brückenbauen zu erlernen. Die Unterkünfte waren unbeheizt und wir verbrachten die meiste Zeit draußen in Regen und Kälte. Hätte meine Gesundheit mich im Stich gelassen, wäre ich zu den Medizinern zurückgeschickt worden. Um mich nützlich zu machen, unterrichtete ich Lesen, Schreiben und das Entziffern von Landkarten. Dann musste ich üben, mit einer Waffe umzugehen. Ich lernte schießen und Militärübungen abzuhalten und kommandierte während einer besonders strengen Prüfung sogar die Kompanie. Mit viel Glück und etwas Schützenhilfe von den Kameraden in meinem Zug überstand ich die Ausbildung an der Waffe.

Eine medizinische Abschlussuntersuchung stand noch aus, ein letzter Sehtest. Und ein weiteres Wunder ereignete sich, als die Untersuchung wegen der bevorstehenden Weihnachtsfeiertage abgesagt wurde. Im Januar 1943 schloss ich die Ausbildung ab und wurde zum Second Lieutenant befördert. Nach ein paar Tagen Urlaub in Cincinnati wurde ich nach Camp Claiborne in Louisiana geschickt, wo ein neues Ingenieursregiment aufgestellt werden sollte.

Dank meiner neuen Stellung konnte Josselyn bei mir wohnen und an dem – wie sie meinte – schillernden Leben eines Militärstandorts teilhaben. Sie kam mit meinem Auto von Cincinnati und wir mieteten ein kleines Bauernhaus etwas abgelegen von der Kaserne. Dort stellten wir fest, dass Josselyn niemals gelernt hatte, wie man einen Haushalt führt. Eines Abends erwartete Josselyn mich mit einem lebenden Huhn, das sie zum Abendessen zubereiten wollte. Weder sie noch ich hatten jemals eine Mahlzeit von der Pike auf zubereitet. Unser Eheleben wurde unkomplizierter, als wir näher zur Kaserne ziehen konnten. Dennoch, wegen der vielen Übungsmanöver war ich häufig weg von zu Hause und dann völlig erschöpft, wenn wir Zeit zusammen verbringen konnten. Josselyn kehrte zurück nach Cincinnati, als ich den Zug Richtung Osten bestieg. Joss und ich waren nur hundert Tage verheiratet.

Viele der Offiziere in Camp Claiborne waren aus der Reserve zurückgerufen worden und hatten schon im ersten Weltkrieg gedient. Neue Bataillone wurden aufgestellt, weil immer mehr Männer hinzukamen. Die Organisation war im Fluss und bot den neu ankommenden Soldaten Raum, sich durch besonderen Eifer beim Einhalten der Vorschriften oder durch ihre Führungsqualitäten zu profilieren. Natürlich war jeder um eine möglichst gute Darstellung seiner Person bemüht, um so eine hervorragende Beurteilung und ein eigenes Kommando zu erhalten. In dieser strebsamen Atmosphäre lernte ich meinen Ausbildungsleiter Colonel Frank F. Bell kennen, einen Veteranen des ersten Weltkriegs, der eine glänzende Karriere als Bauingenieur in der Stadt Uvalde in Texas hinter sich ließ, als er nun wieder einberufen wurde.

Colonel Bell waren die Armeevorschriften heilig und es faszinierte ihn, dass jede Einzelheit militärischen Lebens in Büchern geregelt war. Es war offensichtlich, wie man das Wohlgefallen dieses Colonel erringen konnte, und ich passte mich schnell an seine Eigenheiten an. Als er den Oberbefehl über das Regiment erhielt, setzte er sich dafür ein, dass ich als Adjutant in seinen Stab aufgenommen wurde, obwohl ich nicht den erforderlichen Rang eines Captains besaß. Aber es war Krieg und so erhielt ich einen Vertrauensvorschuss auf meine künftigen Verdienste. Als Adjutant des Colonels hatte ich die Arbeit eines Bürovorstehers zu verrichten und alle Schreibarbeit für die beiden Bataillone unter seiner Führung zu erledigen. Ich war froh, nicht als Assistent eingesetzt zu sein, denn das waren niedrige Stellungen, die das Besorgen aller möglichen persönlichen Dienste verlangte. Ich lernte, dass ein Adjutant ein Manager war, der mit seiner Büroorganisation über das Schicksal von vielen, vielen Soldaten bestimmte. Aber dazu hatte man vollkommen gerecht und unparteiisch zu sein. Gerade diese Fähigkeiten bewunderte ich bei anderen und ich war fest entschlossen, mich in ihnen zu üben.

An meinem 32. Geburtstag am 7. Juli 1943 wurde ich zum First Lieutenant ernannt. Ich besaß nun eine bedeutende Stellung und fand also, dass meine Karriere gute Fortschritte machte. Am 14. Oktober 1943 erhielten wir den Befehl, den Atlantik zu überqueren. Wir brachen nach England auf, wo wir zu Stütztruppen für die bevorstehende Invasion der Alliierten ausgebildet wurden. Seit meiner ersten Reise nach England mit meiner Mutter waren zehn Jahre vergangen, und ich hoffte, mit meinen Verwandten Kontakt aufnehmen zu können. Unsere Truppen sammelten sich in Ft. Miles Standish in Taunton in Massachusetts, von wo aus wir an Bord der Mauretania geschickt wurden, ein Linienschiff, das nun dem Truppentransport diente. Am 31. Oktober stachen wir ohne Geleitschutz in See, bewältigten die Überfahrt in etwas mehr als einer Woche und erreichten Liverpool am 9. November 1943.

Zweites Kapitel: Ehrenvolle Pflichterfüllung

Während der ganzen Zeit unserer Fahrt über den Atlantik hielt Colonel Bell an seiner disziplinierten Routine fest und ließ unser Regiment unentwegt exerzieren, bis wir England erreichten. Den Atlantik sah ich überhaupt nicht. In der Nacht unserer Ankunft bestieg das 373. Regiment den Zug zum Packington Park Camp Nr. 5, das sich im Arden Forest in North Warwickshire befand.[1] Vor Tagesanbruch kamen wir auf dem Gut des Earl of Ayelsworth bei Stratford an. Unser Lager war so frisch errichtet, dass der Beton der Kasernen noch feucht war. England war zu einem Land der Militärlager geworden, als es sich mit seinen Verbündeten auf die Invasion des Kontinents vorbereitete, um Europa von der Tyrannei Adolf Hitlers und seiner Nazitruppen zu befreien.

Der Earl of Aylesworth ließ Colonel Bell eine Nachricht zukommen, dass er die Amerikaner gerne persönlich willkommen heißen würde. Ich gehörte der Abordnung an, die zum Herrenhaus ging. Packington Park ist berühmt für seine Kapelle, in der Händel ein Konzert gegeben hatte, und für die Ausstattung eines Salons im pompejanischen Stil aus der Mitte des 18. Jahrhunderts, als dieser Stil wegen der damaligen Ausgrabungen sehr in Mode war. Freundlicherweise zeigte uns der Earl seinen gesamten Grundbesitz einschließlich einer großen, modernen Küche, die gerade erst eingerichtet worden war, aber überhaupt nicht genutzt wurde. Ohnehin gebe es weder Nahrungsmittel noch Hausangestellte, bemerkte der Earl achselzuckend.

Die Pioniere des 373. Regiments hatten den Auftrag, Lager für die vielen tausend amerikanischen Soldaten zu bauen, die für Frühling 1944 erwartet wurden, ehe die Invasion des Kontinents beginnen würde. Wegen der größeren Nähe zu den Baustellen wurde das Hauptquartier des Regiments sofort von Warwick nach Shropshire verlegt und in Mawley Hall auf dem Gut von Sir Walter Blount nahe bei Cleobury-Mortimer errichtet. Von Spätnovember bis Januar 1944 arbeiteten unsere Truppen auf dem Boden einer Anzahl schöner Güter in Wales und Schottland, um Sommerlager aufzuschlagen und bestehende Anlagen umzubauen.

Mawley Hall wurde zwischen 1600 und 1700 im Restaurationsstil von Sir Christopher Wren erbaut und war berühmt für seine hervorragenden Plastiken, die italienische Handwerker in einer späteren Epoche ausgeführt hatten. Zuerst war ich ganz aufgeregt, dass ich in einer solchen Umgebung unter einem wunder-

---

[1] Nach Kriegsende wurde auf Bitten und mit Unterstützung früherer Regimentsangehöriger in Dallas, Texas, die Geschichte des 373. Egineer General Service Regiment veröffentlicht. Der Zeitpunkt des Erscheinens ist nicht bekannt. Mein Exemplar befindet sich bei meinen Unterlagen in der National Gallery of Art in Washington, D.C.

schönen Kristallleuchter schlafen durfte. Aber ohne Heizung bescherten uns diese prunkvollen Behausungen ein nicht besonders fröhliches Weihnachten 1943.

Mitte Januar kam der Befehl, dass eines unserer beiden Bataillone nach Sully Camp am Bristol-Kanal östlich von Berry in Wales aufbrechen sollte, um einen Güterhafen zu errichten. Es sollte eine der wichtigsten Aufgaben des Regiments in diesem Krieg sein. Offene Lagerhallen, ein Eisenbahnnetz, Zufahrten und ein Winterlager für 250 Personen wurden benötigt. Wiederum wurde das Hauptquartier des Regiments auf einem Landgut aufgeschlagen, in Clytha Hall, aber wir Offiziere lebten in Cardiff in einer Gaststätte mit Unterkunft. Ich fand dieses biertriefende Quartier abscheulich, aber es ergab sich, dass ich dort nicht viel Zeit verbrachte. Mitte Februar landete ich im Krankenhaus. Auf dem Weg nach Clytha Hall leitete ich von einem Jeep aus einen Konvoi, der unter Beschuss der deutschen Luftwaffe geriet. Der Jeep rutschte von der Fahrbahn. Alle Insassen wurden herausgeschleudert und dann überrollte er mich. Ich brach mir die Wirbelsäule und musste vier Monate in Gips liegen.

Für die langwierige Behandlung wurde ich in ein Krankenhaus nach Bristol verlegt. Wegen meines Krankenstands wurde ich aus dem Regiment ausgegliedert und wusste nicht, wo ich meinen Dienst wieder antreten müsste. Noch vor meinem Unfall hatte Colonel Bell meine Beförderung zum Captain veranlasst, und dieser Aufstieg im Rang trat während meines Krankenhausaufenthaltes in Bristol in Kraft. Dennoch, es hatte den Anschein, als hätte meine verheißungsvolle Zukunft in der Armee ein abruptes Ende gefunden.

Um nicht schwermütig zu werden und mich aktiv zu halten, sobald meine Gesundheit es erlaubte, nutzte ich die Gelegenheit, um die örtlichen Antiquitätenhändler und Buchhandlungen aufzusuchen. Ich zwängte mich mühsam in meine Uniform, zog sie über den Gipsverband und machte mich gemeinsam mit einem amerikanischen Zivilisten als Begleiter auf den Weg. Wir besuchten die Kathedrale von Bristol und die etwas entferntere hübsche Stadt Bath. Wir erkundeten die nahegelegenen römischen Ausgrabungen und genossen die beliebten Varieté-Veranstaltungen, die den Menschen Unterhaltung boten und vom kärglichen Leben und den Strapazen des Krieges ablenkten. Wegen der Wirtschaftsflaute waren die Buchhändler ohne weiteres zu größeren Preisnachlässen bereit und die Gelegenheiten für Kunst- und Buchsammler damit zu günstig, als dass man sie einfach hätte verstreichen lassen können. Wir Soldaten durften unsere Einkäufe in unseren leeren Verpflegungskisten nach Hause schicken und brauchten keine Transportkosten zu zahlen, bis die Pakete amerikanischen Boden erreichten. Als ich nach dem Krieg nach Cincinnati zurückkehrte, fand ich bei Closson einen ganzen Raum angefüllt mit meinen Sachen.

Am 15. April 1944 – ich war noch immer im Krankenhaus – startete das Regiment die Operation *Overlord*, die Invasion Frankreichs. Das 373. Regiment musste in Südwales elf Lager herrichten und unterhalten. Der Zweck dieser Zwischenlager bestand darin, bestimmte taktische Truppen, die sich auf dem Weg zu den Schiffen für die Invasion der Normandie befanden, mit Verpflegung, Kleidung, Material und Unterkunft zu versorgen.

Als ich aus dem Krankenhaus entlassen wurde und auf meine Zuweisung wartete, erfuhr ich mit Freude, dass Colonel Bell um meine Wiedereingliederung in sein Regiment nachgesucht und sein Dienstfahrzeug geschickt hatte, um mich abzuholen. Ich kam wieder zu den Pionieren des 373. Regiments, die noch immer in Wales stationiert waren. Ich sollte wieder als Adjutant arbeiten, aber Bell hatte auch eine neue Aufgabe für mich. Er hatte entschieden, dass unser Regiment eine Band haben müsse, und ich sollte ihr Leiter werden. Um diese Band ins Leben zu rufen, musste er die Hürde nehmen, dass unser Regiment damals in den Vereinigten Staaten wegen der Kriegswirtschaft ohne Musikkapelle ausgehoben worden war, so dass natürlich keine Instrumente vorhanden waren. Aber das schreckte den Colonel nicht ab, vielmehr gestand er nun, dass er das Heulen der Dudelsäcke über alles liebte.

Bell war in einer Londoner Zeitung auf eine Anzeige gestoßen, in der ein Satz Dudelsäcke zum Verkauf angeboten wurde. Er ließ sie abholen und bezahlte sie aus eigener Tasche. Dann ließ er verlautbaren, dass jeder, der das Dudelsackspielen lernen wolle, einen besonderen Bonus erhalten würde. Mir war natürlich klar, dass Bells Vorstellung von „Bonus" vor allem doppelte Arbeit bedeutete. Nichtsdestotrotz wuchs die Band des Colonel sehr schnell, weil immer mehr musikalische Soldaten einen Platz in der Band begehrten.

Im Nullkommanichts erlangte die Idee einer Band große Popularität und gab Bell die Möglichkeit, weitere traditionelle Instrumente zur Ausstattung unserer Einheit anzufordern oder zu beschlagnahmen. Die Männer versuchten schon bald, den Rhythmen Glenn Millers und Tommy Dorseys nachzueifern, bliesen aber auch zum Morgenappell. Etwas später in Frankreich wurde unsere Band offiziell zur *425th Army Service Force Band* erklärt. Während wir in Le Havre stationiert waren, gingen die Musiker auf Reisen, um andere Truppen zu unterhalten. Als hart empfanden sie es, um 4.45 Uhr zum Morgenappell zu spielen, wie es unserem Colonel so gut gefiel.

Es war nicht einfach, unter Colonel Bell zu dienen, aber nach und nach lernte ich die Vorteile der gewaltigen Macht zu schätzen, die ich kraft meines Amtes als sein Adjutant besaß. Bell war aufbrausend und duldete keine Fehler. Als ich erkannte, dass an diesen Charakterzügen nichts zu ändern war, platzierte ich mich selbst in einer Pufferzone, die ich zwischen ihm und den anderen Offizieren errichtet hatte. Das Aufspüren von Differenzen und die rücksichtslose Erfüllung meiner Pflichten ließ mich einerseits sein „guter Junge" sein und ich verlor andererseits doch nie den Respekt der Anderen. Die hauptsächlich administrativen Aufgaben des Hauptquartiers verlangten, dass ich als sein persönlicher Vertreter auftrat, als der einzige, der alle offiziellen Papiere unterschreiben und Aufgaben weiterdelegieren durfte. Als sein Vertrauen in meine Integrität wuchs, vertrat ich ihn auch gegenüber anderen Kompaniechefs und lernte, mich frei zwischen allen Dienstgraden zu bewegen. Wenn mir auch normale Freundschaften fehlten und ich keine Gelegenheit hatte, meiner künstlerischen Ader Ausdruck zu verleihen, gewann ich doch Führungsqualitäten und Selbstvertrauen und beides würde ich in Zukunft gut gebrauchen können.

Während ich im Krankenhaus lag, war das Regiment am 7. Juni 1944 weiter nach St. Donat's Castle bei Glamorganshire in Wales gezogen. Die Invasion in die Normandie war bereits im Gange und als ich wieder zu meiner Truppe stieß, konzentrierten wir unsere Kräfte auf unseren letzten Umzug der Etappe und darauf, letzten Schliff an unsere Übungen anzulegen. St. Donat's Castle besaß alles, was sich ein eingefleischter Burgbewohner nur wünschen konnte, und mich riss diese Umgebung zu wahren Begeisterungsstürmen hin. Errichtet zu Cromwell's Zeiten, bot die Burg zinnenbewehrte Türme, einen Burggraben und eine Zugbrücke, aber auch einen Rosengarten und einen großartigen Blick auf den Hafen von Bristol. Jetzt stand sie im Eigentum des amerikanischen Millionärs William Randolph Hearst. An diesem Ort feierten unsere Truppen den 4. Juli mit Exerzieren und sportlichen Übungen, damit wir unsere Gedanken sammeln und uns erbauen konnten, denn wir dachten an nichts anderes mehr als an den Befehl, den englischen Kanal zu überqueren. Dabei machte „meine" Band ihre Sache wunderbar und unsere patriotischen Gefühle wurden zutiefst aufgewühlt.

Wieder war unsere Zeit in der wunderbaren Umgebung knapp bemessen. Am 14. Juli wurden wir nach Winchester beordert, wo wir uns auf die Überquerung des englischen Kanals und unsere Teilnahme an der Eroberung der Normandie vorzubereiten hatten.

Obwohl wir zunächst davon ausgingen, dass unsere Abreise nach Frankreich unmittelbar bevor stand, zeigte sich dann, dass wir in England zur Versorgung weiterer Pioniertruppen zurückgehalten wurden. Die provisorischen Riffe für die Landung und die Anlegeplätze an den Stränden der „Omaha"- und der „Utah"-Invasion waren beschädigt. Ungewöhnlich heftige Stürme hatten die künstlichen Hafenanlagen in Mitleidenschaft gezogen, die eilig errichtet worden waren, indem man die Rümpfe gesunkener Schiffe aufeinander getürmt hatte. Eine Art Landesteg, den man als Phönix oder auch als Mulberry bezeichnete, musste auf der Themse zusammengesetzt und dann über den Ärmelkanal gezogen werden, damit tausende von Soldaten und ihre tonnenschwere Ausrüstung an Land gebracht werden konnten. Das Oberste Hauptquartier der Alliierten Streitkräfte (SHAEF = Supreme Headquarters Allied Expeditionary Forces) hatte dem sofortigen Austausch dieser Landeplätze höchste Priorität eingeräumt. Die britischen Bauunternehmer, die die Errichtung des Phönix-Landestegs übernommen hatten, kämpften mit Terminschwierigkeiten bei der Erfüllung ihres Auftrags. Ihre Arbeit wurde sehr behindert, weil die Werkstätten im Zielfeld der V-1 Bombardierungen durch die Deutschen lag, die sich gegen London und verschiedene

Einrichtungen an der Themse richteten. Zusätzliche britische Truppen standen nicht zur Verfügung, so dass das Britische Kriegsministerium um Verstärkung durch das amerikanische Pionierkorps gebeten hatte.

Damit wir den Bau der Einzelteile für den Phönix auf den Docks von Tilbury auf der Themse bei London überwachen konnten, wurde das Hauptquartier unseres Regiments dorthin verlegt und die Truppen in einem Britischen Lager in Purfleet in Essex, sieben Meilen näher an der Stadt, untergebracht. Während der 35 Tage, die dieser Auftrag in Anspruch nahm, befand sich das 373. Regiment in ständiger Alarmbereitschaft, weil die deutschen V-1-Raketen, auch Roboterbomben oder Summbomben genannt, zwar auf London und seine Umgebung gerichtet waren, aber unsere Gegend entweder überflogen oder hier herunterkamen. Wir tauften unsere Gegend Summ-bombenboulevard und schätzen uns glücklich, dass niemand von uns verwundet wurde.

Die Einzelteile des Phönix wurden den britischen Truppen übergeben, die ihn nach Frankreich bringen sollten. Unser Regiment brach schließlich am 24. August 1944 zum Sammelplatz bei Southampton auf, von wo aus wir den Ärmelkanal überquerten. Wir brauchten zwei Tage, bis wir an Bord gehen und mit dem Boot in Richtung „Utah"-Küste fahren konnten, wo wir um vier Uhr morgens ankamen. Von dem Landeplatz wurden wir nach Vezin bei Rennes gebracht, etwa 255 Kilometer ins Innere der Bretagne. Dort kampierten wir und warteten auf weitere Befehle.

Der Landstrich, den wir durchquerten, war schrecklich verwüstet. Damals hatte ich keine Gelegenheit, mir ausführliche Notizen zu machen. Deshalb möchte ich hier aus einem Bericht von James Rorimer zitieren, der die Gegend einen Monat vor uns durchquert hatte. Rorimer war als Kunstschutzoffizier für die MFA & A zuständig. Räumlich erfasste sein Aufgabenbereich die Gebiete der Vorhut, des sogenannten Kommunikationsabschnittes in der Normandie, des Seine-Abschnittes in Paris und des Abschnittes der *Seventh Army / Western Military District, US Zone in Germany*. Zu seinem unüberschaubaren Pflichtenkreis zählte ab Juni des darauffolgenden Jahres auch die Position als mein unmittelbarer Vorgesetzter im Wiesbadener Central Collecting Point im Landesmuseum Wiesbaden.

Vor seiner Einberufung zum Militärdienst hatte Rorimer als Kurator des New Yorker *Metropolitan Museum of Art* und mit Hilfe einer Stiftung von John D. Rockefeller jr. die Mittelalterliche Abteilung des Museums, „The Cloisters", eingerichtet. Seine Empörung angesichts der vom Krieg verwüsteten Normandie wird in der Einleitung seiner Memoiren fühlbar, die 1950 unter dem Titel „Survival" veröffentlicht wurden. Im ersten Abschnitt beschuldigt Rorimer die Deutschen, dass sie wieder, wie schon im Ersten Weltkrieg, das Kriegsrecht missachtet hätten. „Vor und während der Schlacht war den Deutschen ein historisches Gebäude nicht heiliger als eine militärische Einrichtung. Immer wieder benutzten sie Kirchtürme als Beobachtungsposten und Heckenschützen feuerten von ihnen auf unsere vorrückenden Truppen herab".

Aus seiner Sicht als damaliger Kurator von „The Cloisters" beschrieb Rorimer die Geisterstädte entlang der Küste der Normandie:

> Die bloße Auflistung der Schäden, die den Baudenkmälern und anderen Kunstschätzen zugefügt wurden, wäre eine undankbare Aufgabe, die auch den abgebrühtesten Archäologen auf eine harte Probe stellen würde, der doch sein Leben dem Sammeln und Aneinanderfügen von Bruchstücken gewidmet hat, um aus ihnen einen Widerschein des Vergangenen erstehen zu lassen. Wo früher Gebäude standen und sich nun klaffende Krater auftun und feuerverwüstete Ruinen qualmen, wäre der Versuch, die Beschädigungen aufzulisten, nicht mehr als der Versuch, aus einem zerbrochenen Fass noch Wein zu schöpfen. Die robusten Normannen würden Ermutigung und Anleitung mindestens so sehr benötigen wie Aufbauhilfe und Transportmittel. Ein Architekt oder Inspektor, der in Friedenszeiten hundert zerfallende Gebäude umsichtig geschützt und abgestützt hatte, wäre nun mit unzähligen Schwierigkeiten konfrontiert, die die kommenden Jahrhunderte nicht würden lösen können. Wo früher jährlich nur ein paar Dachziegel einer Kathedrale repariert werden mussten, hat nun vielleicht die Explosion einer Granate all diese Ziegel auf den Boden eines Kirchenschiffes oder gar auf das Pflaster der umliegenden Straßen geschleudert, so dass keine Rettung mehr möglich ist. Als die Armeen schneller vorwärts drängten, hinterließen sie nicht mehr so schwere, dafür aber großflächigere Zerstörungen.[2]

Eine Woche nach unserem Zeltlager in Vezin in der Nähe von Rennes erhielt das 373. Pionierregiment den Befehl, etwa 425 Kilometer (265 Meilen) des französischen Autobahnsystems von Lamballe im Westen bis zur Nordküste auszubessern und instand zu halten. Außerdem wurde uns aufgeben, Truppen zu entsenden, um an drei Orten entlang des Kanals bei Dinan Trümmer zu beseitigen. Diese Trümmer hatten die feindlichen Aktionen an drei Brücken hinterlassen und sie behinderten die Schifffahrt.

Unvermeidlich gerieten unsere Einheiten in Situationen, wie Rorimer sie beschrieben hat, in denen die Aufgaben eines Kunstschutzoffiziers von den Handlungzwängen an der Front auf die Probe gestellt wurden. Als einfacher Leutnant erhielt Rorimer die Aufgabe, kämpfende Offiziere davon abzuhalten, ihre Truppen in den verlassenen Landschlössern unterzubringen, wo sie durch Fahrlässigkeit oder Vandalismus zum alsbaldigen Verfall der Gebäude beitragen würden. Offiziere der MFA & A wurden ermächtigt, den alliierten Truppen zu raten, die Trümmer einer bescheidenen Pfarrkirche ebenso wenig wie die einer Kathedrale als Steinbruch für Pflastersteine oder Füllmaterial zu missbrauchen.

Viele Befehlshaber waren für diese Hinweise empfänglich und wussten auch, dass sie mit General Dwight Eisenhower persönlich abgestimmt waren. Andere wiesen unter dem Druck des Krieges die Kunstschutzoffiziere wie Störenfriede

---

2 Rorimer, James J. und Gilbert Rabin, *Survival*, New York: Abelard Press, 1950, 2–3.

ab. Als das Hauptquartier unseres Regiments Anfang September 1944 nach Brest verlegt wurde, bezogen wir Quartier auf dem Gelände eines ausgebrannten Schlosses in der Nähe des Dorfes Le Fôret. Ich war beeindruckt, wie eindringlich Colonel Bell all unsere Offiziere auf die Notwendigkeit hinwies, ihre Leute über die Bedeutung von Instandhaltungsmaßnahmen zu unterrichten. Gleichzeitig mussten diese Leute mit der Bedrohung durch die Minen leben, die die Deutschen in der Nähe aller Transportwege und -möglichkeiten gelegt hatten. Wir befanden uns unweit der Front der Schlacht von Brest und gerieten auch unter direkten Artilleriebeschuss.

Die Hauptaufgabe unseres Regiments lag darin, hinter der Frontlinie nach Brest einzumarschieren und dort den Hafen zu räumen, so dass die Lieferung von Nachschub für die Militärtruppen beschleunigt werden konnte. Doch wurde nach der Kapitulation der deutschen Truppen offenbar, dass der Hafen zu sehr blockiert und auch zu stark beschädigt war, als dass eine schnelle Instandsetzung und Benutzung möglich gewesen wäre. Unsere Befehle wurden geändert und wir wurden nach Le Havre beordert, das die britisch-kanadischen Truppen am 15. September erobert hatten.

Weil Le Havre etwa 570 Kilometer (350 Meilen) von Brest entfernt liegt und die Brücken über die Seine zerstört waren, mussten wir den Fluss über eine Notbrücke überqueren, die die Briten bei Rouen errichtet hatten. Durch diese großartige Stadt zu ziehen, würde mir einen ersten Blick auf eine französische gotische Kathedrale erlauben. Darauf freute ich mich sehr, wie kurz auch immer die Gelegenheit sein würde. Es wurde ein tragisches Erlebnis. In Rouen standen die Türme der Kathedrale unversehrt, aber neben ihnen häuften sich Berge aus Steinen, da Teile des Gewölbes der Kathedrale und ihrer Skulpturen unter der Bombardierung eingestürzt waren; das gesamte umliegende mittelalterliche Stadtviertel war dem Erdboden gleichgemacht. Jetzt erfasste ich, was dieser Krieg für den Fortbestand all dessen bedeutete, was für mich die europäische Kultur ausmachte und was ich an ihr für bedeutsam hielt. Tief in mir muss dabei der Wunsch entstanden sein, mich in Zukunft der Bewahrung von Denkmälern zu widmen.

Abgesehen von etwa einem Monat, den die Ardennenschlacht dauerte, blieben die Pioniere des 373. Regiments etwa sieben Monate lang in und um Le Havre. Es war der längste Auftrag seit ihrem Marschbefehl. Gleichsam als Vorspiel zur Stürmung des Hafens von Le Havre durch die britisch-kanadischen Truppen überschüttete die Alliierte Luftflotte die deutsche Garnison, die sich während der vier Jahre währenden Besetzung in unzähligen Blockhäusern und Bunkern verschanzt hatte, mit einer unglaublichen Menge an Sprengsätzen. Le Havre war von der Seeseite her schwer einzunehmen, weil in dieser Festung alle Beobachtungspunkte auf Annäherungsversuche von der Küste her durch ein verworrenes System von Beton, Stahl und Geschützen quasi verschweißt waren. Die Seinemündung war eine der am stärksten befestigten Gegenden der gesamten französischen Küste und die Alliierten nahmen sie in Wellen ein, erst von der Luft, dann vom Land aus.

Der Bombenhagel vom 5. und 6. September 1944 legte die Verteidigungstruppen der Nationalsozialisten lahm und zerriss die Kette ihrer Stellungen. Die Deutschen hatten ihre Bastionen so sehr mit der Stadt selbst verwoben, dass weite Teile des Hafengegebiets und der Wohngegenden durch den Luftstoß beschädigt und viele Zivilisten getötet wurden. Riesige Brände entzündeten sich und die zerstörten Wasserleitungen führten kein Wasser mehr, mit dem man die Flammen hätte eindämmen können. Als wir Pioniere des 373. Regiments als erste Einheit der US-Armee in Le Havre ankamen, erwarteten uns in riesigen Gebieten Feuersbrünste und Schwelbrände. Die Straßen waren aufgeworfen, eingebrochen und mit den Trümmern eingestürzter Gebäude übersät. Ein schrecklicher Gestank, der einem den Atem verschlug, hing in der frühherbstlichen Luft. Bevor wir Hilfe zum Wiederaufbau der Stadt und ihres äußerst wichtigen Hafens leisten konnten, mussten die Einheiten des Regiments sich ganz und gar dem Aufspüren und der Entschärfung von Minen und versteckten Sprengsätzen widmen.

Als nächstes stand die Wiederherstellung des Kanal- und Straßensystems der Stadt auf dem Plan. Ab Oktober 1944 konnten die Arbeiten zur Räumung der Hafenanlagen und der Strände von Le Havre beginnen. Viele dieser Aufgaben verlangten es, dass unser Hauptquartier mit dem Minenräumkommando der britischen Marine im nahegelegenen Ärmelkanal zusammenarbeitete. Colonel Bell besaß den höchsten militärischen Rang unter den befehlshabenden Offizieren in Le Havre, so dass jeder in unserem Militärbezirk, der den größten Teil Nordostfrankreichs umfasste, ihm Bericht zu erstatten hatte. Das bedeutete, dass zehntausend Männer seinem Kommando unterstanden, und es erweiterte auch meinen eigenen Handlungsrahmen beträchtlich, da ich für die Überwachung des gesamten Personals und alle disziplinarischen Angelegenheiten von den Beförderungen bis hin zu den Kriegsgerichten unmittelbar verantwortlich war.

Dank dieser Kontakte lernte ich eine Gruppe britischer Offiziere des Minenräumkommandos kennen, mit denen ich meine Freizeit verbringen konnte. Zur strikten Disziplin, der Colonel Bell uns unterwarf, gehörte es, dass unser Regiment keinen Offiziersklub besaß und dass jede Art geselligen Zusammenseins mit einem strengen Stirnrunzeln bedacht wurde. Im Gegensatz dazu rühmte die britische Marine sich ihrer Geselligkeit und bereitete mir als Ausländer fern der Heimat einen herzlichen Empfang. Die Freundschaften zu britischen Marineoffizieren wurden mir eine wichtige Quelle der Entspannung und Zerstreuung nach der täglichen Mühsal des Lebens als Mitglied einer Besatzungsarmee. Ich erinnere mich lebhaft an die Silvesterparty, die diese britischen Offiziere 1945 äußerst stilvoll veranstalteten.

Zu Neujahr begann der Feldzug unter dem Decknamen „Rheinland“ und wir erhielten immer mehr Aufträge, wobei wir als erstes Stützpunkte am Versorgungslager zwischen Charleroi und Namur zu errichten hatten. Andere Einheiten waren zunehmend mit der Gefangennahme von Deutschen beschäftigt, die dann untergebracht werden mussten. Neben diesen Aufgaben mussten wir uns auch um die große Anzahl von Heimatlosen und Verschleppten kümmern, darunter Russen, Polen, Italiener und Franzosen, die freigelassen wurden, als die Alliierten vorrückten. Als ob dies nicht schon genügt hätte, erhielten wir just zu diesem Zeitpunkt zusätzlich den Befehl, Truppen für den Bau einer Rheinbrücke bei Köln zu entsenden.

Jetzt wurde das Hauptquartier des Regiments nach Andernach auf der Westseite des Rheins zwischen Bonn und Koblenz verlegt. Diejenigen Einheiten, die nicht mit dem Brückenbau beschäftigt waren, mussten den Bau von zwei Lagern für je fünfzigtausend Kriegsgefangene vorantreiben. Sobald das erste fertiggestellt war, zog das Hauptquartier des Regiments noch weiter in das Landesinnere Deutschlands, nämlich nach Aschaffenburg zwischen Frankfurt und Würzburg in Bayern. Die Nachhut des Regiments, die in Le Havre zurückgelassen worden war, stieß Ende April zu uns.

Als der Sieg schon greifbarer nahe lag, wurde Colonel Bell *Group Commander of Engineer Construction Group E* (Gruppenbefehlshaber der Pioniergruppe E). Die örtliche Zuständigkeit unseres Hauptquartiers umfasste nun einen Großteil des Oberrheins in Süddeutschland bis zur Tschechoslowakei im Osten, die Schweiz im Süden und Frankreich und Luxemburg im Westen. Zu den Verwaltungsschwierigkeiten, die aus der räumlichen Ausdehnung dieses Gebietes erwuchsen, kam der Umstand, dass für die Zeit nach dem Sieg in Europa viele Einheiten für die unmittelbare und direkte Stationierung auf dem Kriegsschauplatz Pazifik vorgesehen waren. Andere sollten für den unmittelbaren Wiedereinsatz in die Vereinigten Staaten zurückkehren. Deshalb mussten wir fortwährend unsere Pläne für den Einsatz der Einheiten und für unsere Projekte revidieren.

Dank meiner Stellung als Adjutant des Colonels konnte ich die Ereignisse der kommenden Wochen voraussehen, denn die Armee verlegte sich von Invasion und Eroberung hin zu den Aufgaben einer Militärregierung. Die hektische und gefährliche Zeit der Unterstützung von Kampfhandlungen war vorüber und zunehmend drehten sich unsere Aufgaben um die Versorgung der Lager, die wir für viele tausend deutsche Kriegsgefangene errichtet hatten. Während unsere Einheiten einerseits einiges für den Wiederaufbau der deutschen Infrastruktur leisteten, waren wir andererseits nicht als Teil der künftigen Besatzungsmacht vorgesehen. Es gab Gerüchte, dass wir in die Staaten zurückkehren, dort weitergebildet und neu ausgestattet und dann in den Pazifik entsandt werden sollten, um dort im Krieg gegen Japan weiterzukämpfen.

Einmal mehr war das Hauptquartier des Regiments auf einem Landgut errichtet worden, im Sommerschloss Schönbusch bei Aschaffenburg. Nach und nach verringerte sich das Tempo meiner Dienstaufgaben und ich fand wieder etwas mehr

Zeit, meinen früheren Interessen nachzugehen. In Schönbusch schlüpfte ich instinktiv in die Rolle eines Verfechters der Denkmalpflege und sammelte auf den ganzen Besitzungen Möbel und Güter dieses ehedem herrlichen Hauses ein, die von plündernden Truppen und Verschleppten verstreut worden waren. Mit der Hilfe eines treuen Hausverwalters verpackten wir, was übriggeblieben war, in der Hoffnung, dass die Eigentümer eines Tages zur Renovierung in der Lage sein würden. Wo ich hinsah, so schien mir, mussten solche Arbeiten erledigt werden, wenn man überhaupt etwas retten wollte von dem schönen Deutschland vor der Zeit der Nationalsozialisten.

Ich war wohl in einer solchen Stimmung, als ich von dem Kader der Kunstschutzoffiziere, also der für Denkmalschutz, Schöne Künste und Archive zuständigen Abteilung der Armee (MFA & A) erfuhr. Nahezu jede Ausgabe der Armeezeitung *The Stars and Stripes* enthielt einen Artikel über die wachsenden amerikanischen Bemühungen zur Rettung der Schätze, die von den Nachrichtendiensten des Militärs entdeckt wurden. Die Entdeckung der Sammlungen aus den Berliner Museen in der Mine von Kaiseroda bei Merkers war Gesprächsstoff im April, und jetzt im Mai gab es täglich Neues über Kunstwerke, die die Nazis in Frankreich, Holland und anderswo erbeutet hatten.

Unser Regiment unterstand dem Kommando der 12. Armee, die in Frankfurt ihren Sitz genommen hatte, und meine Arbeit führte mich oft zum dortigen SHAEF-Hauptquartier. Am 10. Juni 1945 erhielten wir eine offizielle Mitteilung, dass wir noch in diesem Monat in die Staaten zurückkehren sollten. Colonel Bell beauftragte mich mit der Überwachung der Vorbereitungen für unsere Abreise. Als ich mich just am nächsten Tag genau darum kümmerte, fand ich heraus, dass es in Frankfurt ein MFA & A-Büro gab. Ich machte die Einheit ausfindig, um zu erkunden, auf welche Weise ich mich ihr anschließen könnte. Es war ein schöner Tag und weil es gerade Mittagszeit war, traf ich niemanden an, mit dem ich hätte sprechen können. Deshalb wartete ich draußen in der Sonne vor dem Gebäude der IG Farben, in dem das SHAEF sich niedergelassen hatte.

Seit unser Regiment beinahe ein Jahr zuvor in der Normandie gelandet war, hatte ich auf dem europäischen Kontinent nichts als die blanke Zerstörung gesehen. Ich hatte gesehen, mit welcher Sorglosigkeit und gar Brutalität die Truppen, unsere und ihre, sich selbst im Angesicht schöner Dinge und in Unterkünften in wunderbarer historischer Umgebung benahmen. Obwohl mich oft das Entsetzen gepackt hatte, habe ich all meinen Drang zu belehren, zu predigen, zu bitten und auch einzugreifen zurückgehalten, und diese Selbstbeherrschung hat mich zermürbt. Aber schließlich war ich Captain im Pionierregiment und als Regimentsadjutant standen meine Pflichten fest. Meine Führungskompetenz und meine Fähigkeiten als Offizier wären durch jeden erkennbaren Anflug von Sentimentalität oder gar Sympathie mit der Kulturlandschaft des eroberten Feindeslandes unglaubwürdig geworden.

Eine Aufnahme in die MFA & A sah ich als eine Art persönliche Rehabilitierung. Falls ich genommen würde, hätte ich Gelegenheit, für etwas zu arbeiten, woran ich glaubte, und einen guten statt eines negativen Beitrags für die Gesellschaft leisten zu können. Mit derlei Gedanken im Kopf kehrte ich am Nachmittag zurück zum MFA & A-Büro und traf auf den britischen Colonel Geoffrey Webb und den amerikanischen Lieutenant Charles Kuhn, die mit mir ein Vorstellungsgespräch führten. Auf ihre Fragen beschrieb ich ihnen meine Architekturausbildung und meine Arbeit im Bereich der Innenarchitektur. Ich erzähltre ihnen von meiner Ausbildung als Pionier im allgemeinen Ingenieursdienst und von meinem Aufstieg zum Regimentsadjutanten. Immer wieder brachte Kuhn das Gespräch darauf, in welcher Weise ich Colonel Bells Befehlsgewalt hatte unterstützen können.

Langsam wurde mir klar, dass ich diesen brillanten Harvardabsolventen und Direktor des dortigen *Germanic Art Museum* im Rang übertraf und viel mehr als er darüber wusste, wie die Armee funktionierte. Lt. Kuhn suchte nach jemandem, der ein früheres Museum in Wiesbaden wiederaufbauen könnte, das bis vor kurzem als Hauptquartier der westlichen Abteilung der Luftwaffe gedient hatte. Alliierte Bombenangriffe auf dieses Hauptquartier der Luftwaffe hatten die Gegend um Wiesbaden getroffen, aber wie durch ein Wunder war das Landesmuseum, abgesehen von kleineren Beschädigungen am Dach und einer großen Zahl zerbrochener Fensterscheiben, verschont geblieben. Inzwischen befanden sich die deutschen Angehörigen der Luftwaffe alle in Kriegsgefangenschaft und das Gebäude war zu einer Unterkunft für *Displaced Persons (DPs)* geworden, was den Zerfall des Gebäudeinneren weiter beschleunigte. Aber die 12. US-Armee, die die Befehlsgewalt über die Stadt besaß, hatte das Gebäude für sich beansprucht. Das Landesmuseum empfahl sich als naheliegendes Lager für die Kunstsammlungen, die sich in der Reichsbank in Frankfurt stapelten, seit immer mehr Geheimlager der Nazis entdeckt wurden. Aber bevor die Kunstwerke dorthin verbracht werden konnten, verlangte die MFA & A, dass das Gebäude abgesichert würde und auch für die ungewisse Zeitspanne, in der die Sammlungen amerikanischem Schutz unterstünden, als geeignete Lagerstätte dienen könnte.

Kuhn war lange genug bei der Armee, um zu wissen, dass ihre Regeln und Verfahren sein Projekt ausbremsen und sogar die Aufgaben der MFA & A in Gefahr bringen konnten. Er war auch lange genug beim SHAEF, um zu erkennen, dass der Schutz von Kulturgütern sicherlich keinen hohen militärischen Stellenwert besaß, und wahrscheinlich hatte er auch gefolgert, dass sein Korps gut ausgebildeter Kunstexperten nicht in der Lage war, die Sprache zu sprechen, die die Armee auch verstand. Auf der anderen Seite war ich ein erfahrener Armeeangehöriger, wenn es darum ging, mir einen Weg durch die Befehlskette zu bahnen und notfalls ihre Verfahrensweisen zu umgehen. Ich verließ Kuhns Büro mit der Zusage, dass er für mich einen Platz bei der MFA & A schaffen würde, falls es mir gelänge, meine Versetzung aus dem 373. Regiment zu erreichen.

Als ich zum Hauptquartier unseres Regiments zurückkehrte, erfuhr ich, dass unser Befehl, Deutschland zu verlassen, beschleunigt wurde und ich keine Zeit damit verlieren durfte, meine Freigabe sicherzustellen. Noch in dieser Nacht schrieb ich Kuhn, um ihn zu informieren, dass meine Versetzung möglichst schnell vorangetrieben werden sollte. Dann musste ich Colonel Bell unter die Augen treten und ihn um seine Zustimmung zu meinem Vorhaben bitten. Zu meiner großen Freude genehmigte er mein Gesuch und machte mir lediglich zur Auflage, dass ich noch die Abreise des Regiments organisieren und die Truppen nach Le Havre begleiten solle, von wo aus sie mit dem Schiff zurück in die Staaten reisen würden. Ich war froh, das noch für sie zu übernehmen zu können und fuhr mit ihnen am 15. Juni 1945 zu Camp Lucky Strike. Am 19. Juni war das Regiment vollzählig und ich konnte es verlassen. Ein Offizier schenkte mir zum Abschied einen Jeep. Von dem französischen Hafen raste ich zurück nach Frankfurt, um den Befehl entgegenzunehmen, der mich zur neuen Besatzungsregierung und in eine neue militärische Laufbahn als Kunstschutzoffizier versetzen würde.

Drittes Kapitel: Museumsmenschen

Die Anfänge in Wiesbaden

Nach meiner Rückkehr von Le Havre war ich bereits nach wenigen Besprechungen mit den Offizieren der MFA & A davon überzeugt, es mit einer Eliteeinheit zu tun zu haben. Wieder einmal war ich durch unbeschreibliches Glück in ein außergewöhnliches Abenteuer geraten. Lt. Charles Kuhn ließ sich während meines Vorstellungsgesprächs keinen Moment lang anmerken, dass er als geborener Cincinnatianer nur zu genau wusste, wo ich zur Schule gegangen war und welche Tätigkeit ich vor dem Krieg als Innenausstatter bei Clossons ausgeübt hatte. Von all meinen Talenten, die ich bereitwillig zur Schau stellte, interessierten ihn besonders die organisatorischen Fähigkeiten, die ich als Regimentsadjutant des Colonels erworben hatte. Zu meinem Glück erkannte er aber auch, dass sich darunter Kenntnisse der Architektur, ein ausgeprägter Sinn für Kunst und ein tiefes Verständnis der *Konservierungstheologie* verbargen.

Ich spreche von Theologie, denn ich fand mich in der hohen Priesterschaft des amerikanischen Museumswesens wieder. Meine Kollegen der MFA & A waren Museumsmenschen und sie trugen diesen Titel mit einer Ehrfurcht, die vor allem sie selbst beeindruckte. Sie waren an den führenden amerikanischen Universitäten zu Kunsthistorikern ausgebildet worden, und wenn sie nicht alle in Harvard bei Paul Sachs Museumsmanagement gehört hatten, so sollte dies einer zukünftigen zivilen Karriere nicht im Wege stehen. Damit will ich nicht sagen, dass ich meine Kollegen nicht schätzte; denn in der Tat war ja nun ich derjenige, der um Aufnahme in ihren erlauchten Kreis bemüht war, und ich freute mich insgeheim, nun auch ein Museumsmensch zu werden, welche Rolle innerhalb der MFA & A ich auch immer spielen würde. Sehr genau hatte ich die Karriere von Walter Siple beobachtet, Direktor des Cincinnati Art Museum, Schüler von Paul Sachs und Museumsmensch, und so konnte ich mir ohne weiteres ausmalen, dass mir diese großartige Chance besser zu einer Stelle in der Museumsverwaltung verhelfen konnte als die Kurse, die ich ein Jahrzehnt zuvor in der Bildungsabteilung des Cincinnati Art Museum gegeben hatte. Ich wusste, dass ich genügend Talent mitbrachte, um als Connoisseur die gesellschaftliche Funktion eines Museumsdirektors zu bekleiden. Was mir fehlte, waren ein entsprechender Universitätsabschluss und die praktische Erfahrung als Kurator in einem großen Museum. Und Sprachen – es wäre in den kommenden Monaten eine große Hilfe gewesen, hätte ich zuvor Deutsch oder Französisch gelernt.[1]

---

1 Am Ende meiner Tätigkeit erstellte ich einen Bericht, eine „History of the Wiesbaden Collecting Point, 13th of July 1945–5th of March 1946," (Geschichte des Wiesbaden Collecting

Das Wiesbadener Landesmuseum, das nun die Kunstsammlungen von nationaler Bedeutung aufnehmen sollte, beruht auf einem Entwurf von Theodor Fischer. Es wurde 1915 fertiggestellt und beherbergte drei städtische Sammlungen für Kunst, Naturkunde und Archäologie.[2] Es besaß wunderbare Proportionen und war in der Form eines E erbaut. Vielleicht als Hinweis auf die Ursprünge der Stadt, bildet der Entwurf einen Höhepunkt neo-romanischen Stils, der die Architektur im Deutschland der Jahrhundertwende beherrschte. Die Eingangshalle bot ein erstaunliches zweistöckiges Foyer mit achteckiger Kuppel, die mit ihren vergoldeten Mosaiken an den Aachener Dom erinnerte. Von hier gelangte der Besucher in eine Art Basilika der frühen Christenheit, in der ehedem ein Brunnen geplätschert hatte, der aber seit längerem mit Unrat zugeschüttet war. Das berühmte Mithräum, das heute in Wiesbaden wieder besichtigt werden kann, habe ich nie zu Gesicht bekommen, da man es zusammen mit anderen Schätzen der römischen Vergangenheit aus der Stadt ausgelagert hatte. Im Anschluss an diesen antiken Bereich präsentierte sich ein in seinem gezielten Einsatz der Lichtquellen und in seiner Anordnung der Galerien sehr fortschrittliches Gebäude. Um das Tageslicht auszunutzen, waren die Galerien der drei Abteilungen auf das oberste Stockwerk dieses vielgeschossigen Gebäudes verteilt.

Vor dem Krieg hatte jede Abteilung des Museums ihren eigenen Direktor und ihre eigene Belegschaft. Das oberste Stockwerk war so eingeteilt, dass die archäologischen Sammlungen im südlichen Flügel untergebracht waren, die bildenden Künste im mittleren Bereich und die naturkundlichen Bestände im nördlichen Flügel. Ein zentraler Saal von verschwenderischen Maßen diente der Gemäldegalerie als Foyer, in dem ursprünglich einige recht bedeutende Werke präsentiert worden waren. Die besten Arbeiten aber hatte der ehemalige Direktor Herrmann Voss entfernen lassen, nachdem Hitler ihn zum Direktor der Linzer Kommission ernannt hatte. Voss wurde im März 1943 Nachfolger von Hans Posse, der die Kommission neben seiner Tätigkeit als Direktor der Dresdener Gemäldegalerie geleitet hatte.[3] Er ließ die besten 77 Gemälde nach Dresden verbringen, um sie vor den Bomben zu bewahren. Als die Russen am Ende des Krieges Dresden besetzten, schickten sie die 77 Gemälde der Wiesbadener Sammlung nach Moskau. Im Jahr 1955 wurden 64 dieser Gemälde an die Deutsche Demokratische Republik zurückgegeben. 1988 übergab die Regierung der DDR diese 64 Gemälde dem Wiesbadener Museum in der Bundesrepublik Deutschland, das

---

Point), die von meiner Zeit als Direktor berichtet. Siehe National Archives RG 260, Box 127, Activity Reports und auch meine Dokumente bei der National Gallery of Art (NGA), Washington, D.C.

2 Schmidt, Ulrich, Die Kunstsammlungen im Wiesbadener Museum, München: Schnell & Steiner 1982.

3 Nicholas, Lynn H., *Der Raub der Europa*, München 1997, 230. Posse erhielt seine Ernennung zur Leitung Hitlers Museum in Linz am 26. Juni 1939. Er starb 1943 an Mundkrebs, (ebenda).

sie 1992/93 zum ersten Mal wieder öffentlich ausstellte. Eines der in Russland verbliebenen Gemälde wurde 1995 im Moskauer Puschkin-Museum gezeigt. Die Geschichte dieser Bilder ist noch nicht zu Ende geschrieben.[4]

Die bedeutenden römerzeitlichen Schätze der archäologischen Sammlungen Wiesbadens waren noch vor den Bombenangriffen verpackt und in Sicherheit gebracht worden. Weniger gut erging es der naturkundlichen Sammlung. Dieser Teil des Gebäudes wurde stark in Mitleidenschaft gezogen. Das zerschlagene Glas der Vitrinen und Fenster türmte sich einen halben Meter hoch in den Räumen und gab dieser einzigartigen Kollektion zoologischer und botanischer Raritäten ein kristallenes Zuhause. Ich erinnere mich, dass es eine ganze Weile dauerte, bis der ehemalige Direktor, Dr. Schmitt, seine frühere Stelle wieder für sich beanspruchen konnte.

Nachdem man während des Krieges die Kunstwerke und archäologischen Sammlungen entfernt hatte, wurde das Gebäude der deutschen Luftwaffe zugeteilt, die es als Verwaltungsgebäude und Maschinenwerkstatt nutzte. Die Luftwaffe hatte wegen der immensen Kapazitäten des örtlichen Flughafens in Wiesbaden eines ihrer westlichen Hauptquartiere. Von hier aus wurden deshalb viele Angriffe gegen England und Frankreich geflogen. Während der chaotischen letzten Tage des Hitlerregimes muss auch die Luftwaffe jede Disziplin verloren haben, und man hatte einfach alle Vorräte und Ausrüstungsgüter zurückgelassen. Als nächstes wurde das Landesmuseum Zufluchtsort für DPs, denen jede Art von Unterkunft recht sein musste. Um sich Platz zu verschaffen, warfen sie alles, was sie nicht gebrauchen konnten, aus dem Fenster, so dass sich in den Höfen der Müll bis zum zweiten Stockwerk türmte. Neben den DPs bezog auch die US-Armee mit einer Versorgungseinheit hier Quartier und nutzte das Gebäude als Warenlager und zentrale Ausgabestelle für Uniformen und Verpflegung. Zu den ersten Aufgaben der in Frankfurt stationierten Kunstschutzoffiziere zählte es, das Gebäude zu räumen, was sie bei der Armee nicht gerade beliebt machte.

Glücklicherweise war das Gebäude von so guter Substanz, dass es die Bombardements der Alliierten ohne größere Schäden überstanden hatte. Als wir es bezogen, waren im Kellergeschoss Teile der Kommunalverwaltung untergebracht, wie z. B. die Wasserbehörde. Das Gebäude hatte mehr als 300 Räume und 2000 durch die Bombardierungen zu Bruch gegangene Fenster. Nur das Dach war stärker beschädigt, denn in den Traufen an den Ecken hatte man Luftabwehrgeschütze installiert und dazu Teile des Dachstuhls entfernt. Durch die offenen Fenster und die durchstoßenen Traufen drang Feuchtigkeit ein und die Sand-

---

[4] RKM, Gespräch mit Arnulf Herbst, dem ehemaligen Direktor des Wiesbadener Museums, Frankfurt, 28. April 1994. Das Tonband ist bei den WIF-Dokumenten. MFP erhielt später einen Brief von Dr. Ingrid Koszinowski vom Wiesbadener Museum, datierend vom 17. September 1996. Auch dieser Brief befindet sich bei den WIF-Dokumenten.

säcke, die die Geschütze beschwert hatten, belasteten das Dachgestühl unnötig. Aber davon abgesehen schien das Gebäude intakt. Später stellten wir fest, dass einige Wände im Inneren durch die Bombardierungen instabil geworden waren und sicherten sie zumindest provisorisch ab, bis dauerhaftere Reparaturmaßnahmen möglich wurden. Zur Zeit unserer Übernahme funktionierte keine der Versorgungsleitungen des Gebäudes. Es gab weder Heizung, noch fließend Wasser oder Elektrizität. Und dennoch war das Gebäude überfüllt mit Menschen, die keinen anderen Ort zum Leben hatten. Der Gestank war unvorstellbar, denn obwohl es kein Wasser gab, wurden die Toiletten weiter benutzt. Das Allerwichtigste war daher, die DPs anderweitig unterzubringen und mit den Reparaturarbeiten zu beginnen, um aus dem Gebäude wieder ein Museum zu machen.

Ich wusste zunächst nicht, welche Rolle mir die Strategen der MFA & A zugedacht hatten. Anfangs dachte ich, man hatte mich ausgewählt, weil dringend jemand gebraucht wurde, der ein Museumsgebäude in Wiesbaden wiederherstellen und für die Aufnahme der Lieferungen von Kunstwerken aus der *Reichsbank* in Frankfurt herrichten konnte. Doch bald informierte mich Kuhn über die jüngsten Entwicklungen. Er und Jim Rorimer hatten das Gebäude des Landesmuseums am 22. Juni übernommen. Er erzählte mir, dass zahlreiche geheimdienstliche Berichte die 3. US-Armee zu einer Mine bei Merkers in Mitteldeutschland geführt hatten. In den dortigen Kali-Minen der Werke in Kaiseroda hatten deutsche Museumsbeamte tausende von Kisten mit Kunstwerken gelagert, die aus den Staatlichen Museen zu Berlin stammten. Am 17. April 1945 wurden diese Kisten auf 26 Zehntonnern zur Reichsbank nach Frankfurt gebracht.[5] Drei Lkw-Ladungen waren bereits am 15. April angekommen.[6] Als ich von der immensen Bedeutung der Werke erfuhr, die nach Wiesbaden verbracht werden sollten, dachte ich, ich sollte Lt. Kuhn oder andere *Museumsmenschen* nach der Renovierung des Gebäudes bei ihrer Arbeit unterstützen.

Ich begann meine Arbeit in Wiesbaden in der zweiten Junihälfte 1945 in dem Glauben, zunächst als Bauingenieur und anschließend für den Schutz und die Archivierung anderer Kulturgüter in den Regierungsbezirken Hessen und Nassau tätig zu werden. Neben der Aufsicht über die Renovierungsmaßnahmen des Gebäudes erwartete man von mir, dass ich in einem Umkreis von mehr als

---

5 Report of the American Commission for the Protection and Salvage of Artistic and Historic Monuments in War Areas, Washington, D.C., 1946, 132–133.

6 Siehe Supreme Headquarters, Allied Expeditionary Force, G-4 Division: „Report covering the discovery, removal, transporting and storage of gold, silver, platinum and currency, fine art treasures and patent records from salt mines in the Merkers and Heringen area to the Frankfurt area in Germany, 26. April 1945." National Archives, Washington, D.C., Record Group RG 331, Records of the Allied Operational and Occupation Headquarters, World War II, SHAEF, G-5, Monuments, Fine Arts and Archives Section, Subject File, MFA & A Reports, AMG 290. Eine Kopie befindet sich in den Staatlichen Museen zu Berlin, Zentralarchiv, Nr. V.4.3.2. GA-LN 79.

150 Kilometern provisorische Aufbewahrungsstätten anderer bedeutender Sammlungen besuchte und Berichten über Kunstraub in den großen Sammlungen unserer Region nachging. Genauere Anweisungen hatte ich nicht.

An die ersten Wochen meiner Tätigkeit in Wiesbaden habe ich nur schwache Erinnerungen, denn ich arbeitete achtzehn Stunden pro Tag und auch im Schlaf bewegten mich die Aufgaben und Herausforderungen meiner Arbeit. Ganz vage erinnere ich, wie erstaunt ich war, dass die Bomben die Stadt nicht so sehr verwüstet hatten wie Frankfurt. Die Alliierten hatten hier ihre Angriffe auf die Umgebung des Landesmuseums konzentriert, wo das Hauptquartier der Luftwaffe lag, und auf den Flughafen außerhalb der Stadt. Wiesbaden besaß einige schöne Hotels, in denen nun das amerikanische Militär einquartiert war. Meine eigene Unterkunft lag im dritten Stock eines drittklassigen Hotels und ich nehme auch an, dass ich etwas gegessen habe, ich kann aber nicht mehr sagen, wo.

Sehr lebendig erinnere ich mich an meinen ersten Besuch im Wiesbadener Landesmuseum, das mir zwar stark beschädigt erschien, aber reparierbar, wenn man nur den Verwaltungsapparat der Armee und die Lähmung der Deutschen überwand. Um es mit neuem Leben zu erfüllen, galt es Schlachten mit der US-Armee zu schlagen, deren Militärverwaltung sich nur zögernd mit der Mission der MFA & A anfreunden wollte. Meine Truppen würden aus unseren ehemaligen Feinden zusammengestellt werden, den erst kurz zuvor besiegten Soldaten, die nun hungerten, erschöpft und demoralisiert waren. Meine Gedanken kreisten nun nur noch um meine vordringlichste Aufgabe: einen Plan zur Sicherung des Gebäudes zu erstellen.

Lt. Kuhn hatte mich inzwischen vollständig über den enormen Wert der Kunstwerke aufgeklärt, die uns bald erreichen sollten. Zur Einweisung in meine neue Position besuchte ich zusammen mit ihm die in der Reichsbank in Frankfurt zwischengelagerten Sammlungen. Die Kisten des Berliner Kaiser-Friedrich-Museums und anderer Sammlungen säumten die Gänge der Bank und ließen nur wenig Platz zum Passieren. In den anliegenden Räumen lehnten die ausgepackten Meisterwerke des neunzehnten und zwanzigsten Jahrhunderts aus der Berliner Nationalgalerie an den Wänden, die ebenfalls in der Mine Kaiseroda-Merkers untergebracht worden waren.

Neben diesen Kunstschätzen zeigte man mir auch Behältnisse mit Brillen, falschen Zähnen, Hochzeitsringen und anderen persönlichen Gegenständen, die man den Juden und anderen verfolgten Personengruppen in den Konzentrationslagern abgenommen hatte. Diese menschlichen Relikte direkt neben den Kulturgütern einer großen Nation lagern zu sehen, ließ mich erschaudern.

Vor allem anderen galt es nun, im als Zentrale Sammelstelle für beschlagnahmte Kulturgüter (Central Collecting Point) vorgesehenen Landesmuseum Wiesbaden die Funktionsfähigkeit des Gebäudes wiederherzustellen und die Sicherungsanlagen zu installieren. Der enorme Wert der hier unterzubringenden Sammlungen verlangte nach einer Befestigung wie im Belagerungszustand. Auch musste das Gebäude gegen Witterungseinflüsse gesichert, komplett gesäubert und auf die kalte Jahreszeit vorbereitet werden. Und wir benötigten kompetentes und gut ausgebildetes Personal. Für all diese Aufgaben gab man mir nicht einmal zwei Monate Zeit.

Ich ließ zunächst einen hohen Stacheldrahtzaun um das Gebäude ziehen, den ich aus Beständen der amerikanischen Armee erhielt. Zwar hatte man die Fenster der unteren Stockwerke zum Schutz gegen die Luftangriffe mit rohen Ziegeln zugemauert. Aber das Gebäude war nie dafür gedacht gewesen, eine Sammlung von so außerordentlichem Wert zu beherbergen, so dass es zu dem Sicherheitszaun keine Alternative gab.

Um einen Mitarbeiterstab für mein Museum zu finden, begab ich mich zum Wiesbadener Arbeitsamt und bat um Vermittlung gut qualifizierter Personen. Ich benötigte Pioniere, wie man damals die europäischen Armeeingenieure nannte, da sie gut ausgebildete Arbeiter waren und das Gebäude in Schuss halten konnten. Ebenso brauchte ich Wach- und Reinigungspersonal sowie Sekretärinnen für die Büros, in denen schon bald die Papierflut zu bewältigen war, die das Militär auch in einer zivilen Einrichtung produzierte.

Aber nichts von alledem konnte ich umetzen, bis ich nicht jemanden zur Anleitung der Arbeiter gefunden hatte, da ich nicht ein Wort deutsch konnte. Als die vom Arbeitsamt vermittelten Mitarbeiter eintrafen, hatte ich noch in halsbrecherischen Gesten das Setzen der Zaunpfähle und andere unmittelbar notwendige Arbeiten angeordnet, aber das konnte so nicht weiter gehen.

Frau Renate Hobirk war die ideale Bewerberin für die Position des Dolmetschers. Ihr Vater, ein Geschäftsmann mit internationaler Erfahrung, hatte ihr eine moderne Ausbildung ermöglicht. Frau Hobirk hatte in der Schweiz Sprachen studiert und Englisch sowie Französisch im jeweiligen Land gelernt. Sie war mit einem Bankier verheiratet und lebte in Berlin. Am Ende des Krieges war sie im Harz einem General einer deutschen Militäreinheit als Sekretärin zugewiesen. Die Offiziere setzten sich ab, als die amerikanischen Streitkräfte einmarschierten. Die Einheit der US-Armee war froh, auf Frau Hobirk zu stoßen, die ihre Sprache sprach und ihr dabei half, sich in der Region zurechtzufinden. Als Gegenleistung für ihre Dienste bot man ihr an, sie aus dem Ostharz herauszubringen, bevor er an die Russen übergeben werde. Mit einer Uniform getarnt kam sie auf einem Armeelaster nach Wiesbaden, wo eine Freundin der Familie wohnte.

Frau Hobirk fand ihre Freundin kurz nach ihrer Ankunft in Wiesbaden Anfang Juli 1945. Sie lebte in einem so kleinen und bescheidenen Appartement, dass sie ihrem Gast nur einen Schlafplatz auf dem Fußboden anbieten konnte. Frau Hobirk meldete sich beim Arbeitsamt und stieß auf meine noch offene Anfrage nach einem Übersetzer. Eine Anstellung am Landesmuseum war die ideale

Lösung. Ich war überglücklich, denn sie war nicht nur eine tüchtige Bürokraft mit guten Sprachkenntnissen, sondern auch mit den Förmlichkeiten vertraut, die insbesondere von den älteren deutschen Einwohnern erwartet wurden, die schon bald dem neuen Museumsdirektor ihre Aufwartungen machten. Mit ihrem ganzen Talent übernahm sie die Leitung meiner Verwaltung und bezog im Museum ein Zimmer in der Wohnung des Hausmeisters, der dort ebenfalls mit seiner Familie lebte.

Glücklicherweise traf ich schon bald auf Dr. Ing. Otto F. Seeler, ein Architekt, der in Kuba geboren war und in Wiesbaden lebte.[7] Als Sohn deutscher Eltern hatte er einen Teil der Kindheit mit seinen Eltern in Florida verbracht und die englische Sprache erlernt. Er hatte seine Ausbildung in Deutschland erhalten und eine Tochter aus gutem Wiesbadener Hause geheiratet. Er war ein wunderbarer Kollege, unterrichtete später als Professor an der Notre-Dame-Universität in Indiana und wurde Direktor ihrer Außenstelle in Rom.

Als nächstes traf ich auf Joseph („Joe“) Kohlmaier, der eine beträchtliche Erfahrung als Maschinenbauingenieur mitbrachte. Kohlmaier diente uns als Vorarbeiter, während mich Seeler bei den Reparaturen am Gebäude beriet. Im Juli und Anfang August brachten die Pioniere die Heizung, den Aufzug und die Wasserversorgung in Gang. Schiefer und Teerpappe für das Dach belegten Spitzenplätze auf meiner Wunschliste. Die Schieferplatten waren verrutscht und viele lagen zerbrochen in den Dachrinnen. Es hieß, ähnliche Platten zu bekommen, sei nicht schwer, da das Gebäude noch recht neu war. Tatsächlich erhielten wir diese auch ohne Schwierigkeiten. Kohlmaier und Seeler nahmen mir auch die tägliche Überwachung der Mitarbeiter ab, so dass ich mich der weiteren Planung widmen konnte.

Lt. Kuhn, Capt. La Farge und Lt. Edith Standen vom Hauptquartier besuchten regelmäßig das Museum, um den Fortschritt der Arbeiten zu begutachten und abzuschätzen, wann mit den Transporten aus Frankfurt begonnen werden konnte. Sie zählten zu meinen größten Fürsprechern und leisteten viel zu meiner Unterstützung.

Mitte Juli bestellte ich die örtlichen Handwerker in unser Museum, weil wir dringend Glas benötigten. Die Luftangriffe hatten sämtliche Fensterscheiben zerstört. Fenster fehlten nun überall in Deutschland und ich hatte bereits den Versuch unternommen, Glas über die Versorgungskanäle der Armee zu beschaffen. Glücklicherweise erinnerte sich einer der Handwerker daran, dass die Luftwaffe in der Nähe des Wiesbadener Flughafens begonnen hatte, Gebäude zu bauen, wozu

[7] Ich danke Herrn Dr. Seeler für seine Bereitschaft, sich für dieses Buch befragen zu lassen. Das Audioband, das seine Unterhaltung mit RKM enthält, befindet sich bei den WIF-Dokumenten.

seine Firma noch kurz vor der Kapitulation tonnenweise drahtdurchflochtene Glasscheiben geliefert hatte.

Ich ging diesem Hinweis sofort nach und fand die noch nicht eingebauten Scheiben auf dem Flughafen gleich neben den fast fertiggestellten Gebäuden. Der Schatz war unter einem Berg von Schutt verborgen, so dass er bisher nicht die Aufmerksamkeit der amerikanischen Luftstreitkräfte erregt hatte, die nun den Flughafen kontrollierten. Ich beschloss, das Glas zum Landesmuseum zu bringen und die Glaser mit der Installation zu beauftragen, ohne irgend jemanden zu fragen oder um Erlaubnis zu bitten. Vom Fuhrpark requirierte ich einen Laster mit Ladekran und ließ unseren Fund von unseren Arbeitern aufladen; insgesamt fünfundzwanzig Tonnen Glas.

Beinahe hätte ich meine Beute fortgeschafft, ohne entdeckt zu werden, aber der Arm des Ladekrans verfing sich am Tor in hoch gespannten Kabeln des Fernmeldekorps und riss sie herunter. Zwar befahl ich meinen Leuten sofort, die Kabel wieder anzubringen, aber die Basis war bereits alarmiert. Als die Militärpolizisten eintrafen und meine Personalien inspizierten (ohne dass ich preisgeben musste, warum ich hier war), versicherte ich ihnen, die Situation unter Kontrolle zu haben und sie zogen von dannen, ohne mich weiter zu behelligen. Während der nächsten Tage unternahmen die Laster mehrere Fuhren, ohne angehalten zu werden. Später erfuhr ich, dass Bancel La Farge, zu dieser Zeit verantwortlich für das MFA & A-Büro in Berlin, vor einigen Air Force Offizieren mit meinem Feldzug prahlte. Sie zeigten sich wenig begeistert darüber, dass eine solche Menge Glas unter ihren Augen verschwinden konnte, wo sie doch selbst zahlreiche Fenster zu reparieren hatten.

Der Einbau der Glasscheiben nahm längere Zeit in Anspruch. Ich setzte verschiedene Arbeitsbrigaden ein, so dass eine Gruppe den Fensterrahmen herausnahm, während eine zweite die restlichen Glassplitter entfernte und den Rahmen zu den Glasern hinunter brachte. Die gleiche Gruppe brachte dann den Rahmen wieder nach oben und montierte ihn. War kein Rahmen vorhanden, wurde das Glas direkt eingesetzt. Die Deutschen hatten eine solche Fließbandtechnik noch nie gesehen und waren ganz angetan von meinem Yankee-Ingenieurstalent. In der Zwischenzeit waren für das Dach neue Schieferplatten gefunden und installiert worden und das Dach war wieder ganz wetterfest. Nur die Dachgauben widersetzten sich unseren Anstrengungen. Sie schienen mir nicht gut konstruiert zu sein. Der Winkel, in dem sie angebracht waren, verursachte Undichtigkeiten und der uns zur Verfügung stehende Kitt war von so schlechter Qualität, dass durch die oberen Fenster immer wieder Wasser eindrang.

Während diese recht sauberen Arbeiten vorangingen, waren andere Gruppen damit beschäftigt, den Abfall von fünf Jahren aus dem Inneren des Gebäudes und aus den Höfen zu entfernen. Wenn es jemals einen für Herkules geeigneten Stall gegeben hat, so war es dieser.

Flutlichter standen als nächstes auf meiner Liste. Während mehrerer Wochen im Juli und August sandte ich Suchtrupps los, um Scheinwerfer aus liegengebliebenen zerstörten Jeeps und Armeelastern auszubauen und zur Beleuchtung des Gebäudes während der Nachtzeit einzusetzen.

Ich wollte auch ehemalige wissenschaftliche Mitarbeiter und Restauratoren Museums wieder einstellen, die bei uns eintreffende Kunstwerke mit entsprechendem Sachverstand behandeln würden. Als sie erfuhren, dass die Wiederherstellung des Landesmuseums bei den Amerikanern Priorität besaß, kehrten sie in das Gebäude zurück, das sie wegen der Kriegsumstände, der Beschlagnahme durch die Luftwaffe und der Besetzung durch die DPs hatten verlassen müssen. Aber nachdem ich einige von ihnen eingestellt hatte, ergab sich ein Problem, das viele Museen plagte, die das MFA & A wiederherzustellen versuchte. Nachdem sich 1933 die Herrschaft der Nationalsozialisten immer weiter ausgedehnt hatte, waren viele Zivilangestellte in die Partei eingetreten. Einige, wie Dr. Ferdinand Kutsch und Dr. Schmitt, hatten sich geweigert und gekündigt. Andere, die beigetreten waren, hatten keine andere Wahl, da sie fürchten mussten, keinen anderen Arbeitsplatz zu finden. Nun, kurz nach ihrer Wiedereinstellung, ordnete die US-Militärverwaltung an, dass keine ehemaligen Parteimitglieder beschäftigt werden durften, und so musste ich alle vormaligen Mitarbeiter der Abteilung Bildende Kunst wieder entlassen, auch eine ältere Frau, die allein für ihre alte Mutter zu sorgen hatte. Dies schmerzte mich zutiefst.

Im Laufe der Zeit vermittelte mir das Arbeitsamt die benötigten Mitarbeiter und mit ihrer Anstellung konnte ich ihnen ein Stück ihrer Würde zurückgeben, die die Jahre der Entbehrungen des Krieges ihnen genommen hatten. Das Arbeitsamt gab auch Lebensmittelkarten aus, aber wenn auch die Rationen für Werktätige etwas höher waren als für Menschen ohne Arbeit, so reichten sie doch bei weitem nicht aus, um die schwere Arbeit zu bewältigen, die ich den Arbeitern abverlangte. Einige besaßen keine andere Kleidung als die deutschen Armeeuniformen, die sie nach ihrer Einberufung zum Militär und im Augenblick der Niederlage getragen hatten. Um sie beschäftigen zu können, musste ich sie nun auch mit Kleidung ausstatten, denn die US-Militärverwaltung hatte es den Deutschen vom einen auf den anderen Tag untersagt, ihre ehemaligen Uniformen zu tragen. So musste ich mich an die Versorgungsdepots der Armee wenden, um für sie abgetragene amerikanische Bekleidung zu besorgen.

Meine neuen Mitarbeiter waren völlig ausgezehrt und ich musste bald feststellen, dass sie gar nicht in der körperlichen Verfassung waren, um die ihnen zugeteilten Arbeiten zu bewältigen. Darüber hinaus versuchten sie, ihre Familien wiederzufinden, und sobald ihre Frauen und Kinder in die Stadt zurückkehrten, musste auch für sie gesorgt sein. Auf diese Situation war unsere Militärverwaltung genauso wenig vorbereitet wie die deutsche Regierung, die sich gerade formierte. Da ich diese Arbeiter aber dringend benötigte, wandte ich mich an die UNRRA, die *United Nations Relief and Rehabilitation Administration*, um über zusätzliche Nahrungsrationen zu verhandeln. Die UNRRA konnte zurückgelassene Feldbetten und Öfen der Luftwaffe gut gebrauchen und tauschte sie gegen Lebensmittel. Es war eine erschütternde Situation voller Hoffnungslosigkeit und Verzweiflung, so dass ich mit Schaudern daran denke, wie hart ich diese gebrechlichen Menschen fordern musste, um den mir gestellten Zeitplan einzuhalten.

Nie in meinem Leben war mir derart viel Verantwortung für das Wohl anderer Menschen übertragen worden. Selbst mein Dienst unter Colonel Frank F. Bell hatte mir nichts derartiges abverlangt. Außer mir gab es niemanden, den diese Menschen um Hilfe hätten bitten können. Eigentlich war es mir damals ganz recht, kein Deutsch zu können, da ich so ihre bewegenden Geschichten nicht aus erster Hand erfahren musste. Viele meiner Briefe, die ich in dieser Zeit meiner Frau Josselyn nach Hause schickte, beschreiben diese beiden Extreme meiner damaligen Erfahrungen: meine Begeisterung für die Arbeit, die ich zu bewältigen hatte, und meine Beklemmungen über die Bedingungen, unter denen sie zu bewerkstelligen war. Über die chaotischen Zustände schrieb ich ihr im Juni, dass „wir jeden Tag zum Arbeitsamt gehen müssen, da immer einer nicht zur Arbeit erscheint." Während des Sommers begann Josselyn, mir kleine Überraschungen zu schicken, die mir eine Freude machen sollten. Da ich mein eigenes Salär für Essen für die Männer ausgegeben hatte, schrieb ich nun zurück und bat um Nahrungsmittel wie Bratöl, Lebensmitteldosen und Brühwürfel, um die Kantine aufzustocken, die ich für das Mittagessen eingerichtet hatte.

Jeden Morgen hielt ich eine Lagebesprechung ab, in der wir uns mit den täglichen Herausforderungen der Materialbeschaffung und der Erstellung des Konzeptes für das Museum herumschlugen. Der Direktor der archäologischen Abteilung, Dr. Ferdinand Kutsch, nahm mit großem Einsatz daran teil. Er war voller Dankbarkeit, dass wir ihm im Rahmen unserer Aufgaben dabei halfen, seine Sammlung und Bibliothek wiederherzustellen. Als zu Beginn meiner Arbeit in Wiesbaden meine Kompetenzen noch nicht klar definiert waren, hielt ich es für angemessen, dass Kutsch den Empfang der Kunstwerke, Antiquitäten und Objekte von kulturellem Wert quittierte, die unserer Treuhandschaft unterstellt waren. Ich schätzte uns glücklich, dass er gerne mit uns zusammenarbeitete und freute mich über seine Anwesenheit.

Dr. Kutsch verfügte über Verbindungen zu den übrigen Museumskollegen und den entsprechenden akademischen Kreisen. Er kannte auch die hiesigen Sammler, die nun nach den aus ihren Häusern verschleppten Objekten suchten und hofften, sie mit Hilfe des in ganz Europa arbeitenden Nachforschungsnetzwerks der MFA&A wiederzufinden. Zu diesem frühen Zeitpunkt konnten wir wenig mehr tun als ihnen ein offenes Ohr zu gewähren und ihnen zu versichern, dass unsere

Anstrengungen darauf gerichtet waren, so viele geraubte Kunstwerke wie möglich an ihre Eigentümer zurückzugeben. Die internationale Presse hatte bis Juli das ganze Ausmaß des Kunstraubs und der Plünderungen sowie der Zerstörungen durch die Bombardements dokumentiert und jedermann, der etwas eingebüßt hatte, hoffte nun, es wiederzuerlangen. Vorerst konnte ich nur Frau Hobirk bitten, die Verlustmeldungen entgegenzunehmen.

Der Regierungsbezirk

Als nächstes befasste ich mich mit den externen Verantwortlichkeiten für unseren Regierungsbezirk Hessen Nassau. Das bedeutete vor allem, Berichten über Depots der Deutschen nachzugehen und Inventare zu erstellen, um dann die aufgefundenen Kunstwerke zum Collecting Point zu transportieren, damit sie dort identifiziert und ihre Eigentümer ermittelt werden konnten. Das vorrangige Ziel war es, jede weitere Verschlechterung des Zustands der Gebäude und der Depots zu verhindern. Aus den Lagern des Collecting Point würden die Kunstgüter schließlich „restituiert", das heißt, ihren Eigentümern zurückgegeben werden, sofern sie entsprechende Eigentumsnachweise vorlegen konnten.

Ich erinnere mich an die erste Exkursion zu einem Depot zusammen mit meiner Kollegin Lt. Edith Standen. Sie war ebenfalls Kunstschutzoffizier in der MFA & A und im nahegelegenen Höchst stationiert. Ediths Eltern waren Angloamerikaner. Vor dem Krieg hatte sie in Oxford studiert und danach als wissenschaftlicher Sekretär der Joseph-Widener-Sammlung in der Nähe von Philadelphia gearbeitet. 1944 assistierte sie bei der Überführung der Gemälde der Widener-Sammlung zur National Gallery of Art in Washington. Aus Patriotismus war sie anschließend in das Frauenkorps der Armee (WAC) eingetreten und hoffte auf eine Versetzung nach England, wo ihre Mutter lebte. Ein Offizier des WAC wurde auf ihre Interessen und ihren beruflichen Werdegang aufmerksam und verwies sie an Mason Hammond, der das Büro der MFA & A in Barbizon nahe bei Paris leitete. Von dort kam sie nach Höchst in der Nähe von Frankfurt und arbeitete mit unseren Kollegen an der Rettung von Kunstwerken. Während meiner letzten Monate bei der MFA & A arbeiteten wir zusammen in Wiesbaden und im März 1946 trat sie schließlich meine Nachfolge als Direktor des Collecting Point an. Edith blieb in Wiesbaden, bis sie im Frühjahr 1947 zum MFA & A-Büro in Stuttgart versetzt wurde, wo sie bis zu ihrem Ausscheiden aus der Armee gegen Ende dieses Jahres weiter für die Bewahrung von Kunstwerken arbeitete. Nach ihrer Rückkehr in die Vereinigten Staaten wurde Edith „associate curator" am Metropolitan Museum of Art, das zu dieser Zeit von den Direktoren Francis Henry Taylor und James Rorimer geleitet wurde. Sie beendete ihre bemerkenswerte Karriere als Curator Emeritus und blieb mir eine hoch geschätzte Freundin, die mich und alle anderen Kollegen der MFA & A enorm unterstützte.[8]

Das Hauptquartier der MFA & A in Höchst diente als zentrale Eingangsstelle für Berichte von Nachrichtendiensten, Zivilisten und MFA & A-Offizieren, die seit April 1945 hier arbeiteten, so dass Edith und ich während des Monats Juli regelmäßig Kontakt wegen der Kunstgutdepots in meinem Verantwortungsbereich hatten. Diese Depots befanden sich üblicherweise in Schlössern, Kirchen oder zivilen Gebäuden, die die deutschen Sammler und Museumsbeamten als sicher eingestuft hatten, da sie weit entfernt von möglichen Kampflinien und Zielen der Bomber gelegen waren. Zum Teil enthielten diese Depots lediglich Sammlungen von persönlichem Interesse, doch fanden wir häufig ganz außergewöhnliche Stücke, so dass diese Exkursionen einen Hauch von Abenteuer mit sich brachten, woran unsere Gruppe der MFA & A großen Gefallen fand. Ich hatte besonderes Glück, denn ich hatte meinen eigenen Jeep. Zu dem Hauch von Abenteuer kam hinzu, dass wir auf Hitlers neuer Autobahn fahren konnten, mit Sicherheit die beste Straße, die ich je gesehen hatte.

Ich erinnere mich an meine erste Exkursion mit Edith am Wochenende des vierten Juli, die uns gen Norden nach Hachenburg führte. Wir wurden von dem Höchstehrwürdigen Abt von Marienstatt empfangen, der für das Hachenburger Depot verantwortlich war. Hier waren sowohl ausgewählte Stücke aus örtlichen Archiven und Bibliotheken als auch Gemälde aus den Bonner Museen untergebracht. Wenn ein örtlicher Beamter oder ein vertrauenswürdiges Mitglied der Gemeinschaft wie der Abt vor Ort die Sicherheit des Depots gewährleistete und dieses wetterfest war, haben wir die Lagerstätten bisweilen so belassen, wie sie waren. Waren in einem Depot jedoch sehr wertvolle Stücke untergebracht oder war ihre Sicherheit nicht garantiert, so transportierten wir die Sammlung zum Landesmuseum nach Wiesbaden, dem Central Collecting Point.

Sehr froh bin ich, dass ich die Schlösser Biebrich, Wiesbaden und Weilburg vor weiterem Verfall bewahren konnte. Schloss Biebrich war zwar nicht beschädigt worden, hatte aber unter seinen wechselnden Bewohnern gelitten. Ich ließ es säubern, die Zugänge mit Holz verschalen und es mit einem Zaun umspannen. Am Wiesbadener Schloss konnten wir weiteren Schaden dadurch verhindern, dass wir die Fenster mit Holz verschlossen und den Zugang absperrten. In Weilburg musste ich eine Einheit der amerikanischen Armee zur Rede stellen, die sich das antike Mobiliar zur Ausstaffierung des eigenen Quartiers verschafft hatte. Das Mobiliar wurde zurückgegeben und das Gebäude in wetterfesten Zustand versetzt. Das Dach des Schlosses Weilburg wurde zum Schutz der Bibliotheken der Essener Grubengewerkschaft und eines Lehrerkollegs gerichtet; auch sicherten wir die Orangerie dieser wundervollen Anlage mit Stützbalken.

---

8 Interview RKM mit Edith Standen am 17. Februar 1994 in New York.

Als ich von dem Verfall des Gebäudes des Wiesbadener Staatsarchivs erfuhr, ließ ich provisorisch Fensterscheiben einsetzen. Auch hier hatten die Druckwellen sämtliche Fenster eingedrückt und wertvolle Dokumente lagen verstreut umher. Zwar stand uns kein richtiges Glas zur Verfügung, aber es gab undurchsichtiges Plastik namens „Besella“, mit dem wir zumindest die Fensteröffnungen verschließen konnten, bis die Stadt wieder über Mittel zur Instandsetzung verfügte.

Die Aufteilung Deutschlands in vier Besatzungszonen, eine amerikanische, eine britische, eine französische und eine russische, stellte die MFA & A-Offiziere vor weitere Schwierigkeiten. Als die deutschen Museumsbeamten ihre Sammlungen einlagerten, konnten sie weder das gewaltsame Ende des Dritten Reiches vorhersehen, noch dass die Kunstgutdepots später einer von vier verschiedenen Militärverwaltungen zugeordnet sein würden. Die Zusammenarbeit der Briten und Amerikaner funktionierte wie üblich gut und Transporte zwischen den von beiden Ländern eingerichteten MFA & A-Behörden konnten ungehindert passieren. Mit den Franzosen und den Russen war das etwas anderes.

Wir erfuhren, dass die Bibliothek unseres Wiesbadener Landesmuseums in einem Schloss untergebracht war, das in der französischen Besatzungszone lag. Als wir dort eintrafen, um die Kisten auszulösen, mussten wir uns mit ärgerlichen Verzögerungen bei der Erledigung der Formalitäten auseinandersetzen. Die Franzosen hatten nie große Begeisterung für die Mission der MFA & A an den Tag gelegt, und obwohl sie durch internationale Verträge zur Einhaltung des Militärgesetzes Nr. 52 verpflichtet waren, das die Richtlinien der Alliierten für die Rückführung von kriegsbedingt verschobenen Kulturgütern festschrieb, gaben sie in ihrer Zone aufgefundene Schätze nur unwillig heraus. Da es keine weiteren Vereinbarungen über Reparationsleistungen von Kulturgütern gab, entsprach es der Praxis der MFA & A, deutsche Kunst letztendlich wieder an deutsche Museen zurückzugeben, vorausgesetzt, sie konnten ihr Eigentum mit Inventarlisten, Ankaufbelegen oder ähnlichen Dokumenten nachweisen. Angesichts dessen, was die Deutschen den Kunstwerken und Sammlungen in ihrem Land angetan hatten, zeigten die Franzosen wenig Verständnis für den Restitutionsgrundsatz, von dem das Militärgesetz Nr. 52 ausging.

James Rorimer berichtet in seinem Buch *Survival*, dass bis Ende 1945 im westlichen Militärdistrikt, dem Gebiet der Siebten Armee, 384 Kunstgutdepots entdeckt wurden. Diese Zahl enthält noch nicht diejenigen Lager, die durch die Invasion der Alliierten an die Dritte Armee gefallen waren. Von diesen wurden 296 inspiziert und 86 evakuiert.[9] Meinen Briefen und Notizen entnehme ich, dass ich in den ersten zwei Monaten meiner Amtszeit über ein Dutzend Depots aufgesucht habe, bis ich ab Ende August gezwungen war, meine ganze Arbeitskraft dem Landesmuseum zu widmen.

---

9 Rorimer, James J. und Rabin, Gilbert, in: *Survival*. New York, Abelard Press, 1950, 227.

Am 8. Juli 1945 fuhr ich mit einem Lastwagen nach Schloss Langenau, wo ein Teil der Schätze des Kölner Wallraf-Richartz-Museums eingelagert war. Die Reise dorthin führte uns durch bergiges Land und herrliche Wälder. Bei unserer Ankunft, stellten wir fest, dass wir die große Zahl der hier lagernden Kunstschätze unmöglich in einer Fuhre bewältigen konnten. Und da uns das Depot geeignet erschien, ließen wir die Gemälde unter der Aufsicht eines Wachpostens zurück. In weiser Voraussicht hatten die Kölner Kuratoren ihre Sammlung auf mehrere Lager verteilt. Eine weitere Exkursion führte uns zu dem an einem Fluss gelegenen Wasserschloss in Runkel, wo wir es für angebracht hielten, die auf Papier gefertigten Werke fortzubringen, um sie nicht länger dem feuchten Klima auszusetzen. Hier befanden sich ebenfalls Werke aus dem Wallraf-Richartz-Museum, unter ihnen das wunderbare Gemälde Madonna im Rosenkelch von Stephan Lochner. Es zählte seit langem zu meinen Lieblingsbildern und ich war begeistert es hier zu sehen, selbst in einem Lagerraum. Das Zentrum Kölns war so schwer zerstört, dass es Jahre dauern würde, bis die Sammlungen des Wallraf-Richartz-Museums wieder unter einem Dach vereint sein konnten.

Wieder eine andere Reise brachte uns nach Ramsthal, wo die Sammlung Dr. Richard von Kühlmanns in einem von amerikanischen Truppen besetzten Haus entdeckt worden war. Von Kühlmann lebte in Berlin und war von 1909 bis 1914 Botschaftsrat in England. Man sagt, er habe in den hohen Kreisen der Nationalsozialisten verkehrt, bevor er sich am Attentat auf Hitler vom 20. Juli beteiligte. Wir ließen den Inhalt des Depots einschließlich der Gemälde, Teppiche und Möbel im Central Collecting Point einlagern, um sie ihm oder seiner Familie später zurückzugeben. Nach unseren Grundsätzen hatten wir auch Regierungsmitglieder unseres ehemaligen Feindes fair zu behandeln, denn es bestand die Gefahr, dass diese Schätze von unseren eigenen Truppen oder von anderen missbraucht oder geraubt wurden, wenn man sie nicht in Verwahrung nahm. Als Besatzungsarmee in Deutschland hatten wir weltweit einen Ruf zu verlieren.

Während unserer Inspektionsreisen zu den Kunstgutdepots in Großhessen kam ich auch nach Marburg, wo man die erste Sammelstelle für Kulturgut (Collecting Point) des Westlichen Militärbezirks unter der Leitung des MFA & A-Offiziers Walker Hancock eingerichtet hatte. Hancock hatte noch im April 1945 und vor seiner Berufung nach Marburg die Siegener Mine erkundet. In dem modernen Gebäude des Archivs der Marburger Universität entstand dann eine Zweigstelle unseres Collecting Point. Zwar war es als eines der wenigen Gebäude in Marburg von Bomben beschädigt worden, aber da es vor dem Krieg die zweitgrößte Institution seiner Art und darüber hinaus feuersicher war, konnten hier letztendlich 3457 Kunstwerke und die Sammlung des deutschen Reichspost-Museums untergebracht werden. Hancock und ich hatten beide die Herausforderungen der Leitung einer Sammelstelle zu bewältigen, und daher viel zu besprechen. Über seine ersten Tage in Marburg hat Hancock geschrieben, dass „selbst die Beschaffung eines Besens, mit dem ein Anfang gemacht werden konnte, einige Tage

Geduld und der Verschwörung bedurften.“ [10] Unter den Werken des Marburger Collecting Point befanden sich Gemälde des Essener Folkwang Museums, des Aachener Suermondt Museums und des Kölner Wallraf-Richartz-Museums. Insgesamt 766 Werke, unter ihnen hochrangige Gemälde, Skulpturen und Kunstgewerbe aus dem Rheinland, wurden aus der Siegener Kupfermine nach Marburg gebracht. Als Hancock im April die Mine besucht hatte, troff sie vor Feuchtigkeit. Die Gemälde und Skulpturen hatten bereits Schimmel angesetzt und niemand hatte etwas gegen die Feuchte unternommen. Mit der Unterstützung von Lt. Lamont Moore von der Neunten US-Armee evakuierte Hancock die Siegener Mine im Verlauf des Sommers.

Während die Organisation des Central Collecting Point Fortschritte machte, war ich ja auch noch für die Inspektion der Gebäude und andere Restitutionsaufgaben im Regierungsbezirk verantwortlich. Mir wurde klar, dass diese externen Aufgaben mit meiner Arbeit im Landesmuseum kollidierten, wo ich mein bestes geben wollte. Zum Glück hatte ich über meine Kontakte zu deutschen Kulturbeauftragten von einem ehemaligen Kultusminister aus der Zeit vor dem Nationalsozialismus erfahren, der in Marburg lebte. Dr. Friedrich Bleibaum war sehr gut geeignet, die Inspektionen der beschädigten Schlösser und anderer öffentlicher Gebäude zu übernehmen und mir darüber zu berichten. Es gelang mir, einen Lkw, Kohlepapier und andere Utensilien für seine Arbeit zu organisieren.

Unterstützung für Künstler

Seit einigen Wochen schon hatte ein Künstler immer wieder die Militärverwaltung aufgesucht und seine Zwangslage erläutert, aber keiner schien ihn wirklich zu verstehen. Zusammen mit einem Kollegen befragte ich ihn und es stellte sich heraus, dass er ein ganz einfaches Anliegen hatte. Er gab an, von den Nationalsozialisten verfolgt worden zu sein und bat nun um eine offizielle Erlaubnis, seine Arbeit wieder aufzunehmen. Alo Altripp war einer derjenigen Künstler, die von den Nationalsozialisten als „entartet“ eingestuft worden waren. Im Jahre 1933, als die Aktionen gegen die internationale Moderne zunahmen, hatte ein Stoßtrupp auch eine Ausstellung von ihm in Essen gestürmt und geschlossen. Die Gestapo erteilte ihm Malverbot. Er arbeitete natürlich trotzdem im Verborgenen weiter und riskierte sein Leben, um Farbe und Leinwände zu besorgen. Ich betrat sein Atelier und als ich es wieder verließ, war ich ein anderer Mensch.

---

[10] Hancock, Walker, *Experiences of a Monuments Officer in Germany,* College Art Journal, Vol. V, No. 4, May 1946, 308.

Bis zu diesem Zeitpunkt war ich ein Anhänger der klassischen Malerei, der die moderne Kunst und ihre Bewegungen ablehnte und verachtete. Als Picassos großartiges Wandgemälde Guernica im Cincinnati Art Museum gezeigt wurde, hatte mein guter Freund und Kunstlehrer Ernestine Evans vergeblich versucht, mir seine Ausdruckskraft näher zu bringen. Fünf Jahre später zeigte mir Altripp in seinem Atelier Bilder, die er mit gewöhnlicher Wandmalfarbe und mit zu Pinseln umfunktionierten Gummischläuchen geschaffen hatte. Seine Sprache war expressiv und voller Gesten und Schmerzensrufe. Er zeigte mir, wie seine Bilder zugleich Verzweiflung und Hoffnung ausdrückten, wie er sie während seiner Arbeit im Verborgenen gefühlt hatte. Selbst als „entarteten Künstler" hatte man ihn zum Militärdienst herangezogen und im untersten Rang eines Wehrmachtsoldaten eingestuft. Er tat seinen Dienst als Stalljunge. Diese Beschäftigung bewahrte ihn vor regelmäßigen Inspektionen und so konnte er seine Malerei in den Pferdeschuppen fortsetzen. Irgendwoher trieb er Papier auf und nahm Benzin als Lösungsmittel. Mir wurde klar, dass sie diesen Menschen, hätten sie ihn beim Malen ertappt, sofort in ein Konzentrationslager gesteckt und erschossen hätten. Alos Aufrichtigkeit und die Schönheit seiner Bilder veränderten meine Sicht des modernen Künstlers für immer und machten mich endlich empfänglich für zeitgenössische Kunst.

Im Angesicht der Authentizität seiner Emotionen und seiner Hingabe erkannte ich, wie falsch es war, moderne Künstler als Scharlatane abzutun. Mir fielen sprichwörtlich die Schuppen von den Augen, als wir uns Kunstbände aus den Beständen des Museums ansahen. Anhand der Abbildungen in Ausstellungskatalogen führte mich Altripp geduldig durch die von mir verschmähte Welt des Kubismus, des Expressionismus und der Abstraktion, der internationalen Kunstrichtungen eben, die er an den Schulen und Akademien in Mainz, München und Dresden studiert hatte. Nachdem die Gestapo seine Ausstellung verboten hatte, suchte er einen weiteren „Entarteten" auf, nämlich Paul Klee, der ins schweizerische Exil geflohen war, nachdem die Nationalsozialisten das Bauhaus geschlossen hatten, Deutschlands berühmteste Schule für moderne Kunst, dem Klee als Mitglied der Fakultät angehört hatte.

Während meiner Zeit in Wiesbaden wurde Altripp mein geschätzter Freund und Lehrer. Ich kaufte einige Bilder von ihm, die noch heute in meinem Wohnzimmer hängen, die mich erbauen und mich Demut lehren. Als ich im Anschluss an meine Wiesbadener Zeit nach Amerika zurückkehrte, konnte ich ihm helfen, einige Bilder im Museum of Modern Art und bei einem Kunsthändler in New York unterzubringen. Etwas später organisierte ich eine Ausstellung seiner Bilder in Houston, Texas, und verhalf ihm zu einer Mitgliedschaft und Anstellung bei der Barns Foundation in Pennsylvania. Wir blieben Freunde bis zu seinem Tod im Jahr 1991. Ich hoffe sehr, dass er eines Tages die Aufmerksamkeit erhält, die seinem Schaffen gerecht wird.

Ich habe schon oben die riesigen Ausmaße des Landesmuseums mit seinen zahlreichen unterirdischen Stockwerken und seinen vielen städtischen Einrichtungen beschrieben. Und so entdeckte ich eines Tages, dass das Gebäude in früherer Zeit auch Atelierräume für Künstler der Region bereit gehalten hatte. Als sich unsere neue Verwaltung einrichtete, stellten sich auch diese Künstler bei der amerikanischen Militäradministration in der Hoffnung vor, auf diese Weise den einen oder anderen Vorteil zu erhalten. Dabei mussten die Parteimitglieder unter ihnen ausgesondert werden, zum Beispiel Barth Marks, ein recht bekannter nationalsozialistischer Bildhauer, der regelmäßig in Berlin ausgestellt hatte. An ihrer Stelle konnten nun Ateliers an Altripp und andere Künstler vergeben werden, die sich nicht willig der Partei angeschlossen hatten.

Einer, den Hitler niemals in seine Sammlung aufgenommen hätte, war der in Russland geborene Expressionist Alexander Jawlensky. Jawlensky hatte an der St. Petersburger Akademie studiert und gleichzeitig in der russischen Armee gedient. 1896 aus dem Wehrdienst ausgeschieden, zog er nach München, wo er Wassily Kandinsky traf, der ihn mit den avantgardistischen Kreisen der Stadt bekannt machte. Während der ersten Dekade dieses Jahrhunderts bereiste und lebte er in Russland, Italien und Frankreich, wo er Matisse kennen lernte. Jawlensky wurde als der Künstler bekannt, der vor dem ersten Weltkrieg den Stil von Matisse und den Les Fauves mit dem größten Erfolg in Deutschland verbreitete. In München hatte er als Mitglied des von Kandinsky dominierten Blauen Reiters Anteil an der pulsierenden Kunstszene der Stadt. Nach einer Zeit kriegsbedingter Zuflucht in der Schweiz, lebte er in Italien, bis er 1921 nach Wiesbaden zog. Wieder in Deutschland, gründete er mit Lionel Feininger, Paul Klee und Kandinsky die Blauen Vier. Trotz seiner internationalen Reputation waren seine letzten Jahre in Wiesbaden überschattet von einer lähmenden Krankheit und der Verurteilung seiner Kunst durch die Nationalsozialisten. Wie schon Alo Altripp, hatte man auch Jawlensky Malverbot erteilt und drei seiner Bilder 1937 in der Ausstellung „Entartete Kunst" gezeigt.[11]

In Wiesbaden lebte Jawlensky mit einer Frau, die er erst nach der Geburt seines Kindes heiratete. Nach seinem Tode am 15. März 1941 bemühte sich Frau Jawlensky nach Kräften, das Atelier dem Zugriff der Nationalsozialisten zu entziehen, die es sicherlich zerstört hätten. Zum einen hoffte sie, so das Andenken an den großen Maler zu bewahren, zum anderen, sich und ihren Sohn mit dem Nachlass des Malers zu ernähren. Auf der Suche nach einem geeigneteren Versteck, wandte sie sich an die Familie Henkell, berühmte Sekthersteller, die mit dem Maler gut befreundet waren. Der Keller ihres großen Hauses bot geeignete

[11] Rattemeyer, Volker, *Alexej von Jawlensky,* Wiesbaden 1991; allgemein hierzu: Haftmann, Werner, *Verfemte Kunst: Bildende Künstler der inneren und äußeren Emigration in der Zeit des Nationalsozialismus,* Köln 1986.

Schutzräume. Allerdings weckte das großartige Anwesen am Ende des Krieges die Aufmerksamkeit des US Air Corps, das eine Unterkunft für seinen General suchte. Größte Befürchtungen lösten bei ihr Berichte deutscher Bedienstete des Generals aus, dass das Haus beschlagnahmt worden war und der Keller geräumt werden sollte, da sein Inhalt in den Augen der Air Force eine zu hohe Brandgefahr bedeutete.

Frau Jawlensky erhob hiergegen zunächst Einspruch beim Bürgermeister der Stadt Wiesbaden. Der erklärte sich jedoch für nicht zuständig und verwies sie an die Militäradministration. So schickte man sie von einer Behörde zur anderen, bis sie schließlich von unserer Sammelstelle erfuhr und mich besuchte. Es gelang mir, ihrer Irrfahrt ein Ende zu bereiten und wir konnten die Bilder mit einem Lastwagen abholen. Am 21. September erreichten siebenundsiebzig Ölgemälde die Sammelstelle, wo wir sie einige Wochen einlagerten, bis Frau Jawlensky eine geeignete Unterkunft gefunden hatte.[12]

In der Zwischenzeit brachten die Ölbilder frischen Wind in unser Museum. Da sie nicht für längere Zeit bei uns bleiben sollten, lagerten wir sie zunächst in und vor meinem Büro. Wir wollten sie auch für unsere Dokumentation fotografieren. Der erste der kam, um sie zu sehen, war Alo Altripp, der Jawlensky und seine Kunst sehr bewundert hatte. Begeistert erläuterte er mir die besonderen Merkmale von Jawlenskys Stil. In einer bestimmten Periode seines Schaffens hatte er leuchtende Farben eingesetzt und Gesichter in stark übertriebenen Proportionen dargestellt, um später unter dem Eindruck Paul Klees zu einem Abstraktionsstil von größerer Harmonie und Eleganz zu finden. Ich schrieb an Josselyn, dass ich eine Ausstellung der Bilder von Jawlensky organisieren und ganz bestimmt eines ankaufen wollte. Ich hatte bereits einige Bilder von Alo erworben und in meinem Büro aufgehängt, in das ich auch viele Pflanzen gebracht hatte. Dieses Büro hatte nun nichts mehr gemein mit dem Büro von Colonel Bells Adjutanten und ich war überaus glücklich, von so viel Kunst umgeben zu sein.

Die Freude, die ich bei meiner Arbeit im Museum empfand, linderte die bedrohliche Atmosphäre, die unsere Zeit durchdrang. Es stellte sich heraus, dass Frau Jawlensky zu recht über die Sicherheit der Arbeiten ihres Mannes besorgt gewesen war. Bei meinem Besuch im Keller der Familie Henkell hatte ich eine Portraitbüste eines Mitglieds der Familie von Georg Kolbe, einem berühmten deutschen Bildhauer, bemerkt. Zwar war mir die Qualität des Werkes aufgefallen, da wir aber keinen direkten Kontakt zur Familie Henkell hatten, ließ ich es in der Hoffnung zurück, dass sie selbst die notwendigen Sicherheitsvorkehrungen treffen würde. Später bereute ich diese Entscheidung, als uns die deutschen Hausangestellten berichteten, dass Angehörige der amerikanischen Luftstreitkräfte den Keller völlig leergeräumt hätten und dass die Büste zusammen mit

---

[12] Viele dieser Bilder sind nun Teil der ständigen Ausstellung des Wiesbadener Museums.

anderen Kunstwerken wohl zerstört worden sei. Es war sehr betrüblich, dass wir offensichtlich trotz der Arbeit der Roberts Commission und trotz der Präsenz der MFA & A innerhalb der Militärverwaltung nicht genügend Einfluss auf das übliche Verhalten des Militärs genommen hatten.

Fertig!

Zwei Monate waren vergangen und eine Menge erreicht worden, als man mir mitteilte, dass ich den Central Collecting Point in Wiesbaden leiten und für sämtliche nach innen und außen gerichteten Maßnahmen verantwortlich sein sollte. Über meine fehlende Erfahrung in Museumsangelegenheiten sah man hinweg. Als Captain der Armee und ehemaliger Regimentsadjutant wusste ich, wie ich die Dinge anzugehen hatte. Wie meine Offizierskollegen wollte ich alles für meine Arbeit geben und machte keinen Hehl aus meiner Begeisterung, fantastische Kunstwerke sehen und zu ihrer Bewahrung ein gutes Stück beitragen zu können. Meine Arbeit in Wiesbaden entwickelte sich zusehends zu einem persönlichen Kreuzzug von zunehmendem Interesse und wachsender Bedeutung. Ich freute mich, dass meine Autorität es mir erlaubte, meine Vision des Collecting Point und seiner Einrichtungen umzusetzen und das Lob meiner Kollegen war mir Lohn genug. Jim Rorimer und Charles Kuhn staunten über den Fortschritt, den wir bei der Wiederherstellung des Gebäudes machten, und waren beeindruckt von meiner intuitiven Herangehensweise an Museumspraktiken und -prozeduren. Zum Direktor ernannt worden zu sein, versetzte mich in Hochstimmung, hatte ich mich doch schon damit abgefunden, unter einem der erfahrenen Museumsmenschen zu arbeiten.

Mitte Juli erfuhren wir, dass die Masse der in Frankfurt liegenden Kunstwerke ab dem 20. August 1945 nach Wiesbaden kommen sollte. Die Wiederherstellung des Gebäudes kam gut voran und das Alltagsgeschäft war bei Frau Hobirk als meiner jetzigen Stabschefin in guten Händen. In der weisen Voraussicht, dass wir mehr Personal benötigen würden, sandte uns das Hauptquartier der MFA & A einen weiteren amerikanischen Kunsthistoriker, einen jungen Korporal namens Kenneth Lindsay. Heute ist Dr. Kenneth Lindsay emeritierter Professor für Kunstgeschichte an der State University of New York, an der er dieses Fach eingerichtet hatte.[13] Er war in Paris bei einer Fernmeldeeinheit mit dem Entschlüsseln von Nachrichten betraut, als er im Stars and Stripes Magazin einen Artikel über James Rorimers Suche nach Mitarbeitern für die Bewahrung der deutschen

---

[13] Das Gespräch mit Lindsay und von ihm zur Verfügung gestellte Skripten befinden sich bei den WIF Dokumenten in der NGA.

Kunstschätze las. Lt. Kuhn erreichte seine Versetzung nach Wiesbaden, obwohl er als Soldat rekrutiert worden war. Neben Lindsay wuchs unsere Verwaltungsabteilung bis Mitte August um noch zwei weitere deutsche Mitarbeiter. Fräulein Lore Hengstenberg war unsere Sekretärin und Herr Richard van Pilgrim unser Pförtner. Herrn Pilgrims Arbeit sollte noch an Bedeutung zunehmen, als die ersten Lieferungen kamen und wir die ersten Besucher und Inspektoren erwarteten, natürlich auch Schaulustige, die sicherlich schon bald mitbekommen würden, welche Bedeutung das Landesmuseum für den Wiederaufbau Deutschlands gewonnen hatte.

In meiner Eigenschaft als Kunstschutzoffizier war es mir auch vergönnt, einen Erz-Nationalsozialisten dingfest zu machen. Auch wenn er vor dem Krieg nicht als Sympathisant der Nationalsozialisten bekannt war, führte Hermann Voss in der Nachfolge von Hans Posse als führender Kopf der Linzer Kommission die Pläne für Hitlers Kunstsammlung mit Hingabe aus.[14] Posse und Voss waren gemeinsam für einen großen Teil des Kunstraubs und für die von jüdischen Sammlern erpressten Verkäufe verantwortlich, die sich in Bayern bereits zu einem Berg häuften und nun ihren Weg zum Central Collecting Point von Craig Smyth in München fanden. Eines Tages im August rief Dr. Voss in meinem Büro an und bat höflich um einen Gesprächstermin. Wahrscheinlich hoffte er, seine alte Stelle als Direktor der Wiesbadener Gemäldesammlungen wiederzubekommen, aber als er kam, erwartete ich ihn bereits mit einer Einheit der Militärpolizei, die ihn ins Gefängnis brachte, wo er bis zu seinem Prozess wegen seiner Kriegsverbrechen einsaß.

Auch wenn es mich etwas vom Thema abbringt, möchte ich den genannten zweiten Central Collecting Point Munich im östlichen Militärdistrikt kurz erwähnen. Auf einer Erkundungsreise hatte James Rorimer zwei Gebäude inspiziert, den Führerbau und den Verwaltungsbau, und empfohlen, sie als Sammelstelle für die von den Nationalsozialisten in anderen europäischen Ländern geraubte Kunst zu verwenden. Keine anderen Gebäude waren besser geeignet, die Sammlung Görings, die von Rosenberg und Hitler beschlagnahmten Kunstwerke sowie weiteres Diebesgut aufzunehmen. Leutnant (USNR) Craig Smyth erreichte München am 4. Juni 1945, wo er die Gebäude übernahm und sich in eine unglaubliche Vielzahl an Details einarbeiten musste. Bis Oktober waren in seinem Collecting Point Bücher, Dokumente und 13619 Kisten und nicht verpackte Kunstwerke untergebracht. In einer Vorlesung an der Universität Groningen am 13. März 1986 berichtete Craig Smyth von seinen Aktivitäten. Sie wurde später in den Niederlanden veröffentlicht.[15] Das Buch „Der Raub der Europa“ von

---

[14] Nicholas, siehe Fn. 3, 150ff., zeichnet ein erhellendes Bild von Voss und seinen Aktivitäten.

[15] Smyth, Craig Hugh, *Repatriation of Art from the Collecting Point in Munich after World War II.* Den Haag, Verlag Gary Schwartz/SDU, 1988.

Lynn Nicholas enthält eine eingehende Beschreibung des Münchner Central Collecting Point.[16] Da ich während dieser Zeit nicht die Gelegenheit hatte, München zu besuchen, möchte ich meine Leser auf diese Quellen verweisen.

Das Wiesbadener Museum war noch nicht sehr sicher. Das Hauptquartier der Luftwaffe war in den Gebäuden gegenüber vom Landesmuseum untergebracht, und um das Hin und Her zu erleichtern, hatte man einen Tunnel zwischen einem Offiziersgebäude und unserem Museum gegraben. Zwar hatten die Bomben das Gebäude dem Erdboden gleichgemacht, der Eingang zum Tunnel war jedoch versperrt. Allerdings hatte mir niemand gesagt, dass die übrigen Gemälde der Wiesbadener Sammlung, die nicht nach Dresden verbracht worden waren, in Räumen untergebracht waren, die noch immer durch den Tunnel zu erreichen waren. Einige amerikanische Soldaten entdeckten den Tunnel, öffneten ihn, bedeckten den Boden mit Stroh und verwandelten ihn in eine Liebeshöhle für Rendezvous mit kunstinteressierten weiblichen Kollegen. Offensichtlich als Gegenleistung für ihre Liebesdienste, hatten sie sich Kunstwerke aussuchen dürfen und mit ihnen ihre Büros dekoriert, bis einer ihrer befehlshabenden Offiziere glücklicherweise Verdacht schöpfte und mich informierte. Wir sicherten sofort die Eingänge des Tunnels und verlangten die entwendeten Gemälde zurück. Diese Geschichte ruft immer wieder Belustigung hervor, auch wenn es nicht gerade zum Lachen war.

Als der 20. August näher kam, begannen unsere intensiven Bemühungen Früchte zu tragen. Das Dach war nun dicht und die Fenster mit Glas versehen. Die elektrischen Anschlüsse und die Wasserversorgung funktionierten wieder. Wir wussten, dass die Heizung ihre Dienste verrichten würde, hatten aber keine glückliche Hand mit der Luftbefeuchtungsanlage. Die Feuermelder waren wieder mit der städtischen Feuerwehr verbunden. Nun konnten wir uns auf die Ankunft der ersten Lieferungen vorbereiten. In Frankfurt hatte ich die Sammlungen ja bereits in Kisten verpackt begutachtet, also wusste ich, was uns erwartete. Unsere Zimmerleute bauten Regale für die nicht verpackten Gemälde der Berliner Nationalgalerie. Frau Hobirk hielt sich mit ihren Sekretärinnen bereit, die Inventurlisten zu erstellen.

Die letzten Vorbereitungen umfassten auch, die Absicherung des Gebäudes zu verbessern. Damit wir Panzer an drei Ecken des Gebäudes entlang der Zäune positionieren konnten, mussten umfangreiche Behördengänge innerhalb der Armeeverwaltung absolviert werden. Die Armee hatte einen Wachposten am Eingang des Museums aufgestellt. In beiden Höfen und innerhalb des Zaunes patrouillierten GIs. Die Zahl amerikanischer GIs und deutscher Polizisten und Geheimpolizisten als Wachpersonal nahm ständig zu. Ich vertraute niemandem. Ich war der Wächter, der die Wächter bewachte.

---

[16] Nicholas, siehe Fn. 3, 469–473.

Der 20. August 1945

Der Tag, auf den wir nun schon lange hingearbeitet hatten, war schließlich gekommen. Ich war gerade auf einer letzten Inspektionsrunde durch das Gebäude, als die Lastwagen aus Frankfurt eintrafen. Während ich zum Innenhof eilte, war Jim Rorimer bereits aus seinem Jeep ausgestiegen und erteilte Anweisungen zum Entladen der ersten von 57 Lkw-Ladungen voller Kunstwerke. Zu diesem Zeitpunkt waren 67 Räume bereit, die kostbare Fracht aufzunehmen, und an weiteren Räumen wurde noch gearbeitet. Die würden wir sicherlich benötigen, da weitere Depots aufgelöst und ihre Inhalte nach Wiesbaden verbracht werden sollten. Am Tag, als die Transporte begannen, blockierte die Armee alle Kreuzungen auf der Straße von Frankfurt nach Wiesbaden, so dass der schwer bewachte Konvoi ohne Zwischenfälle von der Reichsbank zum Museum gelangen konnte. Frau Hobirk und ihre Mitarbeiterinnen notierten jedes einzelne Stück, das ins Gebäude getragen wurde. Die Lieferung selbst enthielt nicht eine einzige Packliste.

Es ist schwer zu sagen, wer sich am meisten gefreut hat. Die deutschen Mitarbeiter gaben Freudenschreie von sich – die „Bunte Königin“ (Nofretete) ist wieder da – sie ist wohlbehalten! Der Welfenschatz ist auch dabei! Alle waren so erleichtert, dass diese Stücke und Sammlungen sicher angekommen waren. Für so viele Jahre hatte man sie für niemanden zugänglich wegschließen müssen.

Vom 20. August bis zum Ende des Monats fuhren die Lastwagen Stoßstange an Stoßstange zwischen der Reichsbank und dem Museum hin und her, mit den in Kisten verpackten Sammlungen der Staatlichen Museen zu Berlin und 393 lose eingewickelten Gemälden der Berliner Nationalgalerie als Fracht. Gerade letztere forderten erhöhte Vorsicht, denn wären die Bilder in irgendeiner Weise beschädigt worden, hätte man die MFA & A und insbesondere mich dafür zur Verantwortung gezogen. Ich merkte jetzt, welches Glück ich hatte, dass die Ladungen zum größten Teil in Kisten verpackt waren, die von deutschen Museumsangestellten bestückt worden waren. Und so fasste ich den Entschluss, ohne entsprechende Anweisung keine einzige dieser Kisten auszupacken. Natürlich war die Versuchung für alle MFA & A-Offiziere wie auch für meine Mitarbeiter groß, die Kisten doch zu öffnen und ihren wunderbaren Inhalt ans Licht zu befördern. Aber ich entschied, dass das Risiko einer Beschädigung, oder schlimmer, des Diebstahls zu groß war, als dass wir unserem Appetit auf visuelle Freuden nachgeben durften. Später freute ich mich insgeheim jedes Mal, wenn ich um die Ecke zu meinem Büro biegend die Kiste mit Botticellis Venus berühren konnte.

Da ich also die Meisterwerke selbst nicht zu sehen bekam, begnügte ich mich damit, die Liste der unter unserem Dach versammelten Werke immer wieder zu studieren.[17] Wir begannen nun, jeden nach Pack- und Anschaffungslisten zu

[17] Die Bestandsliste wurde von Frau Hobirk erstellt, während Edith Standen für die endgültige

fragen, um uns die Inventarisierung der Kisten zu erleichtern. Den Anfang machten die Sammlungen der Staatlichen Museen mit 89 Kisten voller klassischer Antiquitäten, 163 Kisten ägyptischer Kunst, 49 Kisten mit islamischen Keramiken, Skulpturen und Teppichen sowie weitere Kisten bestückt mit 1188 Bildern der Gemäldegalerie (Kaiser-Friedrich-Museum). Die Skulpturensammlung füllte 350 Kisten und in 2300 Portfolios waren die Drucke, Zeichnungen und anderen Arbeiten auf Papier des berühmten Berliner Kupferstichkabinetts untergebracht. Die Sammlung frühchristlicher und byzantinischer Kunst füllte sieben Kisten mit Gemälden, Skulpturen, Keramiken und Schmuck. Aus der Nationalgalerie stammten zusätzlich zu den 393 Ölgemälden weitere 288 Kisten mit Skulpturen und aus dem Kunstgewerbe-Museum stammten 45 Kisten ähnlichen Inhalts. Aus der Sammlung des Zeughauses erreichten uns 39 Kisten mit Waffen und Uniformen sowie 51 Behältnisse mit Flaggen. 30 Kisten mit Volkskunst gehörten dem Museum für Deutsche Volkskunde und 92 Kisten enthielten Werke aus der Sammlung des Völkerkunde Museums. Aus der Abteilung für Ostasiatische Kunst erhielten wir vier Kisten. Weitere sechs Kisten mit prähistorischer Kunst stammten aus dem Museum für Vor- und Frühgeschichte. Den Schluss bildeten 14 Kisten und 742 Portfolios mit Büchern und Druckplatten der Staatlichen Kunstbibliothek.

Zusätzlich zu diesen Sammlungen aus den Staatlichen Museen zu Berlin erhielten wir aus der Reichsbank zwei weitere Sammlungen mit Beutekunst aus Polen. Die Nationalsozialisten hatten 13 Kisten mit archäologischen Stücken und 773 liturgischen Objekten aus den Beständen der polnischen Kirchen geraubt. Für diese unter unserer Obhut befindlichen Stücke mussten besondere Sicherungsvorkehrungen in unserem Collecting Point getroffen werden. Für die unverpackten Kirchenschätze gab es keine Inventarlisten. Die Nationalsozialisten hatten sie wahllos zusammengepackt als Überbleibsel, die später zu Geldmünzen eingeschmolzen werden sollten. Aus diesem Grund hatte man sie in der Reichsbank gelagert. Diese Objekte mussten geordnet werden, damit polnische Delegationen sie begutachten und diejenigen Stücke identifizieren konnten, die ihnen abhanden gekommen waren. Wir wählten ein abgelegenes Eckzimmer in der ehemaligen archäologischen Abteilung des zweiten Stocks, weil dieser Raum nur eine Tür besaß. Vom Boden bis zur Decke reichende Regale wurden in der Form eines „E" aufgebaut und die Fenster außen mit Stacheldraht versehen und von innen mit Holz verschalt. Die wunderbaren polnischen Kunstschätze wurden dann aus-

---

Liste wiedergegeben als Anhang IIb, S. IIb, S. 165ff., verantwortlich zeichnet. Die Originaldokumente befinden sich bei meinen Unterlagen in der NGA.

Erst im Januar 1997 erhielt ich von Dr. Klaus Goldmann eine von Mason Hammond unterzeichnete Liste der Frankfurter Reichsbank, datierend vom 22. Juni 1945 – warum hatte man mir diese Liste nicht zur Verfügung gestellt?

gepackt und auf die Regale der Schatzkammer verteilt, die bald auch andere spektakuläre Stücke nationaler Kulturgüter aufnehmen sollte.

Die Geschichte um die ungarischen Krönungsregalien gehört Jim Rorimer, denn er hat sie als MFA & A-Offizier zuerst in Empfang genommen und sodann an die Reichsbank und in der Folge auch nach Wiesbaden übergeben.[18] Schon seit Monaten waren Jim Gerüchte über den Verbleib der Heiligen Krone Ungarns zugetragen worden. Die Ungarn glauben, dass solange die Krone sicher ist, auch Ungarn sicher ist. Unerschöpflich trugen Mitglieder einer ungarischen Eliteeinheit die Krone von einem Versteck zum nächsten, bis das Schicksal ihres Landes besiegelt und eine neue Regierung eingesetzt war. Als ihr Land am Ende des Krieges von den Russen besetzt wurde, entschieden sich die für die Sicherheit der Krone verantwortlichen Ungarn dafür, sie in die Obhut der US-amerikanischen Regierung zu geben.

In seinem Buch *Survival* erinnert sich Rorimer, Anfang Juni im Quartier des Majors Paul Kubala in Augsburg gewesen zu sein. Kubala führte das Befragungszentrum der Siebten Armee und erzählte Rorimer, dass er zu wissen glaube, wo sich die Krone befände. Rorimer ahnte, dass die schwere Eisenkiste, auf der er gerade saß, möglicherweise die ungarischen Regalien beinhaltete. Wieder im Hauptquartier startete Rorimer eine Untersuchung, die Kubala schließlich dazu brachte, dem Hauptquartier in einer Meldung von seinen Anstrengungen zu berichten, die ihn schließlich in den Besitz der Krone brachten. Kubala berichtete, wie er zur Zeit der deutschen Kapitulation von Colonel Pajtas und zwölf Wachposten der ungarischen Armee eine altertümliche Kiste erhielt. Pajtas behauptete, die Kiste enthalte die Krone, nur konnte er sie nicht öffnen, denn der ungarische Premierminister hatte sämtliche Schlüssel an sich genommen.[19]

Es wurden nun zahlreiche Versuche unternommen, die Kiste anderen Behörden zu übergeben. Diese wollten sie jedoch ohne Informationen über ihren Inhalt nicht in Empfang nehmen. In der Zwischenzeit wurden alle ungarischen Staatsangehörigen einer Befragung unterzogen, bis man die Schlüssel schließlich fand. Um den 24. Juli herum wurde die Kiste geöffnet, jedoch befand sich in ihr lediglich das Schwert des Heiligen Stefan. Nun erklärte Pajtas, dass er den Inhalt seinen Anweisungen gemäß herausgenommen und die Krone, das Zepter sowie den Heiligen Apfel versteckt habe. Kubala teilte Pajtas daraufhin mit, dass die Ungarn ihn in eine enorm diffizile Situation gebracht hätten, denn der ganzen Welt war nun bekannt, dass die Kiste sich in den Händen der Siebten Armee befand. Am nächsten Tag kam Pajtas mit einem alten verdreckten Benzinkanister zurück. Colonel Pajtas stemmte den Kanister auf und förderte drei sehr schmutzige

---

[18] Rorimer, siehe Fn. 9, 154–157.

[19] Siehe Fn. 18.

und verdorbene Lederschatullen zu Tage. Zusammen trugen Kubala und Pajtas die Krone, das Zepter und den Heiligen Apfel in Kubalas Bad und wuschen sie ab, bevor sie sie wieder in die Kiste neben das Schwert des Heiligen Stefan legten.

Am 3. August wurde die Kiste erneut geöffnet, diesmal in Gegenwart des kommandierenden Generals der Siebten Armee, anderer interessierter Offiziere und Vertretern der Presse. Auch Rorimer war anwesend, um die Regalien in Empfang zu nehmen und ihren Transport zur Reichsbank in Frankfurt zu überwachen. Die Krone, das Zepter und der Heilige Apfel erreichten sechs Wochen später unseren Collecting Point, wo wir sie seit dem 17. September in unserer Schatzkammer verwahrten. Diese ungarischen Kostbarkeiten verblieben in Wiesbaden bis sie am 17. April 1946 nach München verschickt wurden. Von hier verbrachte man sie dann nach Fort Knox in die Vereinigten Staaten, bis sie schließlich während der Präsidentschaft von Jimmy Carter 1977 an Ungarn zurückgegeben wurden.[20]

Unsere Verantwortung für diese Kunstschätze bestand nicht nur darin, ihnen ein sicheres Lager zu bieten. Ab Anfang September erhielten wir Anfragen von Kustoden und Museumsbeamten in Berlin, die wissen wollten, ob ihre Schätze gut aufgehoben seien. Ich merkte, dass trotz meiner vorsichtigen Einschätzung der Risiken einige Kisten mit Gemälden geöffnet werden mussten, um den Zustand der bereits seit zu langer Zeit lagernden Leinwände und Holztafeln zu überprüfen. Um diese Arbeiten durchführen zu können, würden wir einen ausgebildeten Konservator aus unserem Stab und wissenschaftliche Kuratoren als Experten auf diesem Gebiet benötigen. Unsere Belegschaft wurde daher um Frau Dr. Wulfhild Schoppa erweitert, eine Kunsthistorikerin, die zum geschäftsführenden Direktor der Wiesbadener Gemäldegalerie ernannt worden war. Von Photo Marburg kamen zwei Fotografen, die den Zustand der bedeutendsten Arbeiten aus unserem Bestand dokumentierten. Im Oktober gelang es mir, Frau Flinsch als Museumskonservatorin zu engagieren, so dass Risse in Holztafeln oder Blasen auf Leinwänden zumindest vorübergehend konservatorisch behandelt werden konnten.

Ich wollte auch jemanden einstellen, der den Zustand dieser großartigen Gemälde vor dem Kriege kannte und war froh, den Direktor des Städelschen Kunstinstituts in Frankfurt, Dr. Ernst Holzinger, gewinnen zu können. Er kam an ein oder zwei Tagen in der Woche, um das Öffnen der Kisten zu überwachen und uns bei Inspektionen zu unterstützen. Dr. Holzinger war für uns ein großer Gewinn, denn er genoss als Museumsdirektor in Deutschland einen hervorragenden Ruf. Er hatte die Zeit des Nationalsozialismus ohne zu kapitulieren überstanden und bewachte die Schätze seines Museums mit Sorgfalt und Integrität. Mit ihm zu arbeiten, war ein großes Vergnügen und ein Privileg.

---

[20] Simontsits, Attila L., *The Last Battle of St. Stephen's Crown*, Cambridge: University Press, 1991.

Das Haus war nun voller Aktivität. Im Oktober vergrößerte sich unsere Belegschaft um eine weitere Schreibkraft. Unter der Aufsicht unseres Vorarbeiters Joe Kohlmaier war das Gebäude mittlerweile in exzellentem Zustand mit Ausnahme des Aufzuges, der uns weiterhin Probleme bereitete. In Wiesbaden war die Versorgung mit Elektrizität noch nicht voll wiederhergestellt und das behinderte seine Reparatur. Auch die Versorgung mit Glühbirnen war knapp, so dass wir den Sicherheitszaun nicht, wie von mir als notwendig befunden, beleuchten konnten. Meine größte Sorge angesichts des herannahenden Winters war, dass man uns noch immer nicht die beantragten Kohlevorräte geliefert hatte. Aber ich war mir sicher, dass wir mit Umsicht auch dieses Problem meistern würden und setzte meine Arbeit mit größtem Enthusiasmus fort.

Schon im September empfingen wir die ersten Besucher, nachdem man uns gebeten hatte, einigen besonderen Gästen eine Übernachtungsmöglichkeit zu bieten. Die Skulptur Madonna mit Kind von Michelangelo sollte von einer Gruppe belgischer und amerikanischer Soldaten nach Belgien zurückgebracht werden. Ihre Entfernung aus Brügge im Jahr 1944 stellte einen Höhepunkt nationalsozialistischer Konfiskationspolitik dar. Nachdem man sie in dem österreichischen Bergwerk Altaussee ausgemacht hatte, nahm man an, dass sie für Hitlers Museum in Linz gedacht gewesen war. Offizieren der MFA&A war es gelungen, das Werk in seinem Versteck aufzufinden und es den dankbaren Belgiern zurückzugeben.

Nachdem wir die Kunstwerke der Berliner Museen verstaut hatten, waren wir nun auch bereit, die Sammlungen anderer Museen aufzunehmen. Die meisten dieser Kunstwerke waren in den Kriegswirren abhanden gekommen. Ihre Eigentümer hatten sie in der Hoffnung versteckt, sie später wieder bergen zu können, wozu sie nun aus den verschiedensten Gründen nicht immer in der Lage waren. Einige Werke wurden uns aus in der britischen und französischen Besatzungszone entdeckten Depots zugesandt, wie diejenigen aus den Museen in Köln, Kassel, Karlsruhe und Mainz. Zusätzlich erhielten wir einige Stücke von Walker Hancocks Collecting Point in Marburg, um die Bestände mehrerer wichtiger Berliner Sammlungen zusammenzuführen. Einige Gobelins aus preußischen Schlössern hatte man zunächst in Marburg untergebracht und nachdem wir sie erhalten hatten, entschieden wir, sie zusammen mit all unseren Werken aus organischem Material, wie den Textilien, den Ägyptischen Papyrusrollen und Präparaten der Wiesbadener Naturkundesammlung, zu desinfizieren. Wir verbrachten diese Stücke in einige Räume der Naturkundeabteilung und versetzten sie mit einer guten Dosis Zyanidgas, das uns ein Hamburger Transportunternehmen geliefert hatte.

Als sich unsere Lagerräume füllten, vergrößerte sich meine Sorge, dass unsere Sicherheitseinrichtungen durchbrochen und etwas gestohlen werden könnte. Ich wurde immer angespannter und misstraute jedem, Amerikanern wie Deutschen, denn die Presse hatte mittlerweile schon zu viele Nachweise dafür geliefert, dass Kunstplünderungen an der Tagesordnung waren. Mit besonderer Sorge erfüllte mich unsere Schatzkammer, in der wir ja alles, was nicht verpackt war, offen auf den Regalen verteilt hatten. Ich bestellte Tresore und stabile Kisten in der inbrünstigen Hoffnung, dass sie uns erreichten und gefüllt werden konnten, bevor etwas verschwand. Zur Kontrolle ließ ich eine systematische Fotodokumentation der wertvollsten Stücke anfertigen. Photo Marburg wurde unser offizieller Fotograf. Allerdings waren Fotozubehör, Papier, Chemikalien und entsprechende Ausrüstung so knapp, dass sich der Beginn unseres Projektes bis Mitte September hinauszögerte.

Mit dem bevorstehenden Winter erwarteten wir eine herannahende Knappheit an Lebensmitteln, so dass ich unsere Angestelltenkantine weiterführte, um den Mitarbeitern ein warmes Mittagessen zu ermöglichen. In meinen Briefen an Joss bat ich sie nun ständig um Küchenutensilien, damit unsere Arbeit fortgesetzt werden konnte. Die deutsche Regierung war noch nicht annähernd in der Lage, für ihre Bevölkerung zu sorgen und das amerikanische Besatzungsregime delegierte diesen Verantwortungsbereich an die UNRRA, die United Nations Relief and Rehabilitation Administration. Zu dieser Zeit war die Dauer der Besatzung noch nicht geklärt und überall zirkulierten Gerüchte, nachdem alle unsere Positionen für die folgenden sechs Monate eingefroren waren. Bei aller Begeisterung für die höchst wichtige Arbeit, die wir verrichteten, gab es doch einige, die es mehr als leid waren, zwischen den Ruinen Deutschlands endlose bürokratische Grabenkämpfe auszufechten, und sich nichts sehnlicher wünschten, als nach Hause zurück zu kehren. Jeden Tag mussten wir angeforderte Vorräte anmahnen und uns mit schlecht funktionierenden Kommunikationsmitteln herumschlagen, im Angesicht einer verwüsteten Landschaft und einer völlig verarmten Bevölkerung, die sich von uns Abhilfe erhoffte.

Der Militärregierung wurde schnell klar, dass die Menschen Feuerholz zum Kochen benötigten. Die Bäume in den Wiesbadener Parks waren bereits erheblich in Mitleidenschaft gezogen. Es erging ein Beschluss, der jedem Deutschen einen Baum aus den Wäldern außerhalb der Stadt zusprach, nur – wie sollten die Menschen dorthin gelangen? Da auf die öffentlichen Transportmittel kein Verlass war und ich befürchten musste, dass meine Arbeiter viel Zeit und Energie mit dieser Beschäftigung verlieren würden, sandte ich einen Lastwagen in den Wald, um die Bäume zu fällen, und verteilte die zersägten Stämme anschließend in unserem Hof.

In diesem Klima entwickelte sich unsere Sammelstelle zu einer Art Zufluchtsort für die anderen MFA & A-Offiziere, die in der Nähe stationiert waren. Da ihre Dienstpflichten eingefroren waren, konnten sie nicht nach Hause fahren, obwohl die Arbeit, die man ihnen zugewiesen hatte, so gut wie beendet war. Bis Oktober waren die Depots fast ganz geräumt und die Collecting Points angefüllt mit

Kunstwerken, die über den langwierigen Weg der Restitution ihr Schicksal erwarteten. Es war die Zeit der offiziellen Besuche von Regierungen, deren Kunstsammlungen geplündert worden waren. Begleitet von MFA & A-Offizieren kamen sie nun, um nach ihren verlorenen Schätzen zu suchen.

Meine Kollegen genossen diese Besuche, denn sie gaben ihnen Gelegenheit, die großartigen Kunstschätze wiederzusehen, die während der vergangenen zehn Jahre für sie unerreichbar gewesen waren. Ein ständiger Gast war der Chef unserer Abteilung in Frankfurt, Major Bancel La Farge. Zu Friedenszeiten praktizierte er als Architekt mit einem gutgehenden Büro in New York. Für seine wertvollen Ratschläge zu Beginn unserer Reparaturarbeiten am Landesmuseum habe ich ihn bewundert und respektiert.

Ein weiterer in Höchst stationierter Offizier, Lt. Thomas Carr Howe Jr., stellvertretender Chef der MFA & A-Sektion unter La Farge, schrieb ein wunderbares Buch über seine Erfahrungen mit dem Titel *Salt Mines and Castles*, das unmittelbar nach seiner Rückkehr in die Vereinigten Staaten im Jahr 1946 veröffentlicht wurde. Howe diente bei einer mit Evakuierungen betrauten Spezialeinheit, welche die Minen in Altaussee entdeckt, Schloss Neuschwanstein ausgeräumt und den Altar von Veit Stoß in einem unterirdischen Bunker in Nürnberg gefunden hatte. An diesem Ort entdeckte die Einheit auch die Krönungsregalien des Heiligen Römischen Reichs aus dem elften Jahrhundert, ein Schild, zwei Schwerter und den Reichsapfel. Howe genoss es, am Wochenende in Begleitung von Edith Standen vom Hauptquartier in Höchst nach Wiesbaden zu fahren. Es gab sonst wenig Zerstreuung und so lud ich die Gruppe nach einer Tour durch den Collecting Point und mehreren Stunden in unserer Schatzkammer regelmäßig noch in mein Büro auf ein Glas Tokajer ein, bei dem wir uns stundenlang über die nun schon legendären Entdeckungen der MFA & A unterhielten.

Auch James Rorimer war ein häufiger Gast, der viele offizielle Gelegenheiten nutzte, um eine Reise nach Wiesbaden zu unternehmen und den Inhalt unserer Schatzkammer zu begutachten. Als Mittelalter-Historiker gab es für ihn unter den kunstvoll gearbeiteten und mit Juwelen besetzten Kelchen und Reliquien viel zu bestaunen. Besonders gerne begutachteten wir den Welfenschatz aus Berlin, den ich das erste Mal 1930 als Junge in Cleveland besichtigt hatte. Es ehrte mich, dass Rorimer vorschlug, ich sollte doch ein Buch über die Konfiszierung der polnischen Kirchenschätze schreiben und auf diesem Wege zugleich einen Beitrag zu deren Rückgabe an ihre vormaligen Besitzer leisten. Andere MFA & A-Offiziere nutzten die Nähe zu dieser erstaunlichen Ansammlung von Reichtümern als Gelegenheit, sich fortzubilden. Sgt. Ken Lindsay schrieb, nachdem er in die Vereinigten Staaten zurückgekehrt war, eine Diplomarbeit über die ungarische Stephans-Krone und Captain Joseph Kelleher, der erst spät zu unserer Gruppe hinzugestoßen war, machte dieses Objekt zum Gegenstand seiner Dissertation in Princeton.

Ich erinnere mich nicht mehr genau, wann Kelleher in Wiesbaden eintraf, aber ich weiß noch, dass er bei uns allen einen tiefen Eindruck hinterließ. Howe beschreibt ihn in seinem Buch sehr lebendig als „schwarzen Iren“ und meint, dass Kelleher „seine brillante Karriere an der Fakultät für Kunstgeschichte in Princeton unterbrochen“ habe, um der MFA & A beizutreten.[21] Als ich ihn kennen lernte, lag er nach einem Unfall mit einem Gipsbein im Krankenhaus. Als ich ihn dort zum Nichtstun verurteilt liegen sah, musste ich an meine Krankenhauszeit in England denken. Da ich also wusste, wie langweilig ihm zumute sein musste, lud ich ihn in unseren Collecting Point ein, wo er die Tage damit verbrachte, uns bei unserer Arbeit zuzusehen und uns gelegentlich zu unterstützen. Kelleher war der Militärregierung von Großhessen zugewiesen und hielt Ausschau nach etwas, bei dem er wie andere auch eine Spur hinterlassen konnte. Obwohl andere ihn als humorvoll und amüsant empfanden, misstraute ich ihm instinktiv und musste später feststellen, dass ich richtig lag. Er wollte meine Arbeit als Direktor des Collecting Point übernehmen und begann schon bald damit, mich zu diskreditieren.[22]

Ganz naiv spielte ich ihm in die Hände. In der ersten Novemberwoche fühlte ich mich erschöpft von dem Tempo, mit dem sich seit meiner Ankunft in Wiesbaden vier Monate zuvor die Dinge entwickelt hatten. Ich dachte darüber nach, einige Tage Urlaub zu nehmen und schrieb am 3. November 1945 an Josselyn, dass dies möglich sein müsste, da Captain Kelleher wohl noch für eine Weile bei uns sei. Ich hoffte, nach England zu fahren, um Freunde wiederzusehen, die ich während meiner Dienstzeit dort kennengelernt hatte, und um der bedrückenden Stimmung zu entfliehen, die sich mit dem Winter über das trostlose Deutschland zu legen begann. Unsere Lage wurde noch schwieriger, als der Strom rationiert wurde und wir in den Büros mit dem Zwielicht des wolkenverhangenen Himmels arbeiten mussten.

Dies war der ideale Ausgangspunkt, von dem aus auch ich meine Karriere voranbringen würde. Zu dem Lob, das ich von meinen Offizierskollegen und besonders von meinem Vorgesetzten Jim Rorimer erhielt, kamen ermutigende Worte der New Yorker Schriftstellerin Janet Flanner. Unter dem Pseudonym Genêt veröffentlichte sie seit Oktober 1925 ihren „Brief aus Paris“. Jetzt war sie nach Frankfurt und Wiesbaden gekommen, um Nachforschungen für einen längeren Artikel über die systematischen Plünderungen europäischer Kunstsammlungen durch die Nationalsozialisten und die amerikanische Reaktion auf die Heraus-

---

21 Howe, Thomas Carr. *Salt Mines and Castles,* Indianapolis, New York: Bobs-Merrill 1946, 285.

22 Die Papiere von Thomas Carr Howe in den Archives of American Art in Washington D.C. enthalten eine Reihe von Briefen Kellehers an Howe, die seinen Charakter enthüllen.

forderung ihrer Restitution anzustellen.[23] Sie wollte alles über die MFA&A erfahren und blieb einige Tage bei uns. Ich führte sie durch unseren Collecting Point und versäumte dabei nicht, sie darüber zu informieren, dass unsere Aktivitäten auch die Hilfe bei der Wiederbelebung der zeitgenössischen Kunst in Deutschland umfassten. Sie betrachtete Alo Altripps Werke und gab mir eine Begleitnotiz, die ich einem Brief an Monroe Wheeler beifügen sollte, dem Direktor des Museum of Modern Art in New York. Ich träumte davon, eine Ausstellung der Bilder Altripps in den Staaten zu organisieren und sah dies als Gelegenheit, meine eigene Karriere als Museums-Kurator auf den Weg zu bringen. In Wiesbaden eröffnete sich mir eine Welt voller Möglichkeiten und ich war fest entschlossen, das Beste daraus zu machen.

---

[23] „The Beautiful Spoils: The Monument Men." Neu abgedruckt bei Flanner, Janet, *Men and Monuments*, New York: Da Capo Press, 1990, 220–290.

Viertes Kapitel: Westwärts, Watteau!

Das Telegramm aus dem Büro der Militärregierung in Wiesbaden wurde mir persönlich überbracht. Als ich es überflog, schien meine Welt in Treulosigkeit und Verrat zu versinken. Am 6. November 1945 erhielt ich den Befehl, mindestens 200 im Collecting Point aufbewahrte Gemälde aus deutschen Museumsbeständen zum Abtransport in die Vereinigten Staaten vorzubereiten. Plötzlich verstand ich die Unruhe meiner MFA & A-Kollegen während der letzten Wochen. Anders als mir war ihnen bereits bekannt, dass einige unserer Regierungsvertreter sich in den Besitz der großartigsten Schätze des deutschen Volkes bringen wollten, die hier im Wiesbadener Collecting Point unter meiner Obhut lagerten. Offensichtlich hatte man auch einen Vorwand für ihren Abtransport gefunden. Während der letzten Tage im Oktober oder Anfang November hatte ich einen hochrangigen Vertreter aus Washington empfangen, der meine Leistungen ganz anders beurteilte als sonstige Besucher. Er kritisierte, wo andere voll des Lobes waren. Er war argwöhnisch, wo andere mich mit Dank für gut getane Arbeit überhäuften.

Er hieß Harry A. McBride, ein Colonel der Armee und Verwaltungsdirektor der National Gallery of Art (NGA).[1] Als wir zusammen durch den Collecting Point gingen, deutete er auf die feuchten Armeedecken, die wir in den Türeingängen aufgehängt hatten, und auf die Wasserlachen auf dem Linoleumboden. Er dachte, das Dach sei undicht. Aber die Pfützen auf dem Boden dienten nur dazu, der Luft im Landesmuseum mit einfachsten Mitteln ein wenig dringend benötigte Feuchtigkeit hinzuzusetzen, da die Befeuchtungsanlage nicht funktionierte. In den Monaten kurz nach Beendigung des Zweiten Weltkriegs war es schlicht unmöglich, Ersatzteile für Sensoren zu bekommen, die in den Vorkriegsjahren installiert worden waren. Das ganze System zu erneuern, stand überhaupt nicht zur Debatte. Wir schätzten uns schon glücklich, dass wir heizen konnten, genügend Briketts für unseren Ofen hatten und dass der Fußboden aus Linoleum und nicht aus Holzdielen bestand, die aufgequollen wären, hätte man sie ständig gewässert. Die Luft im Collecting Point war knochentrocken und eine derartige Umgebung stellte eine Gefahr für Gemälde und Skulpturen dar. Jahrhundertealte Holzgemälde, von denen wir eine ganze Reihe in den Kisten aus den Beständen des *Kaiser-Friedrich-Museums* verwahrten, sollte man zudem nicht bei zu geringer Luftfeuchtigkeit aufbewahren, wie sie durch die Heizung verursacht wurde. Nicht zuletzt hatten sämtliche Museumsfachleute, die unsere Sammelstelle besuchten, deutsche wie amerikanische, unser System für geeignet befunden.

---

[1] Nicholas, Lynn H., *Der Raub der Europa*, München 1997, 517, benennt ein falsches Datum von McBrides Ankunft in der Wiesbadener Sammelstelle und unseres Aufeinandertreffens, die nach meiner Erinnerung einige Tage oder sogar eine Woche, vor Eingang des Telegramms stattfanden, das die Versendung der Gemälde nach Amerika anordnete.

McBride aber sollte einen kritischen Bericht über meine Dienstzeit fertigen, weil man plante, deutsche Gemälde nach Amerika zu verbringen und erst dann wieder zurückzugeben, sofern und sobald das deutsche Volk sich ihrer Rückkehr würdig erweisen würde.[2] Diese Bedingung machte die Runde und verfolgte uns alle, denn sie beleidigte die MFA & A ebenso wie die deutsche Museumsgemeinde und die gesamte kulturbewusste Bevölkerung Deutschlands, die Hitler genauso ablehnend gegenüber gestanden hatten wie wir. Diese offenkundige Plünderung gerade zu einer Zeit vorzuschlagen, als unsere Arbeit so reibungslos verlief und unsere Beziehungen zu den Menschen in Deutschland zu heilen begannen, empfand ich als einen unerträglichen Skandal.

Warum hatte man mich nicht über die Gerüchte informiert, dass ein solcher Plan ausgeheckt würde? Als Antwort fällt mir nur ein, dass ich nicht regelmäßig an den Chefrunden im Hauptquartier in Höchst oder in der Frankfurter Niederlassung teilgenommen hatte, wo solide Informationen und seichtester Tratsch ausgetauscht wurden. Abgetaucht in meine Arbeit in der Sammelstelle, nahm ich wenig Notiz von der Politik, mit der sich andere ständig befassten. Und ich war keiner von den Museumsleuten mit persönlichen Kontakten zum Umfeld der Roberts Commission und des Außenministeriums, zu Leuten, die mit darüber entschieden, dass die Vereinigten Staaten nun die Bestände des Kaiser-Friedrich-Museums und der Berliner Nationalgalerie plündern wollten.

Plünderung trifft es am besten. Oder besser: systematische Plünderung. Die Liste der Kunstwerke, die ich erhielt, konnte nur von ausgebildeten Kunsthistorikern zusammengestellt worden sein. Wer hatte hierbei beraten und was genau hatten sie mit dieser exotischen und einzigartigen Anhäufung von Meisterwerken vor?[3] Ich werde nur einige der führenden Köpfe herausgreifen, wenn ich nun die Geschichte des Wiesbadener Manifestes aus meiner Sicht erzähle. Ich erhielt folgenden Befehl:

> Von der 7. US-Armee
> An das Büro Mil Verw für den Stadtkreis Wiesbaden
> BT
> Das Ober-Kommando wünscht, dass sofortige Vorbereitungen für einen baldigen Transport einer Auswahl von wenigstens zwei null null deutschen Kunstwerken größter Bedeutung an unitek getroffen werden X die meisten davon befinden sich derzeit in der Kunstsammelstelle Wiesbaden X Auswahl wird getroffen vom Hauptquartier der CMA US Streitkräfte CMA Kriegsschauplatz Europa, das beim Verpacken und Fahrzeugtransport nach Bremen Unterstützung leistet X von CG siebte Armee an Direktor CMA Büro der Militärverwaltung für den Stadtkreis Wiesbaden CMA Ref Nr. drei drei null zwei sieben X Sie stellen ausreichend Material

---

2 Howe, Thomas Carr, *Salt Mines and Castles*, Indianapolis, New York: Bobbs-Merrill 1946, 230.

3 Die komplette Liste der 202 letztendlich auserwählten Gemälde ist in Anhang II d (S. 192ff.) nachzulesen.

> und Personal X dieses Hauptquartier ist telefonisch über Fortgang und Anforderungen zu unterrichten X Operation ist bis zwei null November zu beenden X Transport und Absicherung werden von diesem Hauptquartier bereitgestellt X.[4]

Ich las das Telegramm und sank weinend in meinen Stuhl. Die nervliche Anspannung, die ich bisher stets zurückgehalten hatte, übermannte mich nun. War es nur deshalb, weil ich als letzter unterrichtet wurde? Nein, das war es nicht. Ich war so persönlich getroffen, weil mir Dr. Ernst Holzinger, Frau Dr. Schoppa, Frau Flinsch und andere deutsche Museumsbedienstete mittlerweile sehr nahe standen und sie alle so von Herzen dankbar waren, dass wir uns bemühten, ihr nationales Kulturerbe zu bewahren. Wie sollte ich ihnen in die Augen sehen? Wie sollte ich sie bitten, die Zustandsberichte zu erstellen und diese weltbekannten Kostbarkeiten entsprechend dieser Liste auf ihren Abtransport vorzubereiten? Unsere gesamte Operation war ad absurdum geführt. Es gab nicht nur keinen Grund, diese Kunstwerke in den Vereinigten Staaten zu „beschützen". Die Gemälde auf Holz und Leinwand zudem im tiefsten Winter über den Atlantik zu befördern, hieß, sie den schädlichsten klimatischen Bedingungen auszusetzen, die man sich nur vorstellen konnte. Man bedenke, dass dies noch in den Tagen vor den großen Ausstellungen war. Heutzutage ist jeder Flugtransport über den Atlantischen Ozean auch für die wertvollsten Kunstschätze eine Routineangelegenheit. Sie werden hermetisch verpackt, so dass selbst bei Düsengeschwindigkeit ihre Umgebung „von Wand zu Wand" – wie die Museumsleute sagen – kontrollierbar ist. Aber wir schrieben das Jahr 1945 und wer konnte schon sagen, ob die Meere mittlerweile wirklich sicher und von Minen geräumt waren? Und was verstand das Militär überhaupt vom Transport von Kunstwerken? War nicht genau dies der Grund, warum man die MFA & A überhaupt ins Leben gerufen hatte?

Meine Verärgerung war groß, aber sie verlor sich auch schnell und ich konnte bald wieder klare Gedanken fassen. Ich beschloss, jeden einzelnen MFA & A-Offizier unserer Sondereinheit Kunst- und Denkmalschutz anzurufen, auch die-

---

4 From 7th US Army

to office mil Govt for Stadtkreis Wiesbaden

BT

Higher headquarters desiges (sic) that immediate preparations be made for prompt shipment to the unitek of a selection of at least two zero zero German works of art of greatest importance X most of these are now in art collecting point Wiesbaden X selections will be made by personnel from headquarters CMA US Forces CMA European theater who will assist in packing and shipment by motor transport to Bremen X from CG seventh Army to Director CMA office of Military Government for Stadtkreis Wiesbaden CMA rcf no able three three zero two seven X you will provide sufficient material and personnel X this headquarter is to be informed by telephone of progress and anticipated requirements X operation to be completed by two zero November X transportation and military security during transit will be provided by this headquarters X.

jenigen an weit entfernten Orten wie Paris und Berlin, und sie für den folgenden Tag zu einem Treffen nach Wiesbaden einzuladen, auf dem sich der Protest gegen diesen Befehl organisieren sollte. Trotz meiner Bilderbuchausbildung als Regimentsadjutant war ich bereit, eine Aktion zu starten, die mich vor das Kriegsgericht bringen und das Ende meiner Karriere bedeuten konnte. Allerdings hatte ich eine militärische Karriere auch nie ernsthaft in Erwägung gezogen. Es hatte sich so ergeben, und ich hatte das Beste aus den sich bietenden Gelegenheiten gemacht. Ich glaubte, ich hätte nichts zu verlieren.

Diese Einstellung stand im Gegensatz zu der einiger meiner Kollegen. Auch wenn sie alle aus ähnlichen Beweggründen wie ich selbst zu der Versammlung kamen, gaben doch einige persönliche Vorbehalte gegen unseren Vorschlag zu erkennen. Sie wollten in die Vereinigten Staaten zurückkehren und dort ihre Karriere an den besten amerikanischen Museen fortsetzen, insbesondere an der National Gallery of Art in Washington und am Metropolitan Museum of Art. Bei der Fortsetzung unserer Erörterungen am folgenden Tag wurde deutlich, dass wir alle in dem Befehl zur Versendung der 202 die Handschrift führender Mitarbeiter beider Institutionen zu erkennen glaubten. Was würde aus ihnen werden, wenn sie sich auf meine Seite stellten und die von uns entworfene Protestnote unterzeichneten? Würden sie jemals die Früchte ihrer hart erarbeiteten Dienstgrade ernten können? Würden sie noch weiter die Karriereleiter hinaufsteigen, nachdem sie sich einem Befehl ihrer Vorgesetzten widersetzt hatten?

Ich betraute die Belegschaft unseres Museums mit Arbeiten in einem anderen Gebäudeflügel, so dass sie von unseren lebhaften Diskussionen nichts mitbekommen konnten. Nur Frau Hobirk bat ich, zu bleiben und den Verlauf des Gespräches zu stenographieren. Zweiunddreißig der fünfunddreißig zu diesem Zeitpunkt in Deutschland stationierten Kunstschutzoffiziere nahmen an dem Treffen teil und viele leisteten mündliche Beiträge zu der von Captain Everett P. (Bill) Lesley mit Unterstützung von Lt. Charles Parkhurst und anderen niedergeschrieben Protestnote.[5] Die Worte wurden sorgsam gewählt. Viel besser als ich selbst vermochten sie ihrem Schmerz über den Verlust an moralischer Stärke Ausdruck zu verleihen, der die MFA & A heimgesucht hatte. Sie verstanden es,

---

[5] Die Unterlagen von Thomas Carr Howe jr. in den Archives of American Art, Washington D.C., enthalten einen Brief von Lesley an Howe vom 30. Dezember 1946, nachdem Howes *Salt Mines* veröffentlicht worden waren. Er schließt:

> Wenn Sie jedoch – und ich bin mir dessen sicher – von Wohlwollen und dem klugen Wunsch mich zu schützen geleitet wurden, indem Sie mich nicht mit dem Wiesbadener Manifest in Verbindung brachten, so ist dies doch eine Sache, zu der ich stehe, bei allem auch spürbaren Schaden, den sie mir zufügen kann, und für die ich auch persönliche Verantwortung zu übernehmen bereit bin. Dieses Dokument wurde nicht „aufgesetzt“, es ist aus einem Guss und trotz seiner prätentiösen, Jeffersonschen Diktion wurde es geschrieben von Ihrem verärgerten aber dennoch höchst zufriedenen E.P.L.

Sachlichkeit statt Empörung sprechen zu lassen und die moralischen Aspekte der bevorstehenden Aktion auf die Ebene eines Gewissenkonflikts von internationaler Bedeutung für die Vereinigten Staaten von Amerika zu erheben. Ich erinnere mich, dass Bill Lesley am Ende dieses Tages die einzige leichtherzige Bemerkung unseres Treffens machte, als er sagte: „Ich fühle mich wie Thomas Jefferson beim Verfassen der Unabhängigkeitserklärung."

U.S. Streitkräfte, europäischer Kriegsschauplatz Deutschland

7. November 1945

1. Wir, die unterzeichnenden Monuments-, Fine Arts- and Archives-Spezialoffiziere der Streitkräfte der Vereinigten Staaten, möchten unsere Überzeugung kundtun bezüglich des Abtransports von Kunstwerken aus dem Eigentum deutscher Einrichtungen und Staatsbürger in die Vereinigten Staaten zum Zwecke der Sicherheitsverwahrung.

2a. Wir sind einmütig der Auffassung, dass die Verbringung solcher Kunstwerke, ausgeführt von der Armee der Vereinigten Staaten auf Anweisung der höchsten nationalen Autorität, einen Präzedenzfall begründet, der weder moralisch vertretbar noch verständlich zu machen ist.

2b. Seit Kriegseintritt der Vereinigten Staaten war es erklärte Politik der Alliierten Streitkräfte, soweit militärische Notwendigkeiten dies erlaubten, sämtliche Monumente, Dokumente oder sonstigen Gegenstände von historischem, künstlerischem, kulturellem oder archäologischem Wert vor Beschädigung durch Kriegseinwirkung zu bewahren. Der Krieg ist beendet und keinerlei Doktrin „militärischer Notwendigkeiten" kann zur weiteren Sicherstellung der zum Abtransport vorgesehenen Gegenstände angerufen werden, da geeignete Depots in Betrieb genommen sind und unter Leitung sachkundigen Personals ihre Aufgabe erfüllen.

2c. Die alliierten Nationen bereiten sich gegenwärtig darauf vor, einzelne Personen für die Straftat der unter dem Vorwand der „Sicherstellung" erfolgten Beschlagnahme kultureller Schätze in den von Deutschland besetzten Ländern vor Gericht zu stellen. Ein Großteil der Anklagen folgt der Argumentation, dass von diesen Personen, obgleich militärischen Befehlen unterstehend, zu erwarten gewesen wäre, im Namen eines höheren moralischen Gesetzes eine Beteiligung an deren Ausführung zu verweigern und sie zu missbilligen. Wir, die Unterzeichnenden, sehen uns dazu verpflichtet, darauf hinzuweisen, dass wir, obwohl Mitglieder der Streitkräfte, bei Ausführung der erhaltenen Befehle vor klaren Blicken nicht weniger schuldig dastehen als diejenigen, deren Verurteilung wir vorgeben zu billigen.

3. Wir möchten darauf hinweisen, dass unseres Wissens keine historische Kränkung so langlebig ist und so viel gerechtfertigte Verbitterung hervorruft wie die aus welchem Grunde auch immer erfolgende Wegnahme eines Teils des kulturellen Erbes einer Nation, sei es auch, dass dieses Erbe als Kriegstrophäe aufgefasst wird. Und obwohl diese Entfernung in altruistischer Absicht erfolgt, halten wir es nichtsdestoweniger für unsere Pflicht, individuell und gemeinschaftlich dagegen zu protestieren. Bei allen Verpflichtungen gegenüber der Nation, der wir Gefolgschaft schulden, gibt es weitere Verpflichtungen zu allgemeiner Gerechtigkeit und Anstand sowie zur Etablierung der Macht des Rechts, nicht der Gewalt, unter zivilisierten Nationen.

Vierundzwanzig Offiziere unterzeichneten die Protestnote; drei erklärten sich mit ihrem Geist einverstanden, sahen sich aber nicht in der Lage zu unterzeichnen. Fünf weitere, darunter Lt. Craig H. Smyth als Direktor des Münchner Central

Collecting Point, brachten in separaten Schreiben an Major La Farge eine ähnliche Meinung zum Ausdruck.[6]

Erst nach einem halben Jahrhundert lassen sich jetzt dank der geduldigen Aufarbeitung durch Lynn Nicholas und anderer die Hintergründe der Versendung der 202 aufzeigen. Doch bevor wir auf ihre jüngsten Erkenntnisse zurückgreifen, sollten wir betrachten, wie Thomas Howe diese Geschichte in seinem 1946 veröffentlichten Buch beschreibt, als die 202 gerade in den Kellern der National Gallery of Art in Washington untergebracht wurden.[7]

Die meiste Zeit des Sommers 1945 war Howe dem Münchner Central Collecting Point zugewiesen, wo er mit der Hilfe von Bergungseinheiten Kunstwerke aus den Verstecken der Nationalsozialisten in österreichischen Bergwerken und bayerischen Schlössern geborgen hat. Ende September wurde er wieder zur MFA & A-Sektion in Höchst versetzt, einer Untereinheit des Bereichs Restitutionskontrolle, die zur Abteilung Wirtschaft der Militärregierung gehörte. Ihrem Leiter, Major Bancel La Farge standen Captain Edith Standen, Corporal James Reeds und ein ziviler deutscher Stenograph zur Seite. Als Howe eintraf, war diese Gruppe gerade damit befasst, die Rückgabe geplünderter Kunstwerke nach Frankreich, Belgien und Holland entsprechend den von General Clay auf der Potsdamer Konferenz unterbreiteten Vorschläge voranzubringen.[8]

Howe wusste bereits von der beabsichtigten Verbringung von Kunstwerken aus deutschem Besitz in die Vereinigten Staaten und dachte, dass diese Idee bereits seit der Potsdamer Konferenz diskutiert würde, die vom 17. Juli bis 2. August 1945 nahe bei Berlin stattgefunden hatte. Gerade zu dieser Zeit zirkulierte aus dem Hauptquartier von General Lucius Clay ein Dokument, das die Kategorisierung von Kunstwerken anregte und bereits vielen Konferenzteilnehmern und hochrangigen Offizieren der Abteilung MFA & A (Kunstschutz) bekannt war.[9] Howe fragte Edith, ob es bereits neuere Entwicklungen gäbe. Sie bejahte dies. Ihr lagen Informationen über ein Telegramm von General Clay an das Kriegsministerium von Anfang September vor. Hierzu schreibt Howe:

> In dem Telegramm stand, dass „deutsche Kunstwerke bis zu ihrer eventuellen Rückgabe an das deutsche Volk treuhänderisch in Gewahrsam genommen werden." Aber der Zusatz „sofern und sobald die deutsche Nation sich das Recht zu ihrer Rückkehr erworben hat", der noch in der Originalfassung enthalten war, fehlte.

---

[6] Deutsche Übersetzung übernommen aus Cay Friemuth, Die geraubte Kunst. Braunscheig 1989 S. 106–109; englische Originalfassung Anhang II a, S. 159 ff.

[7] Howe, siehe Fn. 2. Siehe ferner: Philip Kopper, *America's Gallery of Art: A gift to the nation,* New York, Abrams, 1991, 217–235.

[8] Howe, siehe Fn. 2, 230.

[9] John Nicholas Brown, 9. August 1945, in Anhang III a, S. 203 ff.

> Neben dem Telegramm gab es noch eine Anfrage aus Berlin, die (Höchst) um eine Schätzung bat, wie viel Kubikmeter Kulturgut in der Amerikanischen Zone verwahrt würden.[10]

Im September hielt sich Charles Kuhn noch immer in Frankfurt auf und verfasste zusammen mit Bancel eine Antwort, obgleich es unmöglich war, diese Anfrage akkurat zu beantworten. Die Offiziere der Sondereinheit waren perplex: Zog man ernsthaft in Erwägung, alle unserer Obhut unterstellten Kunstschätze in die Vereinigten Staaten abzutransportieren? Dass man in Höchst zutiefst besorgt war, ist angesichts der immensen Menge deutscher Kunstschätze wenig verwunderlich.

Zu diesem Zeitpunkt waren Kuhn und John Nicholas Brown, der als kultureller Berater von General Eisenhower während des Sommers Deutschland bereist hatte, gerade wieder in die Vereinigten Staaten zurückgekehrt. Gegenüber Standen äußerte Howe die Hoffnung, dass es beiden gemeinsam gelingen könnte, das Vorhaben zu verhindern, denn Howe fährt fort:

> Ich konnte nur eine einzige Information liefern: Einen Brief von George Stout, in dem er berichtete, von der Roberts Commission um eine Einschätzung der technischen Risiken gebeten worden zu sein, die mit der Versendung der Gemälde in die Vereinigten Staaten verbunden seien. In seiner Antwort gab er an, dass die Risiken der Versendung die Risiken des Verbleibs in Deutschland bei weitem überstiegen.[11]

Bis Ende Oktober erarbeiteten Bancel, Tom und Edith eine Studie über die technischen, nicht die moralischen Gesichtspunkte, die gegen eine Verbringung der Kunstwerke aus Deutschland sprachen. Sie wurde an Colonel Hayden Smith übergeben, dem Stabschef von Major General C. L. Adcock, dem stellvertretenden Direktor der Militärregierung in der US-Zone, mit Hauptquartier in Frankfurt. Howe berichtet weiter:

> Unsere Empfehlungen wurden missachtet. Innerhalb von zwei Wochen kam Colonel Harry McBride, Verwaltungsdirektor der National Gallery in Washington, nach Berlin, um den ersten Transport zu beschleunigen. Zwei Tage später flog er nach Frankfurt, wo er nähere Einzelheiten mit Major La Farge besprach. Von ihm erfuhren wir, dass General Clays Empfehlung des sofortigen Abtransports von der höchsten nationalen Behörde genehmigt worden war. Der General selbst befand sich in Washington. Wie nutzlos ein Widerspruch sein würde, war offenkundig.[12]

Nach Howes Darstellung, hatte La Farge McBride mitgeteilt, dass die Offiziere der Sondereinheit dem Projekt ablehnend gegenüber standen und einige lieber ihre Versetzung beantragen würden, als den Befehl zu befolgen. McBride erwiderte, dass ein solcher Antrag zurückgewiesen und jede Verweigerung vor das Kriegsgericht gebracht würde. Und es würde auch nichts daran ändern, dass der Befehl

---

[10] Howe, siehe Fn. 2, 262. Siehe ferner Fn. 1 und *College Art Journal,* Jan. 46 (Ch. Kuhn).

[11] Howe, siehe Fn. 2, 262.

[12] Howe, siehe Fn. 2, 273.

umgesetzt werde. Man würde das Quartiermeisterkorps einsetzen, um die Arbeit zu verrichten. Hierzu sagt Howe, dass Bancel erkannte, dass seine vorrangige Aufgabe die „Sicherung und Rettung der Kunstwerke“ war. Wenn er sie wissentlich der Obhut und den Verpackungskünsten irgendwelcher zufällig greifbarer Einsatztruppen überließe, würde er seine Pflichten vernachlässigen.[13] An diesem Punkt seiner Geschichte fügt Howe den Text des Wiesbadener Manifests ein, denn die in meinem Büro des Wiesbadener Collecting Point niedergeschriebene Protestnote war bereits bekannt geworden. Obwohl Armeebestimmungen die Veröffentlichung solcher Stellungnahmen untersagten, hatte sie sich schnell verbreitet. Im Januar des neuen Jahres wurde das Manifest in einem Artikel von Charles Kuhn im *College Art Journal* wiedergegeben, im Februar im *Magazine of Art* und am 7. Februar 1946 in der *New York Times*.[14]

In der Darstellung Howes konzentrierte sich die Debatte jetzt, da unsere Vorgesetzten alle Fragen der Moral und der Sicherheit der zu versendenden Werke beiseite gewischt hatten, darauf, welche Werke verschickt werden sollten. Howe skizzierte die Diskussion. Nachdem die Katze jetzt sozusagen aus dem Sack war, sollte alles beschleunigt werden. Am effizientesten erschien es, alle Werke aus einem Collecting Point zu nehmen. Wiesbaden lag greifbar nahe und es scheint, dass Lt. Craig H. Smyth sich stark gegen einen Eingriff in seinen Bereich wehrte. „Er sagte, dass seine gesamte Belegschaft, die nur aus Museumsfachleuten bestand, die eindeutig keine Nationalsozialisten waren, ihre Arbeit niederlegen würde. Das hätte den gesamten Restitutionsprozess im östlichen Militärbezirk erheblich behindert.“[15] Smyths Sammelstelle beherbergte mittlerweile enorme Mengen geplünderter Kunst aus Frankreich, Holland und Belgien sowie aus Osteuropa. Meines Wissens waren zu diesem Zeitpunkt dort keine Sammlungen aus deutschem Eigentum untergebracht, aus denen eine Auswahl hätte getroffen werden können.[16]

Walker Hancock reagierte noch heftiger auf die Mitteilung, dass Werke aus dem Wiesbadener Central Collecting Point für eine Reise in die Vereinigten Staaten ausgewählt wurden. Als Bancel La Farge ihm die Nachricht überbrachte, war auch Howe anwesend. Hancock sagte: „Wenn das so ist, kann ich nicht nach Marburg zurück. Alles, was wir erreicht haben, war nur möglich, weil bestimmte Menschen mir vertraut haben. Ich kann jetzt nicht zu ihnen zurückkehren und

---

[13] Howe, siehe Fn. 2, 273.

[14] Howe, siehe Fn. 2, 274–275.

[15] Howe, siehe Fn. 2, 276.

[16] „Die Münchner Gemälde befanden sich noch immer dort, wo die Deutschen sie zurückgelassen hatten, nämlich in den Depots auf dem Land in Dietramszell, Ettal und Raitenhaslach, und obwohl (John) Walker anlässlich seines Besuchs im Juli dazu geraten hatte, war noch nichts zu den Sammelstellen gebracht worden.“ Nicholas, siehe Fn. 1, 515.

ihnen sagen, dass ich sie hintergangen habe.“ [17] 1994 schreibt er mir, dass er John Browns Antwort nie vergessen wird: „Wenn sie diese Bilder abtransportieren, können wir nie wieder erhobenen Hauptes durch die Welt gehen!“ [18] Als Hancock in der Ausgabe des *College Art Journal* vom Mai 1946 seine eigene Geschichte unter dem Titel „Erfahrungen eines Kunstschutzoffiziers in Deutschland“ veröffentlichte, verschwieg er den gesamten Transport deutscher Kunst in die Vereinigten Staaten. Er kehrte tatsächlich nach Marburg zurück, aber nur um zu packen und sich von Professor Richard Hamann zu verabschieden, dem ausgezeichneten, alten deutschen Gelehrten, mit dem er sich regelmäßig beraten hatte. „Ich spulte die offizielle Verlautbarung herunter,“ sagte Hancock, „dass die Gemälde treuhänderisch für das Deutsche Volk aufbewahrt würden, und fügte hinzu, dass es keinen Grund gebe, dies zu bezweifeln. Ganz langsam antwortete Hamann: ‚Wenn sie uns unsere alten Kunstwerke wegnehmen, dann müssen wir versuchen, gute neue zu schaffen.‘ Nach einer längeren Pause fügte er hinzu: ‚Ich hätte nie gedacht, dass sie sie uns tatsächlich wegnehmen würden.‘“ [19]

Und wie verhielt sich mein Freund Captain James Rorimer, immer noch im Einsatz als Kunstschutzoffizier in der Dritten Armee in deren Hauptquartier? Wegen seiner Professionalität und seiner profunden Kenntnisse, für die ich ihn bewunderte, hatte ich immer zu ihm als meinem Chef aufgesehen. Ich erinnere mich, wie er nervös die Gänge auf ab lief, als bei dem Treffen in meinem Büro das Manifest geschrieben wurde. Er sympathisierte mit uns, konnte sich aber nicht dazu durchringen, unserem vereinten Protest beizutreten. Sein ehemaliger Chef, Direktor des Metropolitan Museum of Art, Francis Henry Taylor, war nun Mitglied der Roberts Commission und begrüßte es, dass Werke aus deutschen Sammlungen zur Sicherheitsverwahrung in die Vereinigten Staaten gebracht wurden.

Die Januarausgabe 1945 der Zeitschrift *The Atlantic Monthly* brachte Taylors Reportage einer Reise durch Europa. Als Hintergrund seiner Berichte über den aktuellen Zustand beliebter Reiseziele, europäischer Metropolen und ihrer Monumente, skizzierte er die aberwitzigen Ziele nationalsozialistischer Kulturpolitik und die großen Verwüstungen, die ihre Plünderungen in Museen, kirchlichen Institutionen und privaten Sammlungen angerichtet hätten. Der Titel dieses Artikels, „Die Vergewaltigung der Europa“, ist Ausdruck der tiefen Abneigung, die er gegenüber den Nationalsozialisten empfand.[20] Auf der letzten Seite ist er sichtlich um Zurückhaltung in seiner Darstellung bemüht, wenn er schreibt:

---

17 Howe, siehe Fn. 2, 276.

18 Brief von Hancock an den Verfasser vom 5. 11. 1994 (WIF Dokumente).

19 Howe, siehe Fn. 2, 277. Hancock wiederholte diese Geschichte in einem Gespräch mit RKM im August 1993.

20 Taylor, Francis Henry, „The Rape of Europa“, *Atlantic Monthly* (Band 175, Januar 1945), 52–58. Das Buch von Lynn Nicholas (Fußnote 6) mit demselben Titel ist in deutscher Version als „Der Raub der Europa“ erschienen.

> Und wenn wir nun die letzte Rechnung mit den Bestien begleichen, die ihr Möglichstes getan haben, um die von uns so geschätzte europäische Zivilisation zu zerstören, muss es notwendigerweise eine Zeit der Einkehr und der Besinnlichkeit geben, bevor Vergeltung geübt und der Gerechtigkeit Genüge getan werden kann ...
>
> Wenn man erkennt, dass die Teutonische Pest vielleicht während eines halben Jahrhunderts im Schlafe liegt um dann aus sozialen, wirtschaftlichen und politischen Gründen mit Macht auszubrechen, so erkennt man sofort die Gefahren, die damit verbunden sind, wenn man Deutschland kulturell so veröden ließe, wie Deutschland es mit Polen getan hat. Denn in dem ausgetrockneten Boden einer solchen Wüstenei können die Samen zukünftiger Kriege gedeihen. Dies bedenkend trafen sich in London die Abgesandten der Regierungen der Vereinten Nationen, von denen viele einen tragischen, persönlichen Beitrag zu den Diskussionen lieferten, um anstelle eines rachsüchtigen Diktats kluge und gerechte Lösungen für die kunstbezogenen Probleme des Friedens zu finden.
>
> General Eisenhower hat bereits seinen Plan für eine Militärregierung in Deutschland veröffentlicht und an seine Offiziere Befehle und Direktiven zur Überprüfung der Eigentumsverhältnisse ausgegeben. Alle Arten von Besitz, auch Kulturgegenstände, Kunstwerke, Bücher und wissenschaftliche Untersuchungen, werden von den generellen Beschlagnahmen und „Einfrierungen" erfasst. Entdeckte gestohlene oder geplünderte Gegenstände sollen gemäß einer Friedensregelung den zuständigen internationalen Körperschaften zur Verfügung gestellt werden.

Taylors Tirade fährt fort mit einer Aufzählung alarmierender Statistiken und schließt mit einer Bemerkung, die für seine Gedankenwelt charakteristisch erscheint.

> Kriegsverbrechen müssen gesühnt und die Ausgeplünderten entschädigt werden, denn Deutschland muss lernen, dass sich die Schändung Europas nicht gelohnt hat, war sie auch noch so wissenschaftlich geplant und rücksichtslos durchgeführt. Deutscher Gelehrsamkeit und Deutschlands Anspruch auf intellektuelle Gleichheit kann niemals wieder entsprochen werden, bevor nicht dieser Makel bereinigt ist.

Wenn man Taylors Aufsatz liest, versteht man, dass diejenigen innerhalb der MFA & A, die ihn kannten, ohne weiteres davon ausgehen durften, dass er die amerikanische Inbesitznahme der Kunstwerke aus Deutschen Museumsbeständen unterstützte. Während die Friedensverhandlungen noch in Gange waren, dachten Taylor und andere wohl, dass es nicht schaden könne, amerikanische Stärke zur Schau zu stellen, selbst wenn es jene Deutschen treffen musste, die ebenso wenig Sympathien für Hitler empfanden wie wir.

Als die Protestnote verfasst wurde, teilte uns James Rorimer mit, dass er ihrem Inhalt beipflichte, sich aber nicht in der Lage sehe, sie zu unterzeichnen. Am nächsten Tag bat er seinen vorgesetzten Offizier schriftlich um seine Versetzung, aber das Gesuch wurde abgelehnt.[21] In seinem 1950 veröffentlichten Buch *Survival* fasst Rorimer die Versendung der 202 und die Protestnote in folgenden Sätzen zusammen:

---

21 Rorimer Dokumente, Archives of American Art, Rorimer an Edwards, 8. November 1945.

> Weder wir noch die Deutschen wussten von Trumans Versprechen, die Gemälde wieder an Deutschland zurückzugeben, sobald es möglich war, sie in deutschen Museen wieder adäquat aufzubewahren ... Nach drei Jahren in Amerika, einem Aufenthalt in der National Gallery in Washington und einer großen Wanderausstellung durch andere amerikanische Museen kehrten die Gemälde wohlbehalten nach Deutschland zurück.[22]

James Rorimer war ab 1955 Nachfolger von Francis Henry Taylor als Direktor des Metropolitan Museum of Art.

Unter unseren Führungskräften fiel es dem ehemaligen Leutnant und amtierenden Professor in Harvard Charles Kuhn zu, die Entwicklungen und Hintergründe zu erklären, die zu unserer Protestnote geführt hatten. In seinem Aufsatz für das *College Art Journal* im Januar 1946 liest man:

> Im März 1945, etwa zur Zeit des Kampfes um den Brückenkopf von Remagen, konnte General Eisenhowers kultureller Berater endlich ein Gespräch mit dessen Stellvertreter Generalleutnant Lucius D. Clay führen. In diesem Gespräch eröffnete ihm General Clay seinen Wunsch, Kunstwerke aus deutschem Besitz in die Vereinigten Staaten zu bringen. Der General konnte nur wenig über den Zustand der Museumsbestände in Deutschland wissen. Die einzige Information aus dem Feld kam aus dem Vorstoß im Raum Aachen. Es gab nur vage Gerüchte über die Anzahl von Aufbewahrungsstätten und niemand wusste etwas über den Zustand ihres Inhalts. Aber dem General war bekannt, was alle Welt wusste – dass nämlich in diesen Aufbewahrungsstätten „verdammt gute Bilder" enthalten waren.
>
> Der kulturelle Berater gab seine ablehnende Haltung zu diesem Vorschlag zu erkennen und im Frankfurter Hauptquartier hörte man hiervon nichts weiter, bis nach dem Tag des Sieges in Europa während der Potsdamer Konferenz. Anfang August erhielt die MFA & A ein unsigniertes und undatiertes Dokument unter dem Briefkopf des „Hauptquartier des U.S. Group Control Council" und dem Betreff „Kunstgegenstände in der U.S. Zone." Das Papier bezog sich auf die große Anzahl und den enormen Wert der innerhalb der amerikanischen Besatzungszone in Notunterkünften aufbewahrten Kunstwerke und unterteilte diese in drei nach Besitzverhältnissen unterscheidende Kategorien oder Klassen. Als „Klasse C" wurden alle „von Deutschland in der amerikanischen Zone zur Sicherheitsverwahrung untergebrachten Kunstwerke, die rechtmäßiges Eigentum der Deutschen Nation sind" beschrieben. Bezüglich der Disponierung über diese Kategorie fiel folgende Bemerkung: „Es wird angenommen, dass die Vereinigten Staaten die zur Klasse C gehörigen Kunstwerke zu Reparationen heranziehen und der Aufteilung unter mehreren Staaten zur Verfügung stellen. Doch auch in diesem Fall sollten die Kunstwerke in für sie geeigneten Räumlichkeiten aufbewahrt werden. Es besteht die Möglichkeit, dass diese Werke zur Inventarisierung und zu ihrer ordnungsgemäßen Behandlung durch unsere führenden Museen in die Vereinigten Staaten verbracht werden. Sie könnten bis zu ihrer Rückkehr in vielen Jahren treuhänderisch verwahrt werden, *sofern und sobald die Deutsche Nation sich das Recht zu ihrer Rückkehr erworben hat.*" Dem Dokument angefügt war eine von Clays Stabschef

---

22 Rorimer, James J. und Gilbert Rabin, *Survival*, New York Abelard Press 1950, 232.

unterzeichnete Notiz vom 29. Juli 1945 mit dem Hinweis: „General Clay stellt fest, dass dieses Dokument vom Präsidenten zur Inkraftsetzung nach Abschluss der laufenden Dreierkonferenz bestätigt worden ist.“[23]

Kuhn stellte fest, dass der Vorschlag von General Clay ohne volle Kenntnis der Sachlage und gegen die Empfehlung der unter seinem Kommando stehenden MFA & A-Offiziere niedergeschrieben wurde und dass man ihn modifizierte, nachdem er eine kühle Aufnahme gefunden hatte. Kuhn sagte: „In einem Telegramm an die Abteilung für zivile Angelegenheiten im Kriegsministerium vom 4. September spricht der General davon, deutsche Kunstgegenstände bis zu ihrer eventuellen Rückgabe an das Deutsche Volk in treuhänderische Verwahrung zu nehmen. Den qualifizierenden Zusatz, der noch in seinem Originaldokument enthalten war, ließ er weg.“[24]

Laut Kuhn schloss sich am 26. September als nächstes eine Presseveröffentlichung des Weißen Hauses an. Kuhn meinte, dass General Clays Büro diesen Text entworfen und am 15. September mit der Unterschrift des Generals an die Öffentlichkeitsabteilung im Kriegsministerium telegraphiert hatte: „Die Vereinigten Staaten werden [die Gemälde] nur so lange behalten, wie dies zur Sicherung ihrer Unversehrtheit notwendig ist ... Wenn sichergestellt ist, dass die Kunstgegenstände rechtswirksam in deutschem Eigentum stehen, werden sie an Deutschland zurückgegeben, sobald es die dortigen Verhältnisse erlauben. Diese wertvollen Kunstschätze sollen in die Vereinigten Staaten verbracht werden, weil innerhalb der amerikanischen Zone keine Fachkräfte zur Verfügung stehen, um ihre Sicherheit zu gewährleisten. Die Verhältnisse, unter denen diese Kostbarkeiten zurzeit aufbewahrt sind, werden sie stark in Mitleidenschaft ziehen. Für viele dieser Kunstwerke gibt es in Deutschland keine adäquate Lagermöglichkeit.“[25]

Bevor Kuhn in die Vereinigten Staaten zurückkehrte, um seine Karriere als Kunsthistoriker in Harvard fortzusetzen, zeichnete er für die Abteilungen der MFA & A in Frankfurt und Höchst verantwortlich. Er war es, der das Landesmuseum in Wiesbaden als Sammelstelle ausgewählt und mich zu ihrem Direktor ernannt hatte, wie ich im vorigen Kapitel bereits dargestellt habe. Kuhn hatte sich sowohl von der ordnungsgemäßen Renovierung des Gebäudes wie auch von der Einführung angemessener Museumspraktiken überzeugt und diese gelobt. Engagiert fährt er in seinem Artikel fort:

> Das Gebäude lag in der Verantwortung von Captain Walter I. Farmer, Offizier der Sondereinheit Kunstschutz, ausgebildeter Architekt mit Museumserfahrung und ein Mann, der mit den Gepflogenheiten der Armee vertraut war. Zwei Monate lang

---

23 „German Paintings in the National Gallery: A Protest“, *College Art Journal,* (Band V, Nr. 2, Januar 1946), 78–79, Hervorhebungen von Charles Kuhn. (Der kulturelle Berater war John Nicholas Brown).

24 Siehe Fn. 23, 79.

25 Siehe Fn. 23, 80.

> hatte er Tag und Nacht gearbeitet, um das Gebäude auf das Eintreffen der Kunstwerke vorzubereiten. Das Dach war gerichtet, zerbrochene Scheiben ersetzt, Spezialregale errichtet, er ließ Karteikarten drucken, hatte für Hausmeister und Handwerker gesorgt und gut ausgebildete deutsche Museumsfachleute sowie einen Konservator, einen Fotografen, eine Bibliothekarin und mehrere Sekretärinnen eingestellt. Captain Farmer war es sogar gelungen, das begehrteste Material im deutschen Kriegsgebiet zu beschaffen – genügend Kohle, um das Gebäude im herannahenden Winter warm und trocken zu halten. Außerdem bewachte und eine Sondereinheit der US-Streitkräfte das Haus rund um die Uhr.[26]

Nachdem er weitere beleidigende Bemerkungen des Weißen Hauses, wiederlegt und zurückgewiesen hatte, gab er den Text des Wiesbadener Manifests wieder. Er schloss seinen Aufsatz mit den reuevollen Worten: „Es führt nicht weiter, über den wahren Grund für diesen Vorgang zu spekulieren, führt nicht weiter. Vielleicht war es nur ein symbolischer Akt – eine gesichtswahrende Maßnahme, zu der sich hohe Autoritäten veranlasst sahen, wenn sie erkennen, dass sie eine verfehlte Politik verfolgen. Vielleicht ist der Grund aber auch nur darin zu sehen, dass es sich eben um ‚verdammt gute Bilder' handelte."[27]

Kuhns Aufsatz folgt eine offizielle Stellungnahme von Gladys E. Hamlin von der Roberts Commission. Sie zitiert die Presseveröffentlichung des Weißen Hauses und fügt hinzu, dass „derzeit nicht in Erwägung gezogen wird, die Bilder der Öffentlichkeit zu präsentieren." Der Stellungnahme angefügt war eine Liste der 202 Gemälde.[28]

Von Kuhns mutiger Verteidigung des Managements unseres Collecting Point erfuhr ich erst, nachdem auch ich Monate später die Armee verlassen hatte und in die Vereinigten Staaten zurückgekehrt war. In den Tagen, die der Niederschrift des Manifests folgten, war ich ganz mit den Vorbereitungen für die Versendung beschäftigt.

Während der zehn Tage vor dem Abtransport der 202 Gemälde wurde ich als eine Art Verkehrspolizist für verschiedenste Aktivitäten eingesetzt. VIPs kamen und gingen, Vorräte mussten besorgt und die Ordnung aufrecht erhalten werden, damit Lamont Moore seine Mission durchführen konnte. Meiner Frau Josselyn vertraute ich meine innersten Gefühle in einem Brief vom 8. November an. Ich schrieb unter anderem:

> Es ist ohne Zweifel schwer für jeden zuhause, die Wahrheit über das, was hier vor sich geht, zu erfahren, aber von intelligenten Menschen sollte man meinen, dass sie dahinter kommen. Du glaubst womöglich, eine in etwa richtige Vorstellung zu haben, und liegst wahrscheinlich grottenfalsch.

---

[26] Siehe Fn. 23, 80/81.

[27] Siehe Fn. 23, 82.

[28] Hamlin, Gladys E., German Paintings in the National Gallery: Official Statement, *College Art Journal*, Januar 1946, 75–77.

> Wir sind mächtig aufgebracht wegen eines Transportes von Bildern in die Staaten. Ich distanziere mich von jedem, der behauptet, es sei richtig. Wir protestieren alle gemeinsam. Gott weiß, ob wir etwas erreichen, aber wir müssen es tun – es ist eine Frage der Ethik. Wir verurteilen Deutsche als Kriegsverbrecher für das, was uns nun selbst befohlen wird. Ich weiß jetzt zumindest, dass wir anderen Staaten in punkto Niedertracht, Armseligkeit und Verlogenheit in nichts nachstehen. Sei jetzt bitte nicht eingeschnappt, sondern mach Dich auf, komm hierher und schau es Dir mit eigenen Augen an.
>
> Alle waren am Dienstag hier zusammengekommen und es war eines der bewegendsten Ereignisse meines Lebens. Viele Menschen mit völlig unterschiedlichem Hintergrund treffen sich wie auf einer Beerdigung, denken und sprechen wie mit einer Stimme in einer Sache von größter Wichtigkeit für unser aller bisheriges Leben. Man könnte uns vors Kriegsgericht stellen. Es sind dies großartige Tage in meinem Leben, auch wenn sie Dir recht gewöhnlich erscheinen. Und doch sage ich es noch einmal – selbst wenn ich am Ende hierüber mein Leben verlieren sollte, so hätte ich doch das meiste aus meinem Leben gemacht und der Zivilisation meinen Dienst erwiesen. Das ist mehr als 99 und 44/100 der noch Lebenden von sich behaupten können.[29]

Kurz vor dem Abtransport schrieb ich noch einmal an Josse und konnte meine Niedergeschlagenheit nicht verbergen. Den Brief begann ich am 14. November, unterbrach ihn jedoch und setzte ihn erst am 17. fort. Ich schrieb:

> Diese Schande, die uns aufgezwungen wird, steckt uns tief in den Knochen. Wir sind nicht besser und nicht schlechter als die Deutschen – in der Tat haben wir viel von ihnen gelernt –, wenn es um Unehrenhaftigkeit geht. Oh ja, wir tun nur unsere Pflicht – wir befolgen Befehle, aber wir tun, was wir können, um die Menschen zu Hause wissen zu lassen, was wir von dieser miesen Sache halten. Es stinkt zum Himmel.
>
> Die Tage zerrinnen uns zwischen den Fingern. Montag ist unser Stichtag. Ich werde beinahe blass, wenn ich an meine Belegschaft denke – sie verstehen noch kaum, was vor sich geht. Meine letzten Illusionen sind mir genommen. Es ist meine Art, weiter zu machen, aber es bleibt nichts vom Glanz der Jugend. Ich muss wohl zugeben – ich komme in die Jahre. Du kannst Dir nicht vorstellen, wie schwer es ist, vor anderen etwas zu rechtfertigen, das Du selbst für schrecklich hältst. Zum Glück halten meine Kollegen und Mitarbeiter noch immer viel von mir, so dass ich hoffe, damit noch einmal durchzukommen.[30]

Man fragt sich zu recht, was General Clay sich dabei dachte, als er den Vorschlag machte, deutsche Kunstwerke zur Sicherstellung in die Vereinigten Staaten zu verbringen. War er ein Kunstliebhaber, ein Kenner oder ein Sammler mit einer Vorliebe für Gemälde alter europäischer Meister? Ganz und gar nicht. In ihrer Biografie aus dem Jahr 1990 mit dem Titel *Lucius D. Clay: An American Life*, widmet Jean Edward Smith dem Engagement Clays für die Abteilung MFA & A und für das Programm zur Restituierung gestohlener und aufbewahrter Kunstwerke ein eigenes Kapitel. Auf Grundlage ihrer Gespräche mit dem General, in

---

29 WIF Dokumente.

30 WIF Dokumente.

denen er auch Erinnerungen an seine Jugend in Virginia mitgeteilt hatte, fasst Smith seine Einstellung zur Kunst zusammen, für die er plötzlich die Verantwortung trug. „Die Vorstellung, dass die deutschen Kunstwerke abtransportiert werden sollten, ließ Clay, der einen ausgeprägten Sinn für militärische Rechtschaffenheit besaß, erschaudern. Als Soldat konnte er es nicht hinnehmen und als Südstaatler, der mit den Erinnerungen an den Wiederaufbau aufgewachsen war, war er schockiert.“[31]

Smith zufolge hatte Clay nach Erhalt des Befehls sofort die Bedeutung der deutschen Kunst und des nationalsozialistischen Raubguts erkannt und dem Kriegsminister Henry Stimson mitgeteilt, dass die U.S.-Armee nun zum Wächter über die „größte Kunstsammlung der Welt“ geworden war.[32] Clay stockte die MFA & A auf und beauftragte sie, „alles, was irgendwie von Bedeutung war, zu identifizieren, zu bergen und zurückzugeben.“[33] Darüber hinaus „sagte Clay zu Stimson, dass er auf eine baldige Zustimmung hoffe, den ehemaligen Eigentümern die von den Nationalsozialisten überall in Europa geraubten Kunstwerke zurückzugeben und die Kunstsammlungen aus der Vorkriegszeit treuhänderisch für das deutsche Volk zu verwalten.“[34] Nach der Darstellung von Smith empfahl Stimson den Clayschen Plan dem Außenminister (Secretary of State) James Byrnes, der gerade an der Potsdamonferenz teilnahm. „Stimson schlug Clay vor, dass er dieses Thema baldmöglichst mit Präsident Truman besprechen sollte, und Byrnes stimmte zu.“[35]

Smith sagte, dass Clay sich deshalb um den Schutz der öffentlichen deutschen Kunstsammlungen wie derjenigen des *Kaiser-Friedrich-Museums* in Berlin bemühte, weil das Museum im Herzen Berlins und damit im jetzigen sowjetischen Sektor lag. Das Gebäude war während des Krieges stark beschädigt worden. „Die mächtige Kuppel war eingestürzt, das Dach weitgehend zerstört, in den unteren Etagen lagen große Berge von Schutt, und die Steinwände des Museums wiesen derartige Risse auf, dass die Keller einige Fuß hoch voll Wasser gelaufen waren. Der Zustand des Gebäudes erlaubte es ersichtlich nicht, die Bestände dort wieder unterzubringen. Wenn ihm befohlen würde, die Bilder zurückzugeben, so fürchtete Clay, würden diese wahrscheinlich in die Sowjetunion abtransportiert.“[36]

---

31 Smith, Jean Edward, *Lucius D. Clay: An American Life*, New York, Henry Holt and Company 1990, 313.

32 Siehe Fn. 31, 309.

33 Siehe Fn. 31, 310.

34 Siehe Fn. 31, 310.

35 Siehe Fn. 31, 310.

36 Siehe Fn. 31, 311.

Clay war besorgt über den Ruf nach Rache und Vergeltung, der nun durch Europa hallte. „Wenn er die Sammlungen in der amerikanischen Besatzungszone behielt, musste er befürchten, dass die deutschen Meisterwerke in einem Kampf um Reparationsleistungen zu einem Tauschobjekt würden und man sie am Ende in die Länder der Alliierten abtransportierte als Gegenleistung für nicht mehr auffindbare Kunstwerke, die die Nationalsozialisten erbeutet hatten.“ [37] Dies war die von den Franzosen befürwortete Art von Restitutionspolitik.

Clay erzählte seiner Biografin, dass er sich um den Zustand der Bilder sorgte und gleichzeitig zuversichtlich war, dass man sich nach einer Verbringung in die Vereinigten Staaten dort besser um sie kümmern könnte und, was noch wichtiger war, gerade durch ihre Verbringung in die USA sicherstellen könnte, dass sie dem Deutschen Volk erhalten blieben.

Das war im Hochsommer und ich hatte gerade mit den Renovierungsarbeiten am Landesmuseum in Wiesbaden begonnen. Während meiner gesamten zehnmonatigen Amtszeit war General Clay kein einziges Mal auch nur in die Nähe der Sammelstelle gekommen. Er steckte bis zum Hals in Schwierigkeiten bei der Verwaltung unseres Berliner Sektors, viele Kilometer entfernt inmitten der russischen Besatzungszone. Offensichtlich wusste er nichts von Fortschritten in Richtung geordneter Museumsverhältnisse, die die MFA & A-Offiziere in der fernen amerikanischen Besatzungszone erzielten.

Inmitten der Potsdamer Konferenz traf Clay am 19. Juli 1945 mit Präsident Truman zusammen und erhielt dessen mündliche Zustimmung, die Bestände des *Kaiser-Friedrich-Museums* „so bald als möglich“ in die Vereinigten Staaten zu versenden.[38] Clay schlug eine Ausstellung vor und „dass man der Öffentlichkeit und auch dem Deutschen Volk mitteilt, dass diese Kunstwerke treuhänderisch verwahrt werden bis zu ihrer Rückgabe an die Deutsche Nation, wenn diese das Recht wiedererlangt hat, als Nation angesehen zu werden.“ [39] Hatte Clay irgendeine Vorstellung über den Umfang und die Vielfalt dieser Bestände? Nach meinen Unterlagen lagerten bei uns gut über tausend Gemälde aus den Beständen des *Kaiser-Friedrich-Museums* und fast vierhundert aus der Berliner Nationalgalerie, ganz zu schweigen von den zahlreichen Kisten weiterer Kunstwerke, die den Deutschen gehörten.

Clay saß nun zwischen den Stühlen des Kriegs- und des Außenministeriums, die, wie ich weiter oben beschrieben habe, mit den Alliierten über Fragen der Restitution und der Reparationen debattierten. Schließlich bestätigte Robert Murphy Clay, dass das Außenministerium die Sammlungen als „Ersatzleistungen“ für

---

[37] Siehe Fn. 31, 311–312.

[38] Siehe Fn. 31, 312.

[39] Siehe Fn. 31, 312.

Wertgegenstände verwenden wollte, welche die Nationalsozialisten überall in Europa geraubt hatten.[40] Clay protestierte und zu gegebener Zeit im September veröffentlichte das Weiße Haus und sein Berliner Hauptquartier eine Presseerklärung. Sie zog eine ganze Reihe negativer Presseveröffentlichungen nach sich und veranlasste John Nicholas Brown zu einer Beschwerde beim Außenministerium. Brown hatte die Münchener Sammelstelle besucht und war über die Maßnahmen der MFA & A gut informiert und entsprechend überzeugt von unseren Fähigkeiten als Verwahrer; er wusste jedoch nichts von Clays Befürchtungen, dass die Gemälde zu Reparationen herangezogen würden. Als man Clay um einen Kommentar zu Browns Beschwerde bei John McCloy im Außenministerium bat, sagte Clay, dass die amerikanische Öffentlichkeit ein Recht darauf habe, die Bilder zu sehen und dass „sie sicherlich für geraume Zeit in Deutschland nicht zu besichtigen sein werden.“[41]

Was an Smiths Bericht über Clays Anteil an der Versendung der 202 verwundert, ist, dass er die Wiesbadener Sammelstelle und das Manifest vom 7. November mit keiner Silbe erwähnt. Nicht weniger erstaunt ist die Verwirrung, die Smith in Bezug auf die Anzahl der tatsächlich eingelagerten Werke stiftet. Durchgängig spricht sie von den 202, als wären diese die einzigen bei uns verwahrten Werke des *Kaiser-Friedrich-Museums*. Sie sagt, dass das Kriegsministerium am 12. November erneut bei Clay wegen der Verwendung der deutschen Meisterwerke als Restitutionsobjekte für andere Länder angefragt habe und sie zitiert aus einer längeren Antwort Clays, in der er diesen Vorschlag zurückweist.[42] Zu diesem Zeitpunkt waren meine Mitarbeiter, unterstützt von den MFA & A-Offizieren aus Höchst, bereits vollauf mit den komplizierten Vorbereitungen für die Versendung beschäftigt. Smith erhielt in ihren Gesprächen mit dem General einen völlig anderen Eindruck. Sie berichtet:

> Am 15. November 1945 erteilte das Kriegsministerium (Clay) den Auftrag, wie von ihm vorgesehen zu verfahren. Unmittelbar danach lichteten deutsche Fotografen minuziös alle Gemälde ab, um ihren Zustand zu dokumentieren. Sodann wurden sie mit Packmaterial, das man aus Armeebeständen zusammengekratzt hatte, sorgfältig verpackt und in zwei Eisenbahnwagons des Deutschen Roten Kreuzes nach Le Havre verschickt. Im französischen Hafen entlud man die Gemälde unter strengen Sicherheitsvorkehrungen und brachte sie an Bord des Armeefrachtschiffes *James Parker*.[43]

Die wenig präzise Darstellung von Smith zeigt einmal mehr, wie wenig Clay über die Vorkehrungen und Maßnahmen der Offiziere der Sondereinheit Kunstschutz zur Sicherung der 202 informiert war. Bei ihren Nachforschungen fand Lynn

---

40 Siehe Fn. 31, 312, Anhang III a, Seite 209.

41 Siehe Fn. 31, 314.

42 Siehe Fn. 31, 315.

43 Siehe Fn. 31, 315.

Nicholas heraus, dass Clay erst Monate später von dem Manifest erfuhr, als Eleanor Roosevelt ihn auf einer Reise nach Berlin fragte, was für eine Geschichte da gerade durch die Presse gehe.[44] Auch wenn Bancel La Farge massiven Vorhaltungen ausgesetzt war, weil er die Verbreitung des Protestschreibens nicht verhindert hatte, war von einem Kriegsgericht nicht mehr die Rede.

Die Nachricht über die Ereignisse war mittlerweile über Briefe an Freunde und Kollegen, die Armeedienst geleistet hatten oder noch leisteten, bekannt geworden. Provokativ war die Antwort George Stouts, der am 6. Januar 1946 kurz nach Erhalt einer Abschrift des Manifestes einen Brief an Tom Howe schrieb. Er wurde ihm nach Fernost nachgesandt, wo er sich mithilfe seiner bemerkenswerten Kenntnisse und seines Rufes als Konservator um die Einrichtung eines MFA & A-Stützpunktes bemühte. Darin schrieb er:

> Es ist kaum zu glauben, zu wie viel Gefälligkeiten diese Burschen fähig sind. Als ich vor zwei Monaten in einem Zeitungsausschnitt las, dass man in den USA gerade die Ankunft ausgewählter Werke aus deutschem Besitz erwartete, traf mich fast der Schlag. Es war zwar nicht das Erste, was mir über einen solchen Vorschlag zu Ohren gekommen war, aber ich hatte Washington doch in der Annahme verlassen, dass man diese wilde Idee, die sich irgend ein Trottel ausgedacht haben musste, als idiotisch verwerfen würde. Und dann das.
>
> Als man mir in Washington diesen Vorschlag unterbreitete, stockte mir der Atem. Ich hatte den Eindruck, dass sich das irgendein hochrangiges Kabinettsmitglied ausgedacht hatte und dass aber alle niederen Chargen peinlich berührt und etwas verschreckt über die Gänge schlichen und sich überlegten, wer ihm nun beibringen sollte, dass er nicht ganz bei Trost ist. Ganz vorsichtig fragte man mich nach meiner Meinung. Also sagte ich ihnen, dass es aus konservatorischer und bewahrerischer Sicht Unfug ist. Man ließ mir mitteilen, dass ein kurzes Statement über technische Belange akzeptiert würde. Aber auch nur über technische Belange. Also schrieb ich es. Ich setzte eine kleine Fibel auf, etwa zwei Seiten lang, und sagte ihnen, dass aus konservatorischer Sicht, selbst bei Frost, für die Sachen ein geringeres Risiko bestünde, wenn man sie beließe, wo sie sind, als wenn man sie dort herausholte und einmal rund um den Globus verschickte. Jim Plaut schrieb ihnen einen Bericht, der keine technischen Belange enthielt und ein kurzatmiges Kommissionsmitglied bat Jim, ihm einen persönlichen Gefallen zu tun und den Bericht zurückzuziehen. Da sie das Papier leicht überallhin stecken konnten, sagte Jim ihnen, sie sollten tun, was sie für richtig hielten.
>
> Und jetzt erwähnen Sie beiläufig, dass Col. McBride von der National Gallery herüberkam und dann das infame Projekt in Gang kam. Wie ist das zu verstehen? Sollten die Jungs in Washington die Sache ausgeheckt haben? Und dann haben sie die Kommission vorgeschickt, um nicht selbst in Erscheinung zu treten? Sie bringen mich da auf schreckliche Gedanken. Ich dachte schon immer, dass diese aufpolierten Museumsdirektoren nichts anderes als hochkarätige Präparatoren seien, aber ich hätte verdammt noch mal geglaubt, dass sie wenigstens einigermaßen menschlich bleiben würden. Ich werde mir meine Gedanken hierzu machen, bis ich weitere Fakten in Erfahrung gebracht habe. Das Manifest jedenfalls ist ein nobles Dokument von Bestand.[45]

---

44 Nicholas, siehe Fn. 1, 524.

45 Thomas Carr Howe Jr., WIF Dokumente, siehe Fn. 5.

Als ich das Telegramm mit dem Befehl zur Versendung der Bilder erhielt, blieben bis zum Tag ihres Abtransports am 16. November nur zehn Tage. Die vor mir liegende Arbeit schien kaum zu bewältigen und so bat ich im Hauptquartier umgehend um Unterstützung. Bancel und die anderen dort stationierten Offiziere mussten sofort mit den Planungen für den Transport beginnen, der nach ihrer Auffassung von Personal der MFA & A begleitet werden sollte. Wir würden alle verfügbaren Kräfte unserer Abteilung benötigen. McBride bat seinen Freund Lt. Charles Parkhurst, den Transport vorzubereiten und zu begleiten, doch der winkte brüsk ab. Noch im Jahr 1996 schwingt in seiner Stimme die Entrüstung über diesen Vorfall mit. Ein glücklicher Zufall wollte es, dass der damals in München stationierte Lt. Lamont Moore zu dieser Zeit Tom Howe anrief und ihm mitteilte, dass er noch vor seinem Urlaub nach Frankfurt käme. Bancel verpflichtete ihn umgehend, die 202 als verantwortlicher Offizier beim Verpacken und auf ihrer Reise nach Washington zu betreuen. Nach Darstellung Howes waren Moore und Colonel McBride alte Freunde aus der National Gallery of Art, wo Lamont das Fortbildungsprogramm geleitet hatte.[46] Dennoch hatte sich Lamont bereit gezeigt, das Manifest zu unterzeichnen.

Howe berichtet in seinem Buch, er und Lamont Morre hätten „einen Abend lang die Liste der in Wiesbaden eingelagerten Bilder studiert. Er schrieb dann eine vorläufige Auswahl nieder."[47] Welche Liste hatten sie studiert? Meine Mitarbeiter hatten während ihrer Inspektionen längst nicht alle Kisten geöffnet, daher hatte in Wiesbaden eine solche Liste schlichtweg nicht existiert. War es vielleicht eine von der NGA vorbereitete Liste, die Colonel McBride bei seiner Ankunft vorgelegt hatte?

In *Der Raub der Europa* beschreibt Lynn Nicholas, wie diese Liste zustande kam:

> Als Reaktion auf die Entscheidung der Armee bestellte Walker nun eine Liste von Deutschlands Meisterwerken bei Hanns Swarzenski, einem Exildeutschen, der im Depot der National Gallery in Biltmore vorübergehend eine Stellung erhalten hatte. Aus dem Gedächtnis, mit Hilfe von Katalogen aus der Vorkriegszeit und einer Kopie der Berliner Evakuierungsdokumente auf Mikrofilm stellte dieser eine Liste von 254 Gemälden, 73 Skulpturen und 39 Objekten zusammen. Mehr, so schrieb er an Walker, habe er nicht aufgeführt, weil es sonst gar keine Grenze geben würde. Vermutlich habe er aber vieles aus den kleineren Museen wie Stuttgart und Karlsruhe vergessen.
>
> Auf der Liste, die keine Hinweise auf den gegenwärtigen Standort der Werke enthielt, waren 102 Werke aus dem Kaiser-Friedrich-Museum, Watteaus *Gersaints Ladenschild* aus Schloss Charlottenburg, Daumiers *Don Quichotte* aus der Nationalgalerie, zwei Chardins aus Potsdam, 43 Werke aus dem Frankfurter Städel, von Manets *Die Erschießung Kaiser Maximilians von Mexiko* aus Mannheim, 26 Werke der Alten Pinakothek in München – darunter Dürers Heiligendar-

[46] Howe, siehe Fn. 2, 278.

[47] Siehe Fn. 46.

> stellungen mit der Bemerkung ‚möglicherweise zu empfindlich' – neun Werke aus Nürnberg und viele mehr aus Dresden, Wien, Karlsruhe, Stuttgart und Kassel.[48]

Hanns Swarzenski kannte diese Werke gut, denn sein Vater war vor dessen Emigration in die Vereinigten Staaten Direktor des Städelschen Kunstinstituts in Frankfurt gewesen. John Walker seinerseits besaß als Kurator der National Gallery of Art Informationen über die aktuelle Situation in Deutschland, da er im Sommer 1945 eine Reise durch Europa absolviert hatte. Seine Beschreibung dieser Reise, die in der Januarausgabe des *National Geographic* unter dem Titel „Europe's Looted Art" veröffentlicht wurde, zeigt, dass er gegenüber den Deutschen ähnliche Rachegefühle empfand wie sein New Yorker Kollege Francis Henry Taylor.

Die Operation erhielt den Codenamen „Westwärts", dem unser Team den Namen Watteau beifügte, weil unter den 202 drei seiner schönsten Gemälde enthalten waren, nämlich die *Fête Champêtre,* die *Französischen Komödianten* und die *Italienischen Komödianten.* Ebenfalls vertreten waren fünfzehn Bilder von Rembrandt, sechs von Rubens und sechs von Frans Hals. Drei Gemälde von Raphael, fünf von Botticelli und fünf von Tizian führten eine große Gruppe italienischer Meister an. Vier Werke von Albrecht Altdorfer stachen aus der Gruppe deutscher Künstler heraus. 200 Gemälde, 150 von ihnen auf Holz, entstammten den Kisten des *Kaiser-Friedrich-Museums.* Dann kamen zwei Werke der Berliner Nationalgalerie. Das 1879 entstandene Gemälde *Im Konservatorium* des modernen Meisters Edouard Manet war dem Vernehmen nach dabei, um General Eisenhower und einer Einheit der Dritten Armee eine Freude zu machen, deren Truppen mit dem Bild fotografiert worden waren, als man es zusammen mit anderen am 7. April 1945 in den Minen bei Merkers entdeckt hatte. Das Ölbild Manets wurde zu einem Symbol für die Rettung der deutschen Kunstsammlungen durch die Armee in den letzten Tagen des Krieges gegen die Nationalsozialisten.[49] Dass auch Daumiers *Don Quichotte* aus der Nationalgalerie darunter war, dürfte selbst als Donquichotterie anzusehen sein.

Nachdem die Auswahl bestätigt worden war, gingen Moore und Captain Kelleher die Kisten durch, in denen die Bilder des *Kaiser-Friedrich-Museums* lagerten. Da Dutzende von Kisten zu inspizieren waren und keine Liste über ihren Inhalt Auskunft geben konnte, zog sich dieser Prozess in die Länge. Hatte man ein Werk identifiziert, so nahmen unsere Mitarbeiter es aus der Kiste und fertigten umgehend eine Fotografie an, um seinen Zustand zu dokumentieren. Sodann unter-

---

[48] Nicholas, siehe Fn. 1, 515. Dieser undatierte Brief ging bei der NGA am 15. Oktober 1945 ein.

[49] Siehe die Illustrationen bei Walker, John, „Europe's Looted Art", in *National Geographic* (Band LXXXIX Nr. 1, Januar 1946), 39–52.

suchte Lamont Moore die Oberfläche und den Zustand des Holzes oder der Leinwand und diktierte seine Beobachtungen an Frau Hobirk, die die Ladeliste erstellte.

Zahlreiche Gemälde benötigten dringend eine konservatorische Behandlung, nachdem sie monatelang verschlossen in den Salzminen, der Reichsbank und in der Wiesbadener Sammelstelle gelagert hatten. Aber unsere Befehle gaben uns keine Zeit für Reinigungs- und Ausbesserungsarbeiten, die große Werke eigentlich benötigen, bevor man sie auf die Reise schickt. Frau Flinsch, unsere Konservatorin, entfernte immerhin Staub und sichtbare Salzablagerungen. Mit einem leichten Wachs fixierte sie ein spezielles Gewebe auf der Oberfläche der Gemälde. Mit dieser Vorsichtsmaßnahme sollten abgeblätterte Farbpartikel befestigt werden, die sich vom Grund gelöst hatten. Das waren natürlich nur provisorische Maßnahmen, die hoffentlich ihren Zweck erfüllten, bis die Gemälde die National Gallery in Washington erreichten, wo ihnen, wie man uns sagte, eine konservatorische Behandlung zuteil würde. Danach wurden die Bilder eingewickelt und verpackt.

Die Gemälde wurden einer eingehenden Prüfung unterzogen und mit all der Sorgfalt behandelt, die ihr Alter und ihre Anfälligkeit erforderten. Es zeigte sich, dass einige der angeforderten Bilder sich deshalb nicht für die Reise eigneten, weil sie zu groß waren und nicht in die Eisenbahnwaggons passten, mit denen sie zum Hafen transportiert werden sollten. Diejenigen, die gehen mussten, packten wir in fünfundvierzig Originalkisten des *Kaiser-Friedrich-Museums*, die wir entsprechend anpassten und mit wasserdichtem Papier auskleideten.

Colonel McBride veröffentlichte seinen Bericht über den Transport der 202 in der Dezemberausgabe 1948 des *National Geographic.*[50] Darin liest man:

> Containerwagen kamen nicht in Frage; Gepäckwagen waren ohne Heizung und oftmals ohne Fenster. Doch auf dem stark zerbombten Eisenbahngelände in Frankfurt fanden wir zwischen verbogenen Schienen, grotesk deformierten Lokomotiven, ausgebrannten Passagier- und Güterwagen zwei Sanitätswagen mit einem großen roten Kreuz.
>
> Ihre Inneneinrichtung hatte man ausgebaut. Heizung und Fenster waren noch intakt – perfekte Salonwagen für die 45 Kisten mit Gemälden und genug Raum für zehn Armeepritschen für die bewaffneten Soldaten, die den Transport begleiten sollten.
>
> Die Bilder kamen per Lastwagen aus Wiesbaden, wurden sorgfältig verladen und die beiden Waggons durch die Stadt zum Passagierbahnhof verschoben, wo man sie an den Nachtexpress nach Paris anhängte. So startete am 20. November 1945 die wichtigste transatlantische Reise von Kunstwerken.[51]

---

[50] McBride, Harry A., „Masterpieces on Tour“, in: *The National Geographic Magazine*, Dezember 1948, 717–750.

[51] Siehe Fn. 50, 745.

Von Paris ging der Transport per Zug nach Le Havre, wo der Zug neben dem Armeefrachtschiff *James Parker* einfuhr. McBride fährt fort:

> Nach einer unspektakulären Überfahrt passierte das Schiff am 6. Dezember um fünf Uhr nachmittags die Freiheitsstatue, ohne bei Botticellis „Heiligem Sebastian" oder bei Van Eycks „Mann in Rosa" oder bei einem der anderen deutschen Meisterwerke einen sichtbaren Eindruck zu hinterlassen. Auch wenn Amerika noch eine Wildnis war, als sie gemalt wurden, so würden sie hier doch auf eine erstaunlich kulturbewusste Nation stoßen.[52]

In New York hatte sich die Nachricht von der Reise der *James Parker* mit ihrer außerordentlichen Fracht schon vor ihrer Ankunft verbreitet. Janet Flanner, Autorin für den *New Yorker,* die die Sammelstelle für Recherchen zu ihrem Beitrag „Die schöne Beute" besucht hatte, kabelte ihren Beitrag an die Redaktion, die ihn unter ihrem Pseudonym Genêt in der Ausgabe vom 17. November 1945 abdruckte. Trotz einiger Ungenauigkeiten ist er schön zu lesen:

> In Frankfurt am Main ist ein wichtiges Teilstück des schwer zerstörten Kunstmuseums erhalten geblieben – die heute ironischen, in den Fries eingravierten drei Worte: „Wahr, Schön, Gut." Wiesbaden, Marburg und Frankfurt sind die drei wichtigsten Zentren der Unterabteilung *Monuments, Fine Arts and Archives* unserer Armee, deren Aufgabe es in Krieg und Frieden ist, das Schöne vor der Zerstörung zu bewahren und Kunstwerke unparteiisch zu bewachen, bis sie ihrem wahren Besitzer zurückgegeben werden, mag der Besitzer Deutschland oder das ausgeraubte Polen oder Frankreich sein. Vor einigen Tagen erhielten unsere Leute in Wiesbaden den Befehl, vierhundert (sic) der besten Bilder aus deutschem Besitz von ihrer Aufbewahrungsstätte in die Vereinigten Staaten zu versenden. Dieses Exportprojekt, von amerikanischen Offiziellen in Potsdam nebenbei vorgeschlagen, vielleicht als wohlgemeinter Versuch, die Bilder diesen Winter in den zentralbeheizten USA warm zu halten, wird im befreiten Europa bereits als schockierende Parallele zur Praxis des Einsatzstabs Rosenberg aufgefasst, der für den Raub ausländischer Kunst verantwortlichen Abteilung des Nazi-Kulturministers Rosenberg. Dabei war es gerade Aufgabe unserer Denkmalschützer, die Taten ungeschehen zu machen, derenthalben wir Amerikaner Rosenberg und seine Nazis verachteten und die wir nach unseren Grundsätzen angeblich niemals imitieren wollten. Von den vielen Fehlern, die uns bei der Besetzung Deutschlands unterliefen, trifft die Inhaltslosigkeit des Spruches über dem böse zugerichteten Museum genauso auf uns wie auf die Bürger von Frankfurt zu, wenn wir deutsche Kunst nach Art der Nazis stibitzen.[53]

Die Ankunft der *James Parker* blieb nicht unbemerkt. In der New York *Times* vom 7. Dezember 1945, wurde berichtet:

> In der vergangenen Nacht legte an Bord des Armeefrachtschiffs *James Parker* eine wertvolle Ladung Kunstwerke aus Europa an, sämtlichst Gemälde im Werte von über US $ 80000000.
>
> Woher die Bilder stammen und wohin sie gehen, war nicht aufzuklären. Am Pier von 44. Straße und North River, wo die Parker mit ihren 2483 Passagieren aus dem

[52] Siehe Fn. 50, 745.

[53] Genêt, „The Beautiful Spoils", *The New Yorker,* 17. 11. 1945, Band XXI, Nr. 40, 71.

> Armeedienst angedockt hatte, wollte sich kein Offizier der Armee zu der Ladung äußern oder auch nur zugeben, dass sie sich an Bord befände.
>
> Aus anderen Quellen war zu erfahren, dass eine Sondereinheit von Offizieren der Armee in der Nacht an Bord ging, um die Fracht zu übernehmen. Sie soll heute entladen werden.
>
> Ungewöhnliche Maßnahmen wurden getroffen, um die Ankunft der Gemälde geheim zu halten. Die Ölbilder sind in mehr als 40 Kisten verpackt und blieben die Nacht über unangetastet hinter Schloss und Riegel.
>
> Wahrscheinlich stammt die Fracht von Orten in Europa, an denen die alliierten Streitkräfte bei ihrem Vormarsch in Deutschland und den besetzten Ländern unschätzbare Gemälde und Kunstobjekte entdeckten, welche die Nazis in den von ihnen überrannten Ländern gestohlen und dort gelagert hatten.

Der Verfasser dieses Berichts zitierte die Verlautbarung des Weißen Hauses vom 26. September 1945, die bekannt gab, dass Gemälde zur Sicherheitsverwahrung in die USA gebracht und in der National Gallery of Art aufbewahrt würden. Während des Monats Dezember erschienen immer wieder Pressemeldungen über die deutschen Gemälde in der National Gallery, während unsere Kollegen ihre Kräfte sammelten, um ihre Stimme des Protests mit der unseren zu erheben.

Am 9. Mai 1946 übersandten der Direktor der Frick Collection Frederick Mortimer Clapp und die Direktorin des Whitney Museums Mrs. Juliana Force Präsident Truman die folgende Resolution.

Resolution

> Weil das Entsetzen und die Bestürzung der zivilisierten Länder über den verstohlenen oder unverfrorenen Kunstraub deutscher Staatsbediensteter in den von ihnen eroberten Länder eine der bemerkenswertesten Reaktionen während des vergangenen Krieges war;
>
> Und weil diese Bestürzung und dieses Entsetzen auf Seiten der freien Völker einen kraftvollen Beitrag zur Leidenschaft und Einmütigkeit leistete, von der die Kriegsanstrengungen demokratisch regierter Nationen getragen wurden, Nationen, in denen die Meinungsfreiheit eine Quelle und kontrollierende Kraft staatlichen Handelns ist;
>
> Und weil zweihundert bedeutende und wertvolle Bilder des Kaiser-Friedrich-Museums und anderer Berliner Museen aus Deutschland in dieses Land gebracht wurden, ohne dass bislang die Gewährleistung ihrer Sicherheit als Grund dafür bestätigt worden wäre;
>
> Und weil man bei unbefangener und verständiger Betrachtung nur zu dem Urteil gelangen kann, dass diese Aktion nicht aus technischen, politischen oder moralischen Gründen zu rechtfertigen ist und viele, auch die Deutschen selbst, keinen Unterschied sehen zwischen der nun entstandenen Situation und den ‚Gewahrsamnahmen', welche die Nationalsozialisten als Tarnung der Beschlagnahmen von Kunstschätzen anderer Länder benutzten;
>
> Aus all diesen Gründen fassen die Unterzeichner diesen Beschluss und bitten den Präsidenten, die sofortige sichere Rückkehr der vorgenannten Bilder nach Deutschland anzuordnen, alle Vorkehrungen zur Ausstellung der Bilder in diesem Land zu unterbinden und jegliche weitere in Aussicht gestellte Transporte dieser Art zu widerrufen.[54]

---

[54] Abgedruckt bei Howe, siehe Fn. 2, Anhang, 305.

Fünfundneunzig Kollegen aus Museen und der Wissenschaft unterzeichneten diese Resolution. Den ganzen Sommer des Jahres 1946 hindurch protestierten sie mit Leserbriefen in Tageszeitungen und Kunstmagazinen. Und dennoch konnten diese und andere Anstrengungen die sofortige Rückgabe der 202 nicht erreichen. Stattdessen blieben die Bilder in den Lagerräumen der National Gallery, während weiter über ihr Schicksal diskutiert wurde. In den Vereinigten Staaten sprachen sich Presse und Kongress für das vorübergehende Zurückbehalten der Bilder aus und der Abgeordnete Frances Bolton gab im Kongress sämtliche früheren Regierungsverlautbarungen zu Protokoll, in denen die Rückgabe der Gemälde garantiert wurde.

Die Amerikanische Kommission für Denkmalschutz in Kriegsgebieten, bekannt als Roberts Commission, beendete ihren Auftrag am 30. Juni 1946.[55] Zu diesem Zeitpunkt hatte der Kalte Krieg zwischen den USA und Russland gerade begonnen. Auf Anfrage der Armee, brachte General Clay sein Widerstreben im Oktober zum Ausdruck, die Bilder nun wieder in seine Obhut zu nehmen. Er erwartete den Protest der Sowjets, sollten die Bilder in die Wiesbadener Sammelstelle zurückkehren, und befürchtete, dass die Bilder beschlagnahmt würden, die für das *Kaiser-Friedrich-Museum* im russischen Sektor Berlins bestimmt waren.

Fast eineinhalb Jahre später, im Frühjahr 1948, bereitete sich General Clay auf die Übergabe seines Kommandos über die US-Zone an das Außenministerium vor, das nun die Regierung in der Besatzungszone stellen würde. Das Problem der 202 war noch immer nicht gelöst, so dass Clay sich veranlasst sah, eine weitere Empfehlung in Bezug auf die noch immer in Washington befindlichen Bilder auszusprechen. Am 6. Februar 1948 informierte Clay das Verteidigungsministerium, dass die Bedingungen in Wiesbaden und München nun gut genug seien, um die Rückkehr der Bilder zu gestatten. Er wies auch auf die exzellente Presse hin, die eine umgehende Rückgabe dieser Bilder an Deutschland angesichts des unverhohlenen Kunstraubs der Sowjets einbringen würde.[56] Das Außenministerium gab nun seine ablehnende Haltung gegen eine öffentliche Ausstellung der 202 in Washington vor ihrer Rückgabe auf, eine Ausstellung, für die sich Clay wegen ihres propagandistischen Wertes schon lange ausgesprochen hatte.

Captain Edith Standen war im Herbst 1947 nach Amerika zurückgekehrt und setzte ihren Protest gegen die Verbringung der 202 und gegen jegliche weiteren Verschleppungen und Tauschgeschäfte fort. Sie zitierte bekannte Aussprüche

[55] Von diesem Tag datiert ihr Bericht, der an Präsident Truman weitergeleitet wurde.

[56] Colonel Theodore S. Riggs, Abteilung für Zivile Angelegenheiten im Verteidigungsministerium, anlässlich einer Anhörung vor einer Kommission des Komitees der Streitkräfte, Senat der Vereinigten Staaten, S. 2439. Verordnung über die zeitweise Zurückhaltung bestimmter deutscher Gemälde in den Vereinigten Staaten, 4. März, 16. April 1948, 3.

Deutscher zur Bedeutung der Kunst: „In unseren Ruinen möchten wir ohne Kunstwerke nicht sein. Sie sind unsere Stütze und unser Fundament, von hier können wir neu beginnen – sie geben uns einen Ort des Trostes, erklären die Vergänglichkeit des Seins, das Alter und die Friedfertigkeit. Ja noch mehr: Sie machen uns glücklich in einem philosophischen Sinn.“ [57]

Mit einer einsamen Fanfare wurde am 17. März 1948 die Ausstellung der 202 in der National Gallery eröffnet. Um sich von der anhaltenden Kontroverse über ihre Schützenhilfe zu distanzieren, gab die National Gallery eine Liste unter dem zurückhaltenden Titel „Bilder aus Berliner Museen, ausgestellt auf Veranlassung des Verteidigungsministeriums“ heraus. Die Öffentlichkeit hingegen nahm auf eine Flut von Pressemitteilungen hin regen Anteil. Von über achttausend Besuchern am Eröffnungstag wuchs die Schar der Besucher am Wochenende auf fünfunddreißigtausend. Innerhalb von zwei Wochen überschritt die Besucherzahl die Viertelmillion. Kunstliebhaber aus dem ganzen Land verlangten lauthals eine Gelegenheit, die Bilder zu sehen. Die Ausstellung wurde um eine Woche verlängert. Bei deren Ablauf konnten fast eine Million Besucher in Washington gezählt werden.[58]

Insbesondere die Berichterstattung in der Presse über die Ausstellung der 202 lenkte die nationale Aufmerksamkeit erneut auf die Umstände, die zu ihrer Ausreise aus Deutschland geführt hatten. Noch vor dem Eröffnungstag am 4. März 1948 hatte Senator Wayne Morse als Vorsitzender eines Ausschusses der Streitkräfte eine Sitzung einberufen, um den Gründen für die Verbringung der Bilder nachzugehen und deutlich zu machen, dass sie unmittelbar im Anschluss an die Washingtoner Ausstellung an Deutschland zurückgegeben würden. Doch dann brachte Senator J. William Fulbright einen Gesetzentwurf ein, der vorsah, die Bilder vorübergehend zurückzuhalten und sie auf „Tournee“ gehen zu lassen.[59]

Angesichts dieses neuen eingebrachten Gesetzentwurfes ließ Senator Morse am 16. April den Ausschuss erneut zu weiteren Sitzungen zusammentreten. Die Zeit wurde knapp, denn die Ausstellung in der National Gallery sollte am nachfolgenden Wochenende ihre Tore schließen. In der Kommission bezog sich Senator Fulbright auf den Inhalt seines Redebeitrags im Senat vom 2. April, in dem er unter anderem sagte:

> Ich möchte klarstellen, dass ich das Eigentum an diesen Gemälden entsprechend der Haager Konvention nicht in Frage stelle. Dennoch bezweifele ich, dass es ratsam ist, sie zu diesem Zeitpunkt an Deutschland zurückzugeben. Ich glaube nicht,

---

[57] Standen, Edith, „Report on Germany“, *College Art Journal,* 7, Nr. 3, 1948, 212–13.

[58] Kopper, Siehe Fn. 7, 230–235.

[59] Siehe Fn. 56, 6.

> dass die Bedingungen in Deutschland sich schon so weit normalisiert haben, dass man annehmen könnte, die Menschen in Deutschland seien tatsächlich an einer Rückkehr der Bilder und an ihrer Ausstellung interessiert.[60]

Fulbright fährt mit der Versicherung fort, dass die Bilder zurückgegeben werden sollten, sobald sich eine nationale Regierung in Deutschland konstituiert haben würde. Sein Gesetzentwurf sah vor, dass der Direktor und der Chefkurator der National Gallery die auszustellenden Bilder und die Ausstellungsorte auswählen sollten. Die aus Eintrittsgeldern erzielten Einkünfte sollten an das Kinderhilfswerk der Vereinten Nationen (UNICEF) abgeführt werden. Zu dieser Zeit bereitete UNICEF eine Massenimpfung gegen Tuberkulose für 50 Millionen Kinder in elf europäischen Ländern vor. Eine Kolumne in der New York *Times* vom 29. März 1948 hatte die Not der Kinder und das Engagement der UNICEF beschrieben. Fulbright, der gerade die Ausstellung besucht hatte, war auch von einem wenige Tage später in der *Washington Post* vom 2. April 1948 erschienenen Artikel bewegt, in dem der Berliner Zeitungsredakteur Erik Reger sich anlässlich eines Aufenthalts in den Vereinigten Staaten dafür aussprach, dass die 202 in einem Dutzend weiterer Städte Amerikas gezeigt werden sollten. Reger schlug sogar vor, dass acht oder zehn deutsche Kuratoren und Experten in die Vereinigten Staaten kommen sollten, um die Ausstellung auf ihrer Städtetour zu begleiten.[61]

Im Gesetzgebungsverfahren trug Senator Morse die Kommentare des Verteidigungsministeriums, des Außen- und des Finanzministeriums sowie der National Gallery of Art vor. Dabei unterstützte das Verteidigungsministerium die Auffassung von General Clay, der für die unmittelbare Rückkehr der Bilder nach Beendigung der Ausstellung in der NGA eintrat. Clay hatte sich stets für die Rückgabe der Bilder ausgesprochen, um den Russen kein Propagandathema zu liefern, mit dessen Hilfe sie die Haltung der Bürger in Deutschland beeinflussen konnten.

Im Namen des Kuratoriums der NGA verweigerte ihr Sekretär Huntington Cairns eine Stellungnahme dazu, dass die Bilder zum Zweck ihrer Ausstellung an mehreren Orten zurückgehalten werden sollten. Er wies jedoch darauf hin, dass die Ausstellung bisher eine finanzielle Belastung für die NGA dargestellt habe und dass sie zusätzliche Finanzmittel benötige, um die Einbehaltung der Bilder zu finanzieren.

Dann wurde bekannt, dass Senator Chen Gurney, Vorsitzender des Komitees der Streitkräfte im Senat, dem Verteidigungsminister empfohlen hatte, dass die Armee von der geplanten Rückgabe der 202 absehen und eine Verlängerung der Ausstellung in der NGA erreichen sollte, bis der Senat über den Gesetzesentwurf Fulbrights entschieden habe.

---

60 Siehe Fn. 56, 6–7.

61 Siehe Fn. 56, 7.

Nun war wieder Senator Fulbright am Zuge und er wiederholte die schon in seiner ersten Stellungnahme vorgebrachten Argumente. Er meinte, dass die Bedingungen in Deutschland für den Erhalt der Bilder zu bedrohlich seien und dass „das amerikanische Volk, ob es will oder nicht, eine Verantwortung übernommen habe, die Bilder so lange zu beschützen, bis Ruhe und Ordnung in Deutschland wiederhergestellt und eine Regierung gebildet sei, von der man vernünftigerweise erwarten könne, dass sie die Bilder beschütze."[62] Nach vielen eloquenten Sätzen über den „enormen Beitrag", den die Zurückhaltung und Ausstellung der 202 „zur Verbesserung der Beziehungen zwischen den Völkern der westlichen Welt" leisten könne, verlas Fulbright einige Briefe, die seinen Gesetzesentwurf unterstützten. Die New Yorker rissen sich förmlich darum, die Ausstellung im Metropolitan Museum of Art zu sehen, und der Direktor des Museums, Francis Henry Taylor, ehemaliges Mitglied der Roberts Commission, sicherte der Armee eilends die Unterstützung der Met bei dieser schwierigen kulturellen Aufgabe zu.

Zur weiteren Verteidigung seines Gesetzesentwurfes legte Senator Fulbright den Artikel aus einer Pariser Tageszeitung vom 29. März vor, in dem eine Reise österreichischer Gemälde aus Staatsbesitz beschrieben wurde. Sie waren aus den Wiener Museen entfernt und auf eine Wanderausstellung ins Ausland verschickt worden, bis Österreichs „Souveränität vertraglich gesichert und die Furcht vor Übergriffen aus dem Ausland zerstreut ist."[63] Zweieinhalb Millionen Pariser hatten den ganzen Winter hindurch 350000 US-Dollar an Eintrittsgeldern für eine Ausstellung österreichischer Kostbarkeiten in der französischen Hauptstadt bezahlt, eine „hübsche Einnahmequelle" für das Land für diese Ausstellung im Exil. In Fulbrights Augen war die Bedrohung Deutschlands durch die Sowjets genauso groß wie die Bedrohung Österreichs.

Die Politik des Kalten Krieges hatte sich nun mit dem Hunger Amerikas nach europäischer Kultur verbündet. Noch immer war kein Friedensvertrag zur Beendigung des Zweiten Weltkriegs unterzeichnet und niemand konnte im März 1948 vorhersagen, wann wirklich Frieden einkehren würde. Dies war auch der Tenor des nächsten Zeugen General William H. Draper Jr., der im Namen des Verteidigungsministeriums sprach. Draper unterstützte die Ansicht General Clays, dass die Bilder sofort an Deutschland zurückgegeben und in einem der Collecting Point eingelagert werden sollten, bis eine deutsche Regierung Vorkehrungen zu ihrem Schutz treffen konnte.

Danach war das Außenministerium an der Reihe. Der stellvertretende Außenminister Charles E. Saltzmann eröffnete seine Rede mit den Worten, dass das

[62] Siehe Fn. 56, 15.

[63] Siehe Fn. 56, 37.

Ministerium in völliger Übereinstimmung mit der Armee für eine prompte Rückkehr der Bilder eintrete, „weil in dieser Angelegenheit vor allem zwingend ist, dass wir mit den Bildern genau das tun, was wir immer gesagt und angekündigt haben.“[64]

Nach Charles Saltzmann hörte der Ausschuss den Direktor und den Kurator der National Gallery of Art, in der die 202 zu dieser Zeit gerade ausgestellt wurden. Der Direktor, David E. Finley, war als Mitglied der Roberts Commission durch und durch vertraut mit dem Hintergrund der außergewöhnlichen Bilder und den Umständen, die sie in die Vereinigten Staaten gebracht hatten. Er beschränkte sich darauf, den schon in der Sitzung vom 4. März geäußerten Standpunkt zu wiederholen, dass nämlich die Gallery alles in ihrer Macht Stehende tun werde, um den Wünschen der Armee gerecht zu werden, dass sie aber ohne zusätzliche Finanzmittel weder das Diebstahlrisiko noch die Kosten einer weiteren Aufbewahrung übernehmen könne.

Der Kurator John Walker beschäftigte sich vornehmlich mit Konservierungsproblemen und wies darauf hin, dass die meisten Werke aus Holzpaneelen bestünden, die von ihrem Aufenthalt in den Salzminen von Merkers nicht gerade profitiert hätten. Die Paneele seien bei der NGA einer entsprechenden Behandlung unterzogen worden und zeigten sich „durch die sorgfältig kontrollierte Temperatur und Feuchtigkeit erholt. Sie haben langsam trocknen und die überschüssige Feuchtigkeit aus den Salzminen abgeben können.“[65] Dennoch gab Walker zu, dass die NGA grundsätzlich keine Holzgemälde für Wanderausstellungen zur Verfügung stelle, und fühlte sich verpflichtet, auf die Risiken einer weiteren Wanderschaft der 202 hinzuweisen.

Jetzt lag es an dem Direktor des St. Louis Art Museum, sich für die landesweite Tour der Bilder einzusetzen. Als Vertreter des Mittleren Westens befürwortete Perry T. Rathbone diese Idee mit Enthusiasmus und führte frühere internationale Kunstausstellungen bei verschiedenen Weltausstellungen ins Feld, von denen die amerikanische Öffentlichkeit erheblich profitiert hätte. Ausführlich äußerte er sich auf die Fragen von Senator Morse zu den logistischen Aspekten einer Wanderausstellung. Rathbone erhielt Unterstützung von vier Sprechern der Verwaltungs- und Konservierungsabteilung sowie der Registratur des Metropolitan Museum of Art, die allesamt beteiligt sein würden, wenn die Ausstellung nach New York geschickt würde und Vorkehrungen für ihre Wanderschaft durch

---

64 Siehe Fn. 56, 37.

65 Siehe Fn. 56, 43. Diese Behauptung ist völlig falsch. Salz- und Kaliminen waren gerade deshalb ausgewählt worden, weil sie keine übermäßige Feuchtigkeit enthielten, so dass die Bilder nicht leiden würden. Die Salzstöcke wurden vor der Einlagerung von deutschen Experten sorgfältig auf Feuchtigkeit und Temperatur untersucht (KG).

weitere amerikanische Städte getroffen werden müssten, eine Aufgabe, der sie sich nur allzu gerne stellen würden.

Auch die übrigen Redner sprachen sich für den Gesetzentwurf Senator Fulbrights aus, mit dem die 202 zurückbehalten und eine Auswahl für eine Wanderausstellung in den Vereinigten Staaten getroffen werden sollte. Der Senator bot eine Reihe prominenter Kunstkritiker und Wissenschaftler auf, die seine Ansichten teilten und Briefe von Befürwortern aus dem ganzen Land gesammelt hatten. Das große Aufsehen, das der Transport und die Ausstellung bisher erregt hatten, schien einerseits zu garantieren, dass die Bilder nicht für immer in den Vereinigten Staaten bleiben würden; andererseits erschien ihre Zurückbehaltung zu diesem Zeitpunkt als eine weise Vorsichtsmaßnahme angesichts des Berliner Patts im Kalten Krieg zwischen uns und den Russen. Das *Kaiser-Friedrich-Museum,* die historische Heimat der Bilder, lag eben im russischen Sektor von Berlin.

Nur das Außenministerium trat nach wie vor für eine umgehende Rückführung der Bilder ein. Am 21. April, fast eine Woche nach der Anhörung vor dem Morse-Ausschuss, schrieb der Berater des amtierenden Außenministers, Charles E. Bohlen, an Senator Chan Guerney, den Vorsitzenden des Komitees der Streitkräfte, General Clay vertrete nach wie vor die Auffassung, dass die Bilder zurückgegeben werden sollten und dass das Ministerium ihn unterstütze. Er meinte unter anderem, dass „... jegliche Beeinträchtigung des deutschen Vertrauens in die Aufrichtigkeit Amerikas einen Rückschlag für den Erfolg des bevorstehenden Programms zum Wiederaufbau Europas bedeutet ... Jede einzelne Handlung, die zeigt, dass Amerika sich fair verhält und seine Versprechen hält, trägt entscheidend dazu bei, dass die Deutschen sich mit ganzem Herzen an der immensen Aufbauarbeit beteiligen.“[66]

Eine Abschrift der Anhörungsprotokolle des Morse-Ausschusses, der Gesetzesentwurf Fulbrights, wurde mir zusammen mit einem Brief von Ardelia R. Hall vom 15. Mai 1948 übersandt, einer Abteilungsleiterin im Außenministerium, die u. a. mit Kulturellen Angelegenheiten in der US-Zone in Deutschland und damit befasst war, Ordnung in die Akten zu bringen, die die Roberts Commission hinterlassen hatte. Man dachte über eine zweite Protestnote der MFA & A-Offiziere gegen die Wanderschaft der 202 nach, obwohl die Planungen für die zukünftigen Ausstellungen bereits in vollem Gange waren. Eine deutsche Museumskuratorin, Frau Irene Kühnel-Kunze, hielt sich seit Ende April in Übereinstimmung mit den Bestimmungen des Fulbrightschen Gesetzentwurfes in Washington auf, um den Zustand der Bilder zu überprüfen und für ihre Rückkehr nach Deutschland einzutreten. Sie hatte die volle Unterstützung von Ted Heinrich, der Edith Standen als Direktor des Wiesbadener Central Collecting Point nachgefolgt war. Ich hatte

[66] Siehe Fn. 56, 88–89.

Ted zu meiner Zeit in Deutschland nicht kennengelernt, erfuhr aber von Edith, die ihn in sein Amt eingeführt hatte, dass er gute Arbeit verrichtete.

Die ehemaligen MFA & A-Offiziere Bancel La Farge, der inzwischen seine frühere Tätigkeit als Architekt in New York wieder aufgenommen hatte, und Calvin Hathaway, der Direktor der Cooper Union School and Museum geworden war, arbeiteten an einer weiteren Protestnote. Sie hatten sich mit unseren alten Verbündeten Frederick Mortimer Clapp, dem Direktor der Frick Collection, und Juliana Force, der Direktorin des Whitney Museums, zusammengetan und brachten einen Brief vom 23. Mai 1948 in Umlauf, in dem sie zur Unterschrift unter eine Resolution aufriefen, adressiert an den Präsidenten. Gegen das Exempel, das mit der Wanderausstellung statuiert worden war, richteten sich die Schlussworte dieser Resolution:

> Wir sind der Überzeugung, dass es zumindest unethisch und unwürdig ist, das Eigentum eines Anderen ohne seine Zustimmung und aus welchem Grund auch immer zu benutzen, selbst wenn die Risiken gering sind. Sind die Risiken jedoch ungeachtet aller gegenteiligen Beteuerungen beträchtlich und geht es um das kulturelle Erbe eines anderen Volkes, sind die Auswirkungen eines solch anmaßenden Unterfangens besorgniserregend. Die Auswirkungen werden weitreichend sein.[67]

Erneut erwies sich der Protest als vergeblich und das sich verschlechternde politische Klima in Berlin, wo die Blockade durch die Russen gerade begonnen hatte, lieferte Argumente für Fulbrights Behauptung, dass die Umstände eine Rückkehr der Bilder in das *Kaiser-Friedrich-Museum* nicht zuließen. Letztendlich wurden zweiundfünfzig Holzgemälde ausgesondert und nach Deutschland zurückgesandt, während den übrigen in New York ein triumphaler Empfang bereitet wurde. Von hier zog die Ausstellung weiter nach Philadelphia, Chicago, Boston, Detroit, Cleveland, Minneapolis, San Francisco, Los Angeles, St. Louis, Pittsburgh und Toledo. Fünfundvierzig weitere Bilder wurden nach der Ausstellung in Boston ausgesondert und zurückgesandt. Der Rest traf am 22. April 1949 wieder in Wiesbaden ein.[68]

---

67 Eine Kopie dieses Briefes befindet sich bei meinen Unterlagen in der NGA in Washington.

68 Eine ausführliche Schilderung der Behandlung der 202 gibt Birkmeyer, Karl M., Bericht über die 202 Bilder aus Berliner Museen in den Vereinigten Staaten von Amerika, New York, 22. April 1949, Eine Kopie dieses Berichts befindet sich bei den Unterlagen von Thomas Carr Howe Jr., Archives of American Art, Washington, D.C. Eine weitere Kopie bei den WIF-Dokumenten in Englisch und Deutsch.

Fünftes Kapitel: Kunstwerke und Archive

Nachdem die 202 die Sammelstelle verlassen hatten, hoffte ich, meine ursprüngliche Lebensfreude wiederzuerlangen, aber ich sollte mich täuschen. Ein paar Tage später erhielt ich einen Brief von Josselyn, einen jener zu Kriegszeiten klassischen „Lieber John"-Briefe, in dem sie mich um die Scheidung bat. Unter anderem warf sie mir vor, dass ich sie verlassen hätte und nicht mehr zu ihr zurückkehren wolle und dass mir meine Karriere bei der Armee und nun bei der MFA&A wichtiger sei als sie. Während all der Monate, in denen ich ihr von der Freude an meiner Arbeit berichtete, hatte sie mir den Erfolg übelgenommen und mein Bedürfnis nach einem Leben mit der Kunst außer Acht gelassen. Ihre Vorwürfe waren so endgültig, dass ich mir nicht vorstellen konnte, sie umzustimmen. Dennoch unternahm ich den Versuch. Ich schrieb ihr einen letzten Brief, in dem ich mich zu erklären versuchte, aber in meinem Innersten wusste ich, dass unser gemeinsames Leben vorbei war.

Nach diesem Brief verspürte ich ein dringendes Verlangen nach Urlaub denn ich brauchte Zeit, um die Ereignisse in einer anderen Umgebung zu verarbeiten. An eine Rückkehr in die Vereinigten Staaten war nicht zu denken. Unsere Arbeitsverhältnisse blieben eingefroren, solange die Militärverwaltung und die Armee damit beschäftigt waren, ihre Verantwortlichkeiten innerhalb der Besatzungszone in den Griff zu bekommen. Erneut stellte ich einen Urlaubsantrag, der dieses Mal gewährt wurde. Am 4. Dezember 1945 reiste ich für zehn Tage nach England.

Obwohl London noch immer von den Folgen der Bombardierungen gezeichnet war, eröffnete es mir all seine Schätze und munterte mich auf. Die Buchläden waren voll von Büchern aus privaten Beständen, die aufgelöst werden mussten, weil kein Platz mehr für sie war. Ich konnte so meine eigene Bibliothek über Architektur, Innenausstattung, Möbel und Gartenanlagen erweitern und sandte Kiste um Kiste nach Hause, nach Cincinnati. Vor einem Besuch bei Freunden und Verwandten auf dem Lande, erstattete ich dem Hauptsitz der Gesellschaft für Englische Sprache einen Besuch, die mir zwölf Jahre zuvor auf meiner Reise als Student einen so freundlichen Empfang bereitet hatte. Zu meiner großen Freude erinnerte sich Helena Mills-St. John sogar an meinen Namen und mit Erleichterung stellte ich fest, dass die von dem Cousin meiner Mutter, Cecil Thomas, gefertigte Skulptur des Gründers die Kriegsereignisse überstanden hatte. Es bereitete mir eine große Freude, meine englischen Freunde und Verwandten wiederzusehen.

Ich kehrte nach Wiesbaden zurück und machte mich mit neuem Schwung an meine Arbeit und an die Planung meines weiteren Berufsweges, den ich nach Beendigung der Armeezeit im Kunstbetrieb fortsetzen wollte. Ich hatte Lamont Moore in seiner Frankfurter und Wiesbadener Zeit gut kennengelernt, noch bevor er als verantwortlicher Offizier für die 202 aus dem Dienst ausschied, und ihm Alo Altripps Arbeiten vorgestellt. Lamont teilte meine Begeisterung für Alos Talent und meinte wie ich, dass seine Arbeit mehr internationale Beachtung verdient hätte. Als er zusammen mit den Bildern abreiste, nahm er auch zwei Mappen voll Zeichnungen von Alo mit nach New York. Lamont und ich hofften, dass die Kunsthändler und Museen, denen er die Bilder zeigen wollte, eine Ausstellung vorschlagen würden, die Alo und ich dann von Wiesbaden aus organisieren könnten. Auch wenn sich dieser Traum in New York nicht erfüllte, so gab Lamonts Reisegepäck doch einige positive Anstöße, die Alo weiterhalfen. So erhielt Alo die Mitgliedschaft in der Barnes Foundation und konnte in die Vereinigten Staaten reisen. Zu dieser Zeit lebte ich bereits in Houston, Texas, und organisierte dort eine Ausstellung für ihn.

Bei meiner Rückkehr zum Collecting Point erfuhr ich von einer ungeheuerlichen Missachtung meiner Anweisungen durch einen Offizierskollegen. In meiner Abwesenheit hatte Captain Patrick J. Kelleher, der dem Hauptquartier der Militärverwaltung in Wiesbaden unterstehende Offizier der MFA & A, die Kiste der Nofretete geöffnet. Noch heute weiß ich nicht genau, was sich ereignet hat. Joe Kelleher hatte eine Dinner Party arrangiert, um seinen Gästen anschließend etwas ganz Besonderes zu bieten. Ganz im privaten Kreis wurde ihnen die Portraitbüste der ägyptischen Königin Nofretete vorgeführt. Entgegen meinem Befehl als Direktor des Collecting Point, dass keine der Kisten aus den Berliner Museen ohne meine ausdrückliche Anweisung geöffnet werden dürfte, hatte Joe Kelleher die Anweisung gegeben, das versiegelte Behältnis zu öffnen. Frau Hobirk wurde als deutsche Mitarbeiterin gerufen, um sie herauszuheben; sollte sie herunterfallen, ein Amerikaner wäre jedenfalls nicht daran schuld. Kelleher hatte also dieses über dreitausend Jahre alte Meisterwerk lediglich hervorgeholt, um einige wenige MFA & A-Offiziere, unter ihnen Tom Howe und Edith Standen, zu unterhalten. Howe hatte Colonel Kluss mitgebracht, den Chef der Abteilung Restitutionskontrolle, der nie zuvor den Collecting Point besucht hatte. Die Besucher wurden danach noch durch unsere Schatzkammer geführt und man zeigte ihnen die ungarische Krone und die Krönungs-Insignien.

Noch 1997 erinnert sich Renate Hobirk Farmer daran, wie sie Königin Nofretete für Kelleher aus der Kiste hob. Die Büste wurde anschließend wieder in die Kiste zurückgesetzt und verblieb dort bis zur Wiesbadener Ausstellung im Februar 1946.

Als ich Kelleher auf diese Geschichte ansprach, schwor er, dass zwei Generäle ihm befohlen hätten, die Kiste zu Inspektionszwecken zu öffnen. Sgt. Lindsay erinnerte sich später, dass er ihm eine ähnliche Geschichte erzählt und gesagt habe, dass die Regierung Ägyptens Nachforschungen über den Verbleib der Skulptur angestellt habe.[1]

---

[1] Dieser Sachverhalt ist dokumentiert in Anhang III b, Seite 214 ff.

Obwohl mich Kellehers Ungehorsam schockierte und verwirrte, war er doch ein Offizierskollege und ich fühlte mich verpflichtet, ihm zu vertrauen. Schon früher hatten hochrangige Militärs versucht, unter Einsatz ihres Dienstgrads eine Besichtigung der im Collecting Point untergebrachten Kunstwerke zu erreichen. Einmal hatte ein Stabsoffizier Zugang zur Schatzkammer verlangt, nachdem er erfahren hatte, dass wir die ungarischen Krönungs-Insignien beherbergten. Ich stimmte zu und zeigte ihm die Stephans-Krone und die anderen Reliquien. Und plötzlich schnappte er sich die Krone und setzt sie sich auf den Kopf! Ich war entsetzt und sprachlos über so viel Respektlosigkeit gegenüber einem Kunstwerk, das, wie ich ihm vorher erklärt hatte, dem ungarischen Volk das Heiligste ist (siehe das Foto auf Seite 238).

Von der ägyptischen Regierung war während der mir noch in Wiesbaden verbleibenden Monate nie wieder die Rede. Später nach der Publikation von Tom Howes Buch *Salzminen und Schlösser*, die seine Version dieses Vorkommnisses enthält, wurde mir klar, dass Kelleher diese Feier wohl veranstaltet hatte, um innerhalb des Hauptquartiers unserer Militärverwaltung voranzukommen. Aber ich finde es heute wichtiger, der Darstellung von Rolf Krauss zu widersprechen, mit der er in dem bekannten *Jahrbuch Preußischer Kulturbesitz* über die „Entdeckung" der Büste Nofretetes in unserem Collecting Point berichtet:

> „Von allen dorthin verbrachten Kunstwerken scheint allein die Nefretiti-Büste Anlass zu einer Anekdote gegeben zu haben. Und zwar hätten die leitenden amerikanischen Kunstschutzoffiziere Kelleher und Rorimer am Weihnachtsabend (1945) in Wiesbaden die Nefretiti-Büste aus ihrer Kiste geholt: „they raised a glass together to the famous head of Nefertiti, which was in their charge and which they uncrated to console themselves" (sie erhoben das Glas auf den berühmten Kopf der Nofretete, für die sie verantwortlich waren und die sie ausgepackt hatten, um sich zu trösten.)[2]"

Dieser Darstellung möchte ich widersprechen. Die Wahrheit jedoch wird man wohl nie erfahren.

Vielleicht hatte Captain Kelleher auch gedacht, er könne mich leichter aus dem Amt als Direktor des Collecting Point verdrängen, indem er meine Autorität untergräbt. Schon bald darauf erfuhr ich, dass er sich in meiner Anwesenheit um meine Position beworben hatte und dass Captain James Rorimer, noch immer bei der Siebten Armee, sich ihm in den Weg gestellt und meine Position bestätigt hatte. Kelleher zog sich schließlich auf seinen Posten bei der Militärverwaltung Großhessen zurück, wo er schließlich bis an die Spitze der MFA & A gelangte, bevor er im Herbst 1946 an seinen früheren Arbeitsplatz in Princeton zurückkehrte.

---

[2] Krauss, Rolf, „1913–1988, 75 Jahre Büste der Nofret Ete/Nefret-iti in Berlin, Zweiter Teil", *Jahrbuch Preußischer Kulturbesitz*, Band XXVIII, 1991 (1992), 123–157. Das Zitat innerhalb des Zitats auf Seite 135 enthält folgende Fußnote: Anonymus: Patrick J. Kelleher 1918–1985, in Record of the Art Museum, Princeton University, Band 44, Nr. 2, S. 36 f.

Nofretete war in der Tat eine Königin und ihr hätte in der Zeit, in der sie unser Gast war, jede königliche Achtung gebührt. Zu ihren Lebzeiten im vierzehnten Jahrhundert vor Christus, als die Künste eine wichtige Renaissance erlebten, war sie die Frau des Echnaton, des erleuchteten Pharaos von Ägypten. Ihr Name unterstreicht ihre Einzigartigkeit, denn Nofretete bedeutet ‚Die Schöne ist hier'. Als eine der letzten Arbeiten der für ihren Naturalismus bekannten Ateliers in Amarna, verkörpert ihre Büste das weibliche Ideal ihrer Zeit schlechthin und setzte Maßstäbe, die immer gültig bleiben werden.

Die Büste der Nofretete wurde im Winter des Jahres 1912 von dem berühmten deutschen Ägyptologen Dr. Ludwig Borchardt entdeckt, der auf der Ausgrabungsstätte der Hauptstadt Echnatons Tell-el-Amarna arbeitete. Unter Einhaltung der Bestimmungen hatte Borchardt den Behörden im Museum von Kairo eine Liste seiner Funde in Tell-el-Amarna übergeben, aber die hatten die Büste wohl übersehen, so dass er sie mit nach Berlin nehmen konnte. Nun, da das Deutsche Reich zusammengebrochen war, würde die ägyptische Regierung sicherlich versuchen, sie zurückzubekommen.

Zum Glück hatten die Kuratoren des Ägyptischen Museums in Berlin die Skulptur gut verpackt, so dass Nofretetes Schönheit auch in der Zeit, die sie in wechselnden Lagerstätten verbringen musste, unversehrt erhalten geblieben war. Aber nachdem man sie nun ausgepackt hatte, mussten wir uns in der Sammelstelle zusätzlich um sie kümmern. Die Nachricht von ihrer Enthüllung machte die Runde und viele baten darum, sie sehen zu dürfen.

Die große internationale Aufmerksamkeit, die dem Wiesbadener Collecting Point und den ungeheuren Mengen hier zusammengetragener deutscher Kunstschätze zuteil wurde, brachte mich auf den Gedanken, eine eigene Ausstellung zu organisieren. Die Versendung der 202 hatte unseren Vorrat an großartigen Meisterwerken nur wenig beeinträchtigt und vielleicht würde es uns gelingen, das deutsche Volk von unserem guten Willen zu überzeugen, wenn wir ihm die wunderbare Königin Nofretete darboten. Ich versammelte die Belegschaft und begann mit den Vorbereitungen für die Ausstellung, deren Eröffnung für den 10. Februar 1946 geplant war. Frühere Ausstellungen in den Marburger und Münchner Collecting Points hatten Furore gemacht und waren mehr als reine Propagandamaßnahmen gewesen. Dank der Unterstützung von Fachleuten wie Dr. Ernst Holzinger vom *Städelschen Kunstinstitut* in Frankfurt, der uns mehrere Tage pro Woche als Berater zur Verfügung stand, war ich sicher, dass wir eine geeignete Auswahl aus unseren Beständen treffen würden.

Diese Zitierweise lässt den unguten Verdacht aufkommen, dass das Zitat von Kelleher selbst stammt und wiedergibt, wie er die Geschichte auf dem Campus der Universität von Princeton verbreitete.

Weihnachten nahte und ich hoffte, die Moral unserer Belegschaft mit einer angemessenen Weihnachtsfeier zu heben. Wir hatten alle zu hart gearbeitet und die Versendung der 202 als Zerreißprobe empfunden, so dass ich die Stimmung einer gewissen Verbrüderung, die sich verbreitet hatte, zu festigen suchte. Und da mein letztes Weihnachtsfest im Kreis der Familie schon eine ganze Weile zurück lag, wollte ich nun eine möglichst familiäre Stimmung erzeugen. Aus dem Versorgungsdepot beschaffte ich Süßigkeiten für die Kinder unserer Arbeiter. Meine Schwester und andere hatten mir Leckereien geschickt, die ein zwar mageres, aber dennoch festliches Mahl ergeben würden. Jeder schloss sich bereitwillig meiner Festtagsstimmung an und es wurde eine wunderschöne Weihnachtsfeier, in der wir auf eine gute Kameradschaft anstießen und traditionelle Weihnachtslieder auf deutsch und englisch sangen.

Im Dezember empfingen wir zwei wichtige Besucher, nämlich Lt. Hans Jaffe aus Holland und Captain Rose Valland aus Frankreich. Jaffe und Valland waren offizielle Vertreter ihres Landes und als solche befugt, im Collecting Point nach Gemälden zu suchen, die aus öffentlichen und privaten Sammlungen ihres jeweiligen Landes geraubt worden waren. Diese Besuche basierten auf einem Beschluss, den Präsident Truman auf der Potsdamer Konferenz gefasst hatte. Danach verpflichteten sich die Vereinigten Staaten zu einseitiger Restitution an diejenigen Länder, deren Vertreter in einer Sammelstelle geeignete Nachweise über die Eigentumsverhältnisse vorlegen konnten. Diese Verpflichtung traf Craig H. Smyth in der Münchner Sammelstelle besonders hart, wo die größte Menge geplünderter Kunstwerke lagerte, die von den Nationalsozialisten in Bayern und Österreich versteckt worden waren.

Rose Valland wurde wegen ihres Einsatzes bei der Verteidigung der französischen Kunst während der deutschen Besatzung in ihrem Land und in unserer Abteilung der MFA & A als Heldin gefeiert. Sie erhielt den Rang eines Captain in der Ersten Französischen Armee und reiste nun durch Deutschland, um nach Kunstwerken zu suchen, die während der deutschen Besetzung Frankreichs über das *Jeu de Paume* in die Depots der Nationalsozialisten in Ostdeutschland und Bayern gelangt waren. In unserem Collecting Point konnten wir nur wenig präsentieren, das für ihren Auftrag von Belang war, aber wir fühlten uns geehrt, eine Kollegin zu treffen, die während der Besatzungszeit in Paris so couragiert und beharrlich ihre Arbeit als Konservatorin fortgesetzt hatte. Zur Zeit der Befreiung von Paris wurde sie praktisch zur Gefangenen in ihrem eigenen Museum, als deutsche Truppen versuchten, das *Jeu de Paume* in die Verteidigungslinie um ihr militärisches Hauptquartier in den Palästen an der Rue de Rivoli einzubeziehen. Als sich die Streitkräfte zurückzogen, stürmte der Mob auf der Suche nach flüchtigen deutschen Soldaten johlend das Museum, und mit der Waffe im Rücken musste sie eine Suchmannschaft durch den Keller führen, in dem die Bestände des Museums eingelagert waren. In ihrem Buch *Le Front de l'Art* schreibt sie: „Ich war höchst erfreut, dass sich kein einziger deutscher Soldat in diesem Keller versteckt hielt."[3] Für ihr Lebenswerk wurde sie zum Offizier der Ehrenlegion und zum Commandeur des Arts et Lettres ernannt. Ferner erhielt sie die Auszeichnung der Résistance und die amerikanische Freiheitsmedaille.[4]

Zu Beginn des neuen Jahres nahmen die Vorbereitungen für unsere Ausstellung all unsere Kraft in Anspruch. Irgendwoher hatte ich weiße Farbe aufgetrieben, mit der wir zehn Räume der alten Gemäldegalerie streichen konnten, die wir nicht als Lagerräume benutzten und die für die Ausstellung, so wie ich sie mir vorstellte, akzeptabel waren. Vor dem Krieg war das Landesmuseum in einer dunklen und geradezu deprimierenden Farbpalette gehalten. Neuerdings begeistert von einem zeitgenössischen Stil, wünschte ich mir den spartanisch weißen Ausdruck einer modernen Galerie und fand einige Rollen mit weißem Leinenstoff, aus dem ich Vorhänge für die Fenster fertigen ließ. Das Tageslicht, das durch die Oberlichter fiel, war zeitweise zu intensiv, so dass ich sie mit transparentem Papier abdeckte, um ein für die Ausstellung geeignetes Licht zu erzeugen. Wir bedachten alles bis ins kleinste Detail, denn wir wussten, dass unsere Ausstellung begeisterte aber auch kritische Besucher anziehen würde.

Aus welch einer Menge von Kunstschätzen ich auszuwählen hatte! Aus den Beständen des *Kaiser-Friedrich-Museums* besaßen wir überwiegend Gemälde der Alten Meister und Bronzeskulpturen der italienischen Renaissance und ich entschied mich dafür, mich auf diese Gebiete zu konzentrieren. Zu den deutschen Meistern des 15. und 16. Jahrhunderts gesellten wir niederländische und flämische Künstler aus dem 17. Jahrhundert. Die Frühe Niederländische Schule war mit ihren Meistern Jan van Eyck, Rogier van den Weyden, Hugo van der Goes und Hieronymus Bosch vertreten. Aus dem späten Mittelalter versammelten wir eine internationale Gruppe kleiner Altarbilder, zu denen wir einige herausragende Stücke aus dem Welfenschatz des Berliner *Schlossmuseums* platzierten. Und unter den Stücken des *Ägyptischen Museums* wählten wir zu der bemalten Kalksteinbüste von Königin Nofretete zwei Steinskulpturen der 25. und 26. Dynastie.

Auf eine solche Aufgabe hatte ich mein ganzes Leben gewartet. Ich war fünfunddreißig und ausgebildeter Architekt, aber im Geiste ein Sammler und Liebhaber der Schönen Künste. Über eine solche Ansammlung an Kostbarkeiten zu verfügen und aus ihnen mit Sorgfalt und Sensibilität auswählen zu können, war das Ereignis meines Lebens.

Im Zuge der Vorbereitungen erstellte Renate Hobirk einen Katalog mit einer Liste der Exponate und einigen Abbildungen. Seine Veröffentlichung gab uns

---

3 Valland, Rose, *Le Front de l'Art*, Paris : Plon, 1961, 207.

4 Gibson, Michael. „How a timid Curator with a Deadpan Expression Outwitted the Nazis," (Wie eine schüchterne Kuratorin mit ausdrucksloser Mine die Nazis austrickste), *ARTNews*, Summer 1981, 105–111.

auch eine Gelegenheit, die kurze Geschichte des Central Collecting Point in Wiesbaden zu schildern und unseren deutschen Spezialisten, die von Dr. Ernst Holzinger geleitet wurden, für ihren Beitrag zu danken. Wir nutzten die Gelegenheit, um die Zielsetzungen und Aufgaben der Kunstschutz-Abteilung MFA & A innerhalb der Militärregierung von Großhessen kurz zu erläutern, von denen bis dahin wenig bekannt geworden war:

> Wiederherstellung ziviler Verwaltungseinrichtungen für Bildende Kunst, Sicherung und Erhaltung des kulturellen Erbes des Landes Großhessen.
>
> Sicherstellung, Fürsorge für und Schutz von entwendeten Kunst- und Kulturgütern aus deutschem Besitz, die derzeit in Lagerstätten und zentralen Sammelstellen im Land Großhessen aufbewahrt werden.
>
> Auffindung, Identifizierung und Rückgabe von Kunst- und Kulturgut in der Obhut der Alliierten während der Besetzung Deutschlands.
>
> Sofortmaßnahmen zur Verhinderung weiteren Verfalls von kriegsbedingt beschädigten Gebäuden und Denkmälern.

Die Ausstellung wurde am 10. Februar eröffnet. Der Direktor der Militärregierung von Großhessen und der Ministerpräsident des Landes hielten die Festreden. Die Eröffnung war von Deutschen und Amerikanern ausgesprochen gut besucht und auch zahlreiche ranghohe amerikanische Generäle gaben sich die Ehre.

Die Ausstellung war ein Signal für das wiedererwachende Interesse an Kunst und Kultur. Die Besucherzahlen erstaunten uns. Innerhalb der ersten achtzehn Tage kamen über 9000 Besucher während der regulären, und zusätzlich Schulklassen und Vereine außerhalb der Öffnungszeiten. Ich freute mich, dass auf diese Weise viele Wiesbadener Studenten und besonders Studenten der Kunstgeschichte die bedeutenden Werke zum ersten Mal zu Gesicht bekamen. Auch ältere Menschen nahmen die Beschwerlichkeiten größerer Anreisen auf sich, um die Ausstellung zu besuchen.

Wir erhielten sogar Anerkennung von Seiten der deutschen Presse. Die halbwöchentlich erscheinende *Neue Zeitung* aus München enthielt am 18. Februar 1946 folgenden Artikel:

> Aus den immensen Kunstschätzen, die im Wiesbadener Collecting Point (Landesmuseum) aufbewahrt sind, wurde nun eine Auswahl der Öffentlichkeit zugänglich gemacht. Im Gegensatz zur Ausstellung in der Münchner Kunsthalle ist die kunsthistorische Breite der Wiesbadener Ausstellung unermesslich größer. Sie reicht von den einfachen religiösen Bildern und Kirchenschätzen des hohen Mittelalters über frühe italienische Gemälde und die Meister der deutschen Renaissance zu den niederländischen und flämischen Bildern des 17. Jahrhunderts. Der geneigte Besucher wandelt durch eine Zusammenstellung europäischer Meister von Cimabue bis Rembrandt. Nahezu alle wichtigen Werke des Berliner Kaiser-Friedrich-Museums sind ebenso zu sehen wie Botticellis „Portrait eines Jünglings" und Mantegnas „Maria mit Kind". Dürers „Jakob Muffel" und der „St. Christopherus" von Konrad Witz, Rogier van der Weyden und die Meister von Flemalle.
>
> In Vitrinen sieht man den Welfenschatz aus dem Berliner Schlossmuseum, Skulpturen von Donatello und Riemenschneider sind in sorgsam reparierten Räumen

> des Museums platziert und in einem Sonderraum ist der schöne Kopf der Königin Nofretete (Ägyptisches Museum, Berlin) zu sehen. Der Betrachter kann bei der Freude an den Bildern auch die umfangreichen Konservierungsmaßnahmen erkennen, die zur Verhütung weiteren Schadens vorgenommen wurden. Wenn man den exzellenten Katalog zur Hand nimmt, lässt sich mit Zufriedenheit der feste Willen der Militärregierung zur Bewahrung dieser Kunstschätze für das deutsche Volk feststellen. Die Restaurierungsarbeiten liegen in der Hand deutscher Spezialisten unter der Führung von Dr. Ernst Holzinger vom Städel-Institut, Frankfurt. Die Ausstellung wurde vom Ministerium für Erziehung und Kultur Großhessens in Zusammenarbeit mit der Abteilung MFA & A der Militärregierung organisiert.
>
> Weitere Ausstellungen sind zu erwarten.[5]

Unter den Besuchern unserer Ausstellung waren viele bedeutende Militärs und Kollegen der MFA & A. Joe Kelleher freute sich außerordentlich über den Besuch von Lt. Col. Ernest T. DeWald, der seinen Lehrstuhl in Princeton aufgegeben hatte, um als Kunstschutzoffizier in Italien zu arbeiten. Ähnlich begeistert war unsere deutsche Belegschaft über den Besuch des Prinzen und der Prinzessin von Hessen. Sie hatten den Collecting Point auch aufgesucht, um einen der Familie gehörenden Holbein, die sog. *Darmstädter Madonna,* wiederzubekommen. Aus ganz Europa kamen kunstinteressierte Menschen, um die Berliner Bilder und Skulpturen zu sehen, die so lange Zeit unzugänglich gewesen waren.

Für einen unserer Besucher hatte das Wiedersehen mit den Gemälden des *Kaiser-Friedrich-Museums* (KFM) eine ganz besondere Bedeutung. Als Mitarbeiterin dieses Museums hatte Dr. Irene Kühnel-Kunze während des Krieges für das Verpacken der Bilder verantwortlich gezeichnet. Während vieler Monate hatten wir ständigen Kontakt zu ihr und ihrem Berliner Büro gehalten, um im Zuge der Konservierungsinspektionen den Inhalt der Kisten mit der Hilfe von Ankauf- und Inventarlisten zu überprüfen. Diese Listen wären insbesondere bei der Auswahl der 202 in die Vereinigten Staaten verschickten Werke hilfreich gewesen, aber sie standen uns zu diesem Zeitpunkt noch nicht zur Verfügung. Außerdem war uns der Befehl erteilt worden, aus unseren Beständen alle Werke auszusortieren und zu inventarisieren, die aus dem KFM stammten und möglicherweise Beutekunst darstellten, bevor man sich um eine Rückgabe an Vertreter der Herkunftsländer dieser Werke bemühte. Jedes Werk, das ein deutsches Museum nach Einführung der nationalsozialistischen Kulturpolitik im Jahr 1933 erworben hatte, war verdächtig, denn von dieser Zeit an hatten viele Museen entweder geraubte oder enteignete Kunstwerke in ihren Bestand aufgenommen.

Frau Dr. Kühnel-Kunze war sichtlich in Sorge um die Bilder, die einmal ihrer Verantwortung unterstanden hatten und dies auch wieder tun würden, nur wusste niemand genau wann. Zusammen mit Dr. Holzinger und unseren Kon-

---

5 *Die Neue Zeitung*, München, 18. Februar 1946, Feuilleton. Kopien dieses und anderer Presseartikel befinden sich bei den WIF-Dokumenten in der NGA, Washington D.C.

servatoren wurden Probleme der Aufbewahrungsmöglichkeiten besprochen und zusammen entschieden wir, Regale zu bauen, um die Bilder offen lagern zu können. Die viel zu lange Lagerung in den Kisten hatte schon dazu geführt, dass der Firnis nachdunkelte, so dass es auch aus konservatorischen Gründen notwendig war, die Werke aus den Kisten herauszunehmen.

Der Besuch von Frau Dr. Kühnel-Kunze verlief recht angespannt, denn sie war wenig erfreut, dass einige Bilder zwei Monate zuvor nach Washington verschickt worden waren. Es war nicht gerade einfach mit ihr zu arbeiten und ihr konstant geäußertes Bedürfnis, ihre Bilder zu „kontrollieren", amüsierte uns sehr. Sie konnte natürlich zu der Zeit ihres Besuches in Wiesbaden noch nicht wissen, dass sie ihre Bilder wiedersehen würde, als man sie im Mai 1948 nach Washington einlud, um die Werke vor ihrer Tournee zu begutachten.

Noch vor ihrem Besuch erhielten wir ihren Bericht vom 9. Januar 1946 über die „Auslagerung in die Salzminen Kaiseroda und Ransbach".[6] Hierin stellt Frau Dr. Kühnel-Kunze die Geschichte der Evakuierung aus ihrer Sicht dar:

> Vom 11. bis 31. März 1945 wurde eine große Zahl von Kunstwerken, die man in den Flaktürmen in der Nähe des Zoos und in Friedrichshain gelagert hatte, in die Salzminen Mitteldeutschlands verlagert. Obwohl der Transport zu dieser Zeit wegen der zahlreichen schweren Luftangriffe sehr schwierig war, erreichten sie die Lagerstätten ohne ernsthafte Beschädigungen.
>
> Die zur Auslagerung bestimmten Objekte waren nur teilweise für einen Transport vorbereitet. Sie konnten auch nicht neu verpackt werden, denn der Transport wurde überstürzt durchgeführt. Die Kisten waren eigentlich nur für einen Transport innerhalb Berlins gedacht und die Verpackung daher unzulänglich für eine längere Reise. Verpackungsmaterial war schon im ersten Kriegsjahr schwer zu beschaffen, weil die Museen für den Krieg noch keine „oberste Priorität" hatten. Dies erklärt vielleicht die unterschiedliche Art und Qualität der Verpackung.
>
> Die Frage, ob diejenigen Objekte, die unzureichend oder gar nicht verpackt waren, überhaupt weggebracht werden sollten oder nicht, löste eine lebhafte Diskussion aus und wurde von den verschiedenen Direktoren der Museumsabteilungen unterschiedlich beantwortet. So ist nachvollziehbar, dass zweitrangige Werke zusammen mit sehr wertvollen Kunstwerken aus den Berliner Museen in die auswärtigen Kunstgutdepots gebracht wurden. Als beispielsweise die „Gemäldegalerie" ihre Bestände räumte, wurden die Wagen, die nicht als „sehr" sicher erschienen, nur mit sogenannten „Depotbildern" beladen. Die Bilder der „Nationalgalerie" mussten unverpackt transportiert werden, denn sie waren noch nicht für ihre Beförderung vorbereitet. Der Direktor der „Gemäldegalerie" konnte sich jedoch nicht dazu entschließen, die Bilder ohne Verpackung zu befördern. Daneben wurden einige sehr große Kisten schon deshalb nicht zu den neu gefundenen Depots in den Kali-Minen verbracht, weil sie mit den Wagen gar nicht transportiert werden konnten. So z. B. das Gemälde „Pan" von Signorelli, die großformatigen Bilder von Rubens und Tintorettos „Verkündigung". Sie verblieben im Flakturm.[7]

---

[6] Eine Kopie dieses Berichts befindet sich bei den WIF-Dokumenten in der NGA, Washington D.C.

[7] Flakturm Friedrichshain, ein Beton-Hochbunker als Militärstützpunkt zur Flugabwehr, der

> Die unvollständigen Markierungsbuchstaben auf den Kisten – viele Kisten sind nur mit den Markierungsbuchstaben der Abteilung ohne den Zusatz „Berlin“ versehen – erklären sich ebenfalls aus der Eile der Evakuierungsmaßnahmen.
>
> Die Depots der Staatlichen Museen Berlin, besetzt von der Amerikanischen Armee, sind: Die Salzmine Kaiseroda bei Merkers (Thüringen)
>
> Die Salzmine Ransbach bei Hattorf (Thüringen)
>
> Schloss Plassenburg bei Kulmbach.
>
> Ein Transport von Ögeln (Mark Brandenburg) nach Schloss Tannenberg (Thüringen) wurde von den Kriegsereignissen überrascht. Er wurde nicht weit von Melsungen (auf der halben Strecke zwischen Kassel und Bebra) gestoppt. Amerikanische Truppen fanden ihn durch Einschüsse beschädigt.
>
> Der größte Teil der Kunstwerke wurde in die Salzmine von Kaiseroda verbracht. Nur eine Wagenladung mit Gemälden (45 Kisten) ging an die Salzmine in Ransbach und sie enthielt wahrhaftig die Kisten mit den wertvollsten Stücken. Ransbach wurde als für ein Depot klimatisch ungeeignet eingestuft. Es war vorgesehen, die hier vorübergehend gelagerten Kisten so bald wie möglich nach Kaiseroda zu verbringen. Das war jedoch infolge der sich überschlagenden Kriegsereignisse nicht mehr möglich.

Im Bericht von Frau Dr. Kühnle-Kunze schließt sich die Liste der Abteilungen der Staatlichen Museen Berlin an, die ich bereits erwähnt habe. Sie fügt hinzu, dass auch eine Kiste des *Staatlichen Instituts für Musikforschung* mit wertvollen alten Musikinstrumenten von Berlin nach Kaiseroda verbracht worden sei. Dann beschreibt sie, wie Paul Ortwin Rave, der Direktor der *Nationalgalerie* in Berlin, als Bevollmächtigter der *Staatlichen Museen zu Berlin* nach Merkers zog:

> Er war der Berliner Verantwortliche in den Beratungen, als die Amerikanischen Truppen am 4. April 1945 Ransbach und Kaiseroda besetzten. Nach einem Bericht von Dr. Rave wurden alle Werke aus den Salzminen von Kaiseroda und Ransbach am 17. April von amerikanischen Kunstschutzoffizieren nach Frankfurt/Main verbracht. Versehentlich hatte man keine der damals zusammengestellten Listen nach Berlin geschickt.[8]

Nach einem Abriss über die Evakuierung beschreibt Dr. Kühnel-Kunze den Zustand der Kunstwerke. Nach ihrer Ansicht befanden sich die Werke vor ihrer Auslagerung in einem hervorragenden Zustand und selbst die anfälligeren Gemälde waren durch das ausgeglichene Klima im Flakturm nicht in Mitleidenschaft gezogen worden. Man habe regelmäßige Inspektionen durchgeführt, um kleine Beschädigungen durch Schimmelbefall zu beheben. Berichte über diese Inspektionen seien jedoch im ausgebrannten Flakturm verloren gegangen. Über die Bestände der Staatlichen Museen hält sie fest: „Der kurze Aufenthalt von

---

den Berliner Museen auch als sicheres Museumsdepot diente. Die dort nach den Evakuierungen nach Westen noch verbliebenen Teile der Museumsbestände sind möglicherweise nach der Einnahme Berlins im Mai 1945 bei zwei bis heute ungeklärten Bränden zerstört worden. Ungeklärt ist weiterhin, was im März und April 1945 wirklich noch evakuiert wurde.

8 Siehe Fn. 6.

fünf Wochen in dem ungeeigneten Klima der Salzmine hatte den Objekten keinen Schaden zugefügt." Auf der anderen Seite schreibt sie:

> Jedoch hatten Salzsedimente auf einigen der unverpackten Gemälde der Nationalgalerie, die man für den Transport nach Frankfurt aus dem Salzstock herausgeholt und nicht sofort an der frischen Luft abgewischt hatte, bereits eine Kruste gebildet. (Dies scheint eine chemische Verbindung zu sein [Magnesiumsulphat], die sich leicht in kaltem Wasser löst.) In der Zwischenzeit dürfte sich gezeigt haben, ob das Salz ernsthafte Schäden hinterlassen hat oder ob der Salzstaub von selbst abgefallen ist. In der Ransbacher Mine, die man nach den Kampfhandlungen eine Zeit lang nicht kontrolliert hatte, wurden einige Gemäldekisten aufgebrochen vorgefunden. Dr. Rave hat sie dann mit den herausgefallenen Sägespänen selbst wieder verpackt und sie provisorisch vernagelt. Dr. Rave ist der Auffassung, dass aus den Kisten nichts gestohlen wurde ...[9]

Auch wenn Dr. Kühnel-Kunzes Bericht in der trockenen und technischen Sprache einer berufsmäßigen Museumskuratorin gehalten ist, zeigt er doch deutlich das Bestreben, sich und ihre Kollegen für die Art und Weise der Verwaltung der Bestände während der außerordentlichen Kriegsumstände zu rechtfertigen. Noch einige Zeit nach ihrem Besuch gestatteten es die Umstände der Nachkriegszeit nicht, dass die ungeheuer wertvollen Kunstwerke nach Berlin zurückkehrten. Die Museen, aus denen sie stammten, befanden sich nun im russischen Sektor. Andere Orte, an denen man die Gemälde aufbewahren oder ausstellen konnte, gab es nicht und der Wiederaufbau musste warten, bis sich die deutsche Wirtschaft erholt hatte. Darüber hinaus hatte die Alliierte Kontroll-Kommission am 25. Februar 1947 offiziell den Staat Preußen aufgelöst, wie Henning Bock in seiner Darstellung der Geschichte der Berliner *Gemäldegalerie* festhält. Die Berliner Museen wurden heimatlos.[10]

Im Jahre 1984 veröffentlichte Dr. Kühnel-Kunze ihre Erinnerungen an diese Zeit.[11] Die ersten zehn Jahre nach dem Krieg waren schwer für die deutsche Bevölkerung und bewahrte auch diejenigen, die in der traditionell behüteten Atmosphäre des Museums arbeiteten, nicht vor Leid und Entbehrungen. Am meisten beklagten die Museumsbeamten, dass sie nicht über ihre Bestände verfügen konnten, weil sie der Kontrolle der amerikanischen Regierung und der Zuständigkeit der Bundesländer unterstanden, wie im Land Hessen, wo der Wiesbadener Collecting Point gewissermaßen ihren Betrieb fortführte. Nach der Teilung Deutschlands in Ost und West und der Aufteilung Berlins in zwei Städte im Jahre 1948 erschien es in der Tat riskant, so wertvolles Gut in ein zunehmend

---

9 Siehe Fn. 6.

10 *Masterworks of the Gemäldegalerie, Berlin.* New York: Abrams, 1986. Aus dem Deutschen übersetzt von John Gabriel, 28.

11 Kühnel-Kunze, Irene, „Bergung – Evakuierung – Rückführung: Die Berliner Museen in den Jahren 1939–1959", *Jahrbuch Preußischer Kulturbesitz,* Sonderband 2, Berlin. Gebr. Mann Verlag, 1984.

politisch gefährliches Gebiet zu versenden. Und dennoch kam man am 7. Juli 1955 schließlich überein, auf westdeutschem Gebiet lagerndes Kulturgut nach West-Berlin zu transferieren. Die Transporte begannen im Januar 1956 und dauerten fort bis in den August 1958.[12]

Als man nun erkannte, dass es die Amerikaner doch verstanden, mit den Berliner Kunstwerken umzugehen, bat man uns, auch die weniger umfangreichen, aber ebenso wertvollen, Bestände des *Städelschen Kunstinstituts* im Wiesbadener Central Collecting Point aufzubewahren. Der Bombenhagel hatte Frankfurt ähnlich zerstört wie Berlin und auch das Museumsgebäude des Städelschen Instituts war erheblich beschädigt worden. Die Gemäldesammlung konnte auch nicht in anderen Gebäuden untergebracht und beaufsichtigt werden, da auch das *Historische Museum* Frankfurts komplett zerstört war.

Die Werke des Städels waren aufgrund der gleichen Schutzüberlegungen ausgelagert worden, der auch die Berliner Kuratoren bei der Evakuierung ihrer Bestände geleitet hatte. Als ihr Direktor Georg Swarzenski vor den Nationalsozialisten in die Vereinigten Staaten geflüchtet war, hatte er den Direktoren des *Städelschen Kunstinstituts*, einer privaten Stiftung, empfohlen, Ernst Holzinger zu seinem Nachfolger zu ernennen.[13] Holzinger war dort damals Kurator des Kupferstichkabinetts im Städel und bewunderte Swarzenski für die couragierten Neuerwerbungen deutscher Kunst des zwanzigsten Jahrhunderts, die das Städel enorm bereicherten. Mit dem Aufkommen der Nationalsozialisten mussten viele großartige Gemälde von Expressionisten wie Max Beckmann, Schmidt-Rotluff, Kirchner und anderen aus den Räumen entfernt und verkauft werden. In den verbleibenden Jahren seiner Amtszeit nach dem Krieg versuchte Holzinger diese Gemälde wieder zurückzukaufen, um das schwarze Loch zu schließen, das sich in dem sonst chronologischen Abbild der deutschen und internationalen Kunst innerhalb des Städel auftat.

Die aus Sicherheitsgründen entfernten Gemälde der Alten Meister und anderer Abteilungen des Städel wurden in verschiedenen Schlössern, Militärischen Bunkern und in einem Bergwerk in Mitteldeutschland untergebracht. Sie standen unter der Aufsicht von Dr. Holzinger, der mit seiner Familie ein kleines Land-

---

[12] Herbst, Arnulf, „Zur Geschichte des Wiesbadener Collecting Point", in *Kunst in Hessen und am Mittelrhein,* 1985, gibt wertvolle Aufschlüsse über die Jahre 1945–1958, denn Herbst ist bemüht, die Motivation der MFA & A nachzuvollziehen und das Erreichte zu würdigen, wozu Dr. Kühnel-Kunze sich nicht in der Lage sah. Dennoch übernimmt er ihre Einschätzung über den Zustand des Gebäudes zum Zeitpunkt unserer Übernahme, wenn er es als „während des Krieges nur leicht beschädigt" bezeichnet; eine ziemliche Untertreibung, wie ich in Kapitel drei versucht habe darzustellen.

[13] Gespräch zwischen RKM und Doris Schmidt, München, 30. April 1994. Dr. Schmidt hatte ihr kriegsbedingt unterbrochenes Studium der Kunstgeschichte wieder aufgenommen und war gleichzeitig Ernst Holzingers persönliche Referentin.

haus bewohnte, das zugleich als geheime Lagerstätte diente. Wie ich bereits erwähnte, stand uns Dr. Holzinger Anfang September 1945 in Wiesbaden unterstützend als Berater zur Seite. Angesichts der Tatsache, dass er aus erster Hand miterleben musste, wie die 202 aus unseren Depots „aus Sicherheitsgründen" abgezogen wurden, war es ein enormer Vertrauensbeweis, dass er uns die Werke seiner Einrichtung zur Verwahrung überließ. Noch heute bewahre ich einen Brief Dr. Holzingers vom 22. Juni 1946, der mich in Cincinnati erreichte.

Die Evakuierung der Städelschen Werke begann am 6. Februar 1946 mit etwa 440 Gemälden aus dem Amorbacher Depot. Als nächstes erreichten uns am 27. und 28. Februar Werke aus Bad Wildungen und Rossbach. Die Transporte wurden auch nach meiner Abreise im März unter der Aufsicht meiner Nachfolgerin, Captain Edith Standen, fortgesetzt. Der zweite Transport mit 109 Gemälden enthielt einige der bedeutendsten Werke dieser Institution: Gemälde von Dürer, des Meisters von Flémalle, von Gerard David, Rogier van der Weyden, Vermeer und Botticelli.

Im Februar 1946 häuften sich dann die Veranstaltungen, von denen ich bereits die Eröffnung unserer Ausstellung und die verschiedenen Besuche von Würdenträgern beschrieben habe. Hinzu kam die Ankunft eines Transportes, für den alle zu einer improvisierten Willkommensfeier im Hof zusammenliefen. Gegen Ende des Monats erhielten wir zwei Wagenladungen mit jüdischen Sakralwerken, unter ihnen 700 Thorarollen. Mit einem Mal war ich mehr als sonst mit unserer Archivabteilung beschäftigt, als nämlich die Frage aufkam, wie diese zerbrechlichen Rollen gelagert werden sollten. Es schien mir das Einfachste, weitere Regale aufzustellen und sie darauf in der Horizontalen abzulegen. Unsere Arbeiter machten sich also, noch während die Wagen ausgeladen wurden, sofort ans Werk.

Einige Tage später erfuhr ich, dass ich diese heiligen Thoras durch meine mangelnde Kenntnis der jüdischen Religion ungebührlich behandelt hatte; man hätte sie aufrecht lagern müssen. Wir erhielten Besuch von Major Seymour J. Pomrenze, der mich in klaren Worten hierüber belehrte und Anspruch auf diese verehrten Schätze erhob. Pomrenze war dazu berufen, das Offenbacher Depot für Archive zu errichten und zu führen. Die Rollen und noch vieles mehr sollten schon bald in seinen Verantwortungsbereich übergehen.

Dem Offenbacher Depot für Archive wurde nie die Aufmerksamkeit zuteil, die man etwa der Wiederherstellung der Deckengemälde Tiepolos in Würzburg oder der Restitution der von den Nationalsozialisten erbeuteten Kunstwerke widmete. Die Rettung und Restitution von Büchern, Archiven, Manuskripten oder gar der Thorarollen eignet sich eben nicht so gut für Schlagzeilen. Doch wäre eine Darstellung der MFA & A-Aktivitäten im Raum Frankfurt unvollständig, bliebe die Rettung der Schriften und literarischen Schätze unerwähnt, denen die Nationalsozialisten auf ihren Beutezügen die gleiche Aufmerksamkeit widmeten wie der Kunst. Jim Rorimer wies mich im Herbst 1945 in diesen Bereich ein, als er mich zur Besichtigung einer verlassenen Lagerhalle auf dem Gelände der I.G. Farben in Offenbach mitnahm. Es war geplant, dieses Gebäude vorwiegend als Lagerstätte für jüdische Bibliotheken, Archive und die Thoras zu nutzen.

Der Raub von Büchern war ein ebenso elementarer Bestandteil des nationalsozialistischen Plans zur Erlangung der kulturellen Vorherrschaft wie der Raub von Kunstwerken. Zunächst begnügten sich die Nationalsozialisten noch damit, die Publikationen der Autoren, deren Gedankenwelt sie zu diskreditieren und auszulöschen suchten, in öffentlichen Zeremonien zu verbrennen. Aber als sich ihre Philosophie des kulturellen und rassischen Imperialismus konkretisierte, wurden Bibliotheken und Archive der zu erobernden Nationen systematisch durchsucht. Besondere Organisationen zur Durchführung der Raubzüge und Zerstörungen wurden geschaffen. Die erste Einheit, die den Befehl erhielt, wertvolles Kulturgut zu konfiszieren, war das Bataillon Ribbentrop.[14] Dieses Bataillon bestand aus drei- bis vierhundert Soldaten und war in ganz Europa aktiv. Von Ribbentrops Befehl lautete, alle wissenschaftliche Institutionen, Bibliotheken und Paläste Russlands zu durchkämmen und alles von Wert abzutransportieren. Ein Befehlshaber der Kompanie berichtet:

> In der Bibliothek der Ukrainischen Akademie der Wissenschaften fuhren wir mit seltenen Manuskripten persischer, abessinischer und chinesischer Literatur, russischen und ukrainischen Chroniken, der ersten Ausgabe des ersten russischen Buchdruckers Ivan Fjodorow und seltenen Ausgaben der Werke Schewtschenkos, Mikiewitz und Ivan Frankos eine reiche Ernte ein.
>
> In Kharkov wurden aus der Bibliothek Korolenko mehrere tausend wertvolle Bücher in Sonderausgaben beschlagnahmt und nach Berlin verschickt. Die übrigen Bücher wurden zerstört.[15]

Diese Aktionen wurden Methode und führten dazu, dass sich in Deutschland Speicher mit den Bibliotheken fremder Nationen füllten. Genau so, wie die amerikanische Armee in den Besitz der großartigsten Kunstsammlung kam, die je an einem Ort versammelt war, wurde sie nun für das Wohlergehen von Millionen von Büchern verantwortlich.

Als die Rückgabe der Bücher anstand, suchte die Armee in den Reihen der MFA&A nach einem qualifizierten Offizier. Glücklicherweise trafen sie auf Lt. Leslie I. Poste, einen studierten Bibliothekar, der mit der Sicherung von Bibliotheken und Archiven in Württemberg-Baden betraut und in Stuttgart stationiert war. Poste hatte auch Major Pomrenzes Fähigkeiten entdeckt, ihn

---

[14] Auch genannt *Bataillon der Waffen-SS z.b.V.* oder *Kommando Künsberg.*

[15] Poste, Leslie I., *The Development of U.S. Protection of Libraries and Archives in Europe during World War II,* US Army Civil Affairs School, Fort Gordon, GA (rev.ed.), August 1964, 245.

zum Aufbau des Offenbacher Depots verpflichtet[16] und nach Wiesbaden gebracht, um die Rollen zu begutachten. Ich traf Lt. Poste nur noch ein weiteres Mal am 7. November 1945, als wir das Manifest aufsetzten, doch verband uns unsere gemeinsame Liebe zu den Büchern in einer dauerhaften Freundschaft.

Wie die so vieler anderer MFA & A-Offiziere begann auch die Militärlaufbahn von Leslie Poste als einfacher Soldat, denn eine Sehschwäche versperrte ihm den Zugang zur Offiziersschule.[17] Er hatte gerade sein Studium der Bibliothekswissenschaften abgeschlossen und eine Arbeitsstelle als Bibliothekar bei der Universität Columbia angetreten, als ihn 1943 die Armee rekrutierte. Mit gewohntem Geschick bei der Zuweisung steckten sie Poste in ein Allgemeines Pionierregiment wie das meinige. Sein Regiment landete in Bristol in England und errichtete dort die gleichen provisorischen Unterkünfte, die auch unser Regiment aufzustellen hatte. In einem elenden und kalten Winter wäre Poste beinahe lebendig begraben worden, als eine Aushebung, an der seine Einheit gerade arbeitete, über ihnen einbrach. Dieser Unfall brachte ihn für dreißig Tage in ein Hospital in der Nähe von Oxford, wo er eine Kriegsbibliothek aus Taschenbüchern einrichtete. Am Ende seiner Behandlungszeit wollte das Krankenhaus ihn behalten, da er mit einer Schreibmaschine umgehen und medizinische Fachbegriffe fehlerfrei schreiben konnte. Zwar wollte er bleiben, da sein gebrochenes Knie noch krankengymnastischer Betreuung bedurfte, doch kommandierte ihn die Armee zurück zu seinem Regiment. Aber sie konnten ihn nicht lange halten, auch wenn sie selbst Schreibkräfte dringend benötigten. Nun erst war man auf seine Bibliothekarsausbildung aufmerksam geworden und so wurde er als erster für die Bibliotheksabteilung der Special Services in London angefordert.

Ab hier arbeitete sich Poste durch die Schulungsprogramme der Armee, die für ihren Unterricht Bibliotheken benötigten. Nach zweieinhalb Jahren Armee wurde er im Juni 1945 endlich zum First Lieutenant ernannt. Poste blieb in England, bis man ihn am 15. Oktober als MFA & A-Offizier bei der Siebten Armee nach Heidelberg versetzte. Kurz nach seiner Ankunft befragte ihn mein Chef, Captain James Rorimer. Jim war stets bemüht, schon beim ersten Kennenlernen zu beeindrucken und imponierte Poste mit Geschichten über die Mission der MFA & A zur Bewahrung der „Beutekunst". Andererseits hatte man wegen der geraubten Bücher bisher so gut wie nichts unternommen: „Es liegt an Ihnen," sagte Rorimer und fragte, ob Poste einen Jeep fahren könne. Das konnte er nicht. Noch am selben Nachmittag erhielt er eine halbstündige Einweisung. Entsprechend vorbereitet, machte Poste sich daran, einige der besten Bibliotheken der Welt zu retten.

---

16 Auch der Richter Simon H. Rifkind, der vom Bundesgericht beurlaubt und General Eisenhower in jüdischen Angelegenheiten beriet, und von Koppel Pinson, Vertreter des American Joint Distribution Committee, der gerade in Deutschland stationiert war, entschieden sich für Pomrenze.

17 Gespräche zwischen RKM und Leslie Poste, Rochester, N.Y., August 1993.

Bei der Plünderung der Bücher hatten sich die Nationalsozialisten der gleichen Taktik, der gleichen Gründe und des gleichen Personals wie bei der Plünderung der Kunstwerke bedient. Mit dem Erstarken des Einsatzstabs Reichsleiter Rosenberg, der für die Beschlagnahmen durch die Deutschen in den besetzten europäischen Gebieten verantwortlich war, trat das Bataillon Ribbentrop in den Hintergrund. Poste fasste deren Vorgehensweise in einem Artikel aus dem Jahr 1948 wie folgt zusammen:

> Der neue Wachhund über die nationalsozialistische Kultur, der Einsatzstab Reichsleiter Rosenberg [ERR], war von Hitler in der Wehrmacht angesiedelt und damit beauftragt, Materialien von kulturellem Wert unter dem Vorwand zusammenzutragen, sie zu „Unterrichtszwecken“ zu verwenden. Sein Hauptquartier lag in Berlin und die regionalen Zweigstellen in Amsterdam, Brüssel, Paris, Belgrad, Riga, Minsk, Kiew und Ratibor gingen bei ihren Beutezügen systematisch vor. Jede regionale Zweigstelle [Hauptarbeitsgruppe] verfügte über untergeordnete Büros [Arbeitsgruppen] und örtliche Zentren [Sonderkommandos]. In Osteuropa zum Beispiel gab es elf untergeordnete Büros und sieben örtliche Zentren.
>
> Die Berliner Verwaltung des ERR wies über diese Sammelstellen Quartiermeistertruppen der deutschen Armee an, Buchbestände und anderes Kulturgut zu beschlagnahmen. Aus diesen Kampfverbänden gelangten die Bücher zu tausenden in das Berliner Büro. In ihrem Bestreben, das Judentum, die Demokratie, das Freimaurertum, republikanische Gesinnungen und andere antinationalsozialistische Bewegungen auszumerzen, suchten die Einzugsstellen des ERR und der Wehrmacht allein in Osteuropa 375 Archive, 402 Museen, 531 Institute und 957 Bibliotheken heim.
>
> Das Beutegut wurde dann unter Aufsicht des in Frankfurt ansässigen Instituts der NSDAP zur Erforschung der Judenfrage verschiedenen deutschen Institutionen zu „Forschungszwecken“ zugeteilt. Die ungeheure Menge an Kulturgut erwies sich dabei als versteckter Segen: zweifellos rettete die Schwierigkeit, die Millionen in kürzester Zeit zusammengetragenen Einzelstücke zu verarbeiten, kostbare Bücher vor ihrer Verbrennung ...
>
> Die Bombenangriffe der Alliierten machten es erforderlich, das Institut der NSDAP zur Erforschung der Judenfrage in aller Eile von Frankfurt in den kleinen Ort Hungen zu verlegen. Hunderttausende von Büchern wurden auf sechs verschiedene Lagerstätten verteilt, ohne dass man sich besonders um ihren Schutz vor Diebstahl oder Unwetter kümmerte. Beispielsweise fand man tausende von Büchern auf einem Haufen in einer kleinen Ziegelei. Bei der Evakuierung und Erfassung der Lagerstätten fanden sich Teile der Bibliotheca Rosenthaliana, der Bibliotheken von Spinoza, Rothschild, des Collegio Rabbinico Italiano, des YIVO (Jüdisches Institut der Wissenschaften) und anderer berühmter Sammlungen.[18]

Zuallererst organisierte unser Hauptquartier der MFA & A im Juli 1945 den Transport von etwa 130 000 geraubten Büchern aus den Kellern des Gebäudes, in dem das *Institut zur Erforschung der Judenfrage/Weltdienst* untergebracht war, zur Bibliothek Rothschild in Frankfurt. In Hungen warteten 1 200 000 Exemplare auf eine ähnliche Umquartierung.

---

[18] Poste, Leslie L., „Books Go Home From the Wars,“ *Library Journal,* 1. Dezember 1948, 1699.

Das war die Lage vor Postes Amtsantritt. Nun bat man ihn aufzulisten, was benötigt wurde, da die Rothschildsche Bibliothek offensichtlich ungeeignet war, sämtliche Bücher aufzunehmen, die man nun in den Depots in ganz Deutschland entdeckte. Poste schlug unter anderem vor, auf eine detaillierte Bestandsaufnahme zu verzichten, um eine schnelle Rückgabe zu ermöglichen, und die Verwaltung auf das Gelände der I.G. Farben in Offenbach auf der anderen Seite des Mains zu verlagern. Das neue Gebäude war ein fünfstöckiger armierter Betonbau mit Dachboden. In diesem geräumigen Quartier konnte das Tempo der Sortierung der Bücher von zunächst dreihundert Bänden am Tag so weit gesteigert werden, dass schließlich Millionen von Exemplaren zügig abgefertigt wurden.

Poste wusste selbst, dass er für das zukünftige Amt eines Direktors der Sammelstelle nicht der Richtige war. Für diese Position musste man Deutsch, Hebräisch und Jiddisch können. Wunderbarerweise tat der richtige Mann bereits zusammen mit Poste Dienst in Württemberg/Baden. Major Seymour Pomrenze, Archivar beim Nationalarchiv in Washington, hatte 1945 bei der OSS in Fernost gedient, bevor man ihn nach Stuttgart versetzte. Er verfügte nicht nur über die notwendigen Sprachfähigkeiten, sondern brachte auch genügend Erfahrung als Offizier mit, um es mit der Verwaltung aufzunehmen und sich 200 Mitarbeiter für seinen Operationsplan zu sichern.

Am 2. März 1946 erließ die Militärverwaltung Großhessen eine Direktive, die das Offenbacher Archiv zu einem MFA & A-„Restitutionsprojekt höchster Priorität" ernannte. Der Direktor wurde ermächtigt, Verbindung zu allen alliierten oder offiziell ernannten Restitutionsoffizieren der Vereinigten Staaten aufzunehmen und zu halten, die unmittelbar oder mittelbar mit dem Europäischen Kriegsschauplatz zu tun hatten, und diese dabei zu unterstützen, Bücher und anderes Gut zu Zwecken der Restitution nach ihren Herkunftsländern zu identifizieren. Der Direktor des Offenbacher Archivs wurde darüber hinaus ermächtigt, Vorschläge über das weitere Schicksal von Büchern zu machen, die nicht eindeutig einem Herkunftsland zugeordnet werden konnten.[19] Binnen eines Monats konnte die erste Rückgabe erfolgen: ein Lastschiff lief nach den Niederlanden aus mit über 500 Kisten Kulturgut, das Institutionen und Einzelpersonen dieses Staates gehörte.[20]

Pomrenze wurde anschließend zum Colonel befördert und ist weiterhin als Archivar in Diensten des Militärs und als Berater des Jüdischen Instituts in New York City beschäftigt, wo er auch für dieses Buch befragt werden konnte. Während des Krieges hatte Pomrenze in China, Burma und Indien gedient. Er war froh, nicht in Deutschland eingesetzt worden zu sein und kam 1945 nur auf

---

[19] Poste, siehe Fn. 15, 263.

[20] Poste, siehe Fn. 18, 1701.

Anforderung des Obersten Archivars der Vereinigten Staaten nach Stuttgart, der ihn darum bat, beim Wiederaufbau der deutschen Archive zu helfen. So fand er sich recht plötzlich als Kommandant des Collecting Point für Archive in Offenbach wieder und sah sich mit vielen ähnlichen Herausforderungen konfrontiert, denen auch ich Monate zuvor in Wiesbaden gegenüber gestanden hatte. Das Gebäude der I.G. Farben benötigte dringende Reparaturen und Schutz gegen den Winter und auch er musste versuchen, Sicherheitskontrollen einzurichten. Er erinnert sich: „... obwohl ich Sicherheitskontrollen durchführen und ein- und ausgehende Personen durchsuchen ließ, ... hatten wir doch einige sehr wertvolle kleine Bücher und Manuskripte und sie waren enorm erfinderisch, sie an den unaussprechlichsten Orten zu verstecken. Das war ein großes Problem.“[21]

Pomrenze wurde die Leitung des Offenbacher Archivs Anfang März 1946 übertragen und behielt diese Stelle bis Juni. Während dieser Zeit wurde Offenbach zum Collecting Point für die gesamte amerikanische Zone bestimmt und man begann nun ganze Wagenladungen mit Büchern in großen Trucks heranzufahren, wo sie sich zu den ersten Transporten aus Frankfurt gesellten. Mit der zunehmenden Zahl von Transporten wurde auch die Arbeit immer komplexer. Pomrenze erinnert sich:

> Ich machte mir Sorgen um das weitere Schicksal dieser Werke. Zusammen mit mir war ein weiterer Militäroffizier in Offenbach stationiert, ein außergewöhnlicher Mensch und hochdekorierter Offizier mit Namen Isaac Bencowitz. Aus persönlichen Gründen war Isaac Bencowitz sehr daran interessiert, Direktor des Depots zu werden, und ich war sehr daran interessiert, dass er mein Nachfolger würde. Also durchliefen wir die üblichen Wege des Militärs, die irregulären natürlich, denn auf den regulären kommt man nicht weit, und die Leute in Wiesbaden, im Hauptquartier von Hessen, zeigten sich sehr kooperativ, denn schließlich handelte es sich um eine besondere Aufgabe. Bencowitz konnte dem Depot einige Qualitäten bieten, die mir fehlten. Zum einen kannte er sich mit osteuropäischen Sprachen aus, von denen ich keine Ahnung hatte. Besonders Russisch, er sprach fließend Russisch. Zum anderen war er ein richtiger Held, ich glaube, er besaß fünf oder sieben Verwundetenabzeichen der Amerikanischen Armee, war im Ersten und Zweiten Weltkrieg verwundet worden. Außerdem war er Doktor der Chemie, ein großer Vorteil für unsere Mission, denn er wusste, wie man mit Dokumenten umgehen musste, die feucht und ausgefranst und ähnliches waren. Und dann fand er richtig kluge Lösungen für unsere Probleme, auf die ich nie gekommen wäre. Er fand einen Weg, der erlaubte, Materialien durch das „ex libris“ zu identifizieren, das bei vielen der Bücher vorhanden war.[22]

Bencowitz' Identifizierungssystem basierte auf einer Fotodatei der „ex libris“, also der Stempel und Zeichen, die öffentlichen Institutionen und privaten

---

[21] Unveröffentlichter Text eines mündlichen Audiodokuments: Colonel S.J. Pomrenze, Gespräch vom 14. August 1989 über das Projekt zum Wiederaufbau jüdischer Kultur, Rückgabe von Beutegut der Nationalsozialisten. Übertragen vom Hebrew Union College Museum, Los Angeles, und beim Jewish Institute in New York City hinterlegt.

[22] Siehe Fn. 21.

Sammlungen aller Länder zur Kenntlichmachung ihres Eigentums dienen. Diese Zeichen wurden anschließend in einer zweibändigen Ausgabe veröffentlicht und gaben ein stummes Zeugnis von den systematischen Plünderungen der Nationalsozialisten. Von den 4015 Bibliothekszeichen stammen 2277 aus Osteuropa. Es gab Bücher in 35 verschiedenen Sprachen und 75% der nicht identifizierbaren Bücher waren nur von Bedeutung für das Judentum.

Um den Identifizierungsprozess zu erleichtern, ließ Bencowitz ein Förderband errichten. Jeder Mitarbeiter war für drei oder vier ex libris zuständig. Die aufgeschlagenen Bücher wurden auf das Förderband gelegt und jeder Mitarbeiter zog sich diejenigen mit den ex libris heraus, für die er zuständig war. Auf diese sehr einfache Weise konnten Bibliotheken sortiert und wieder zusammengesetzt werden, bis sie von ihren Besitzern abgeholt oder über die von der US-Militärregierung errichteten Kanäle zurückgegeben werden konnten.

Als Poste nach dem Krieg seine Doktorarbeit über die MFA&A und speziell ihren Verantwortungsbereich der Archivalien schrieb, nahm er darin einen Eintrag aus Bencowitz' Tagebuch aus jener Zeit auf.

> Ich ging in den Raum mit den losen Dokumenten, um mir die Sachen dort anzusehen, und konnte mich nicht von diesen faszinierenden Stapeln mit Briefen, Mappen und kleinen persönlichen Bündeln losreißen. Nicht dass mich das, was mir gerade in die Hand fiel, so sehr fesselte, sondern es war eher die Neugier, was sich wohl als nächstes finden würde. Oder im Sortierraum stößt man auf eine Kiste mit Büchern, die die Sortierer wieder zusammengebracht hatten ... Bücher aus einer Bibliothek, die es einmal in einer entfernten polnischen Stadt gab, oder in einer zerstörten Jeschiwa. Diese Bücher hatten etwas trauriges und melancholisches an sich ..., als ob sie leise von längst versiegter Sehnsucht und Hoffnung erzählten.
>
> Ich hob einen sehr vergriffenen Talmud auf mit Hunderten von Namen vieler Generationen an Studenten und Schülern. Wo waren sie jetzt? Oder vielmehr, wo liegt jetzt ihre Asche? In welchem Verbrennungsofen wurden sie ausgelöscht? Ich ertappte mich dabei, wie ich diese Bücher mit persönlicher Anteilnahme in der Kiste ordnete, als ob sie jemandem gehört hatten, der mir nahe stand, der vor kurzem gestorben war.
>
> Es gab tausende loser Familienbilder ohne jeden Herkunftshinweis. Wie viel diese Zeugnisse der Liebe und Anteilnahme jemandem bedeutet haben müssen, und nun waren sie so nutzlos und dazu bestimmt, verbrannt, vergraben oder weggeworfen zu werden. All diese Dinge machten mich wütend ... Wie schwierig ist es doch, den Inhalt dieses Depots mit der Distanz eines Gutachters zu betrachten, oder mit dem unpersönlichen Blick eines Wissenschaftlers.[23]

Unter der Leitung von Bencowitz stieg die Zahl der Mitarbeiter im Offenbacher Collecting Point auf ein Maximum von 176 Beschäftigten im April 1946 und verringerte sich dann in Stufen, bis dort im April 1949 kaum noch zwanzig Mitarbeiter beschäftigt waren. Während dieser Zeit konnten mehr als zwei Millionen Bücher zurückgegeben werden. Bencowitz verließ Offenbach endgültig im Oktober

---

[23] Poste, siehe Fn. 18, 1703.

1946. Theodor Heinrich, zugleich Direktor des Wiesbadener Collecting Point, wurde vorübergehend sein Nachfolger. Als hauptamtlicher Direktor und ziviler Angestellter nahm Joseph A. Horne ab Januar 1947 diese Stelle ein, er blieb jedoch nur ein Jahr und gab sein Amt weiter an James Kimball, den letzten Direktor des „Offenbach Archival Depot“, das 1949 geschlossen wurde.

Während der ersten Monate der Tätigkeit des Offenbacher Archiv-Depots erschienen einige Gelehrte und nationale Vertreter, um nach den Überbleibseln ihrer geplünderten Bibliotheken und nach anderen Dokumenten zu suchen. Unter ihnen war auch Koppel S. Pinson, der von Oktober 1945 bis September 1946 für das American Joint Distribution Committee (JDC) als Ausbildungsleiter für vertriebene Juden in Deutschland und Österreich arbeitete. Von März bis Oktober 1946 arbeitete Pinson im Depot. Er sorgte dafür, dass nicht zuzuordnende und als „wertlos“ eingestufte Bücher entnommen wurden und noch in Flüchtlingslagern für jüdische Vertriebene Verwendung finden konnten.[24] Pinson wollte die Bücher den Überlebenden zugute kommen lassen, die alles verloren hatten in dem Feuersturm, der uns als Holocaust bekannt ist.

Noch bevor das Offenbacher Archiv seine Tätigkeit aufnahm, hatte Pinson im November 1945 die Rothschildsche Bibliothek besucht und an General Lucius Clay appelliert, diese Bücher herauszugeben. Er machte konkrete Vorgaben bezüglich der Auswahl, so dass Clay im Januar 1946 die Genehmigung erteilte, dass 25000 Bände an das JDC verliehen wurden. Bis zu seiner Abreise im Oktober dieses Jahres hatte er 20000 Bände ausgewählt.

Mehr als ein Jahr später kam im Februar 1947 die Historikerin und Holocaustforscherin Lucy S. Dawidowicz aus ähnlichen Beweggründen nach Offenbach. Sie hatte erfahren, dass nach der offiziellen Vereinbarung noch immer 5000 Bände ausstanden, und wusste aus ihrer Arbeit mit dem Joint Distribution Committee, dass die Nachfrage nach Büchern in den Lagern noch immer groß war. Dawidowicz kam auch aus persönlichen Motiven. Sie war auf der Suche nach den Resten der Bibliothek des YIVO (Jüdisches Institut der Wissenschaften) in Wilna in Litauen, wo sie studiert und ihre wissenschaftliche Laufbahn begonnen hatte.

From that Place and Time ist der Titel der Erinnerungen Dawidowicz an das Jahrzehnt des Holocaust. Es behandelt die Jahre 1938 bis 1947, die sie zuerst als amerikanische Studentin der jüdischen Geschichte in Wilna und anschließend in den Vereinigten Staaten verbrachte, wo sie entsetzt mit ansehen musste, wie die Juden Europas fast ausgelöscht wurden. Voller Schuldgefühle, dass sie ihr Volk verlassen hatte, kehrte sie nach dem Krieg nach Europa zurück, um in Hilfsorganisationen zu arbeiten. Ihre Erlebnisse in Offenbach waren bitter, aber sie

---

[24] Pinson, Koppel S. „Jewish Life in Liberated Germany. A study of the Jewish DPs,“ *Jewish Social Studies* 9, 1947, 101–126.

führten schließlich dazu, dass die Bücher des YIVO an den neuen Hauptsitz des Instituts in New York herausgegeben wurden. Zwei Monate lang durchkämmte sie Kisten mit nicht zuweisbaren Büchern und suchte diejenigen heraus, die einmal dem YIVO und anderen Bibliotheken gehört hatten.

Im März 1947 gab die Restitutionsabteilung der US-Militärverwaltung schließlich den Anfragen des Joint Distribution Committee nach und stimmte der Verbringung der Bibliotheken in die Vereinigten Staaten zu. Seymour Pomrenze, der nun als Archivar in der Library of Congress in Washington arbeitete, sollte nach Offenbach zurückkehren und den Transport auf dem Weg in sein neues Zuhause begleiten. Pomrenze kam am 16. Juni an und schon am nächsten Tag ging der Transport los. Lucy Dawidowicz hatte ihre Mission erfüllt. Über ihre Zeit in Offenbach schreibt sie:

> Als ich während meiner Arbeit die verwaisten Bücher in den Händen hielt, dachte ich sehr oft, dass es einfacher ist, unter den Lebenden zu sein, als bei den leblosen Resten einer Welt, die von den Deutschen zerstört worden war. Die Überlebenden hatten den Willen, zu leben und manchmal auch zu vergessen, aber die Bücher waren nur stumme Zeugen des Massenmords. Sie waren das, was von sechs Millionen ermordeten Juden übrig geblieben war.[25]

In seinen letzten Jahren stand der Wiesbadener Collecting Point unter der Leitung von Captain Theodore Heinrich, der zugleich als MFA & A-Chef des Landes Groß-Hessen amtierte. Im April 1949 wurde der Collecting Point in die Treuhandschaft der hessischen Kulturverwaltung übertragen und der Leitung von Prof. Ernst Holzinger überstellt, der bereits seit 1945 mitgearbeitet hatte. Von 1950 bis zum 31. Oktober 1958 gab es 17 Ausstellungen in ganz Deutschland, an die viele Werke verliehen wurden. Die Restitutionsmaßnahmen dauerten noch bis Ende August 1952; die Akten des Collecting Point wurden anschließend in das Außenministerium in Washington D.C. verbracht. Am 7. Juli 1955 wurde die Stiftung Preußischer Kulturbesitz gegründet; die letzten Bestände kehrten im Oktober 1958 nach Berlin zurück, als die Museen entsprechend wiederhergestellt waren. Der Wiesbadener Collecting Point war Geschichte geworden.

---

[25] Dawidowicz, Lucy S., *From that Place and Time,* New York: Norton, 1989, 322.

Sechstes Kapitel: Die Suche nach verschollenen Schätzen

Mehr als fünfzig Jahre später hält das Interesse an der Geschichte des Wiesbadener Collecting Point weiter an. Obwohl die Roberts Commission schon 1946 ihre Arbeit beendete und die Sammelstellen 1951 ausgeräumt bzw. geschlossen wurden, haben das Gold, die Salzstöcke, vermisste Züge und Berichte über den Kunstraub der Nationalsozialisten, der Russen und der West-Alliierten noch immer ihren festen Platz in den internationalen Medien. Mit der Zeit nahmen die Verwaltungen der europäischen Museen ihre gewohnte Arbeit wieder auf, die Suche nach vermissten Werken begann und über die offensichtlichsten Widersprüche zwischen Archivunterlagen und handgreiflichen Beweisen wurden Gerüchte in die Welt gesetzt.

Zum Beispiel war es bekannt, dass im Mai 1945 ein Feuer in einem der Berliner Flaktürme im Volkspark Friedrichshain Kunstwerke zerstört haben sollte, die zu groß waren für die Lastwagen, die im März und April 1945 nach Westen (nach Merkers, von woher sie später nach Wiesbaden kamen) aufbrachen, oder einfach zurückgelassen wurden, weil in den letzten Tagen des Krieges keine ausreichenden Transportmittel zur Verfügung standen.[1] Aber wer hatte das Feuer gelegt und war Zeit genug verblieben, um noch zuvor irgendetwas zu retten? Zahlreiche Autoren haben in den letzten 50 Jahren hierüber spekuliert.

Mit der überraschenden und an ein Wunder grenzenden Öffnung der Berliner Mauer und der Abwendung Ostdeutschlands von der sowjetischen Staatsmacht wurde die Wiedervereinigung Deutschlands verwirklicht, die ich niemals zu erleben geglaubt hatte. Für die Berliner Kunstsammlungen konnte nun greifbar werden, dass die getrennten Bestände zusammengeführt und Kunstwerke zurückgegeben werden könnten, von denen man weiß oder auch nur annimmt, dass sie sich noch in russischen Museen befinden. Vielleicht tauchen auch einige der Bilder aus dem Berliner Flakturm wieder auf.

Noch einige Zeit vor dem Fall der Berliner Mauer im November 1989 war ich eingebunden in die Suche nach Kunstwerken, die angeblich 1945 aus den Berliner Museen evakuiert wurden, aber nie im Wiesbadener Collecting Point angekommen waren. Im Jahre 1987 begann ich einen Briefwechsel mit Dr. Klaus Goldmann, Kustos am Berliner *Museum für Vor- und Frühgeschichte*, das in dem Museums-

---

[1] Kühnel-Kunze, Irene. „Bergung – Evakuierung – Rückführung. Die Berliner Museen in den Jahren 1939–1959," *Jahrbuch Preußischer Kulturbesitz*, Sonderband 2, Berlin: Gebr. Mann Verlag, 1984, und Wermusch, Günter, *Tatumstände (un)bekannt. Kunstraub unter den Augen der Alliierten*, Braunschweig: Westermann, 1991.

komplex im Schloss Charlottenburg in Westberlin beheimatet ist. Eine deutsche Dokumentarfilmproduktion hatte Goldmann engagiert, um für das deutsche Fernsehen einen Beitrag über die nach Kriegsende erfolgten Maßnahmen der Alliierten zur Restitution von Kulturgut zu drehen. Die Filmgesellschaft lud mich nach Washington ein, wo Goldmanns Forschungsaktivitäten im Film dokumentiert werden sollten. Ein Gespräch zwischen Goldmann und mir sollte ebenfalls für diese Produktion aufgenommen werden. Als Termin für unser Zusammentreffen wurde der 16. Juli 1987 genannt. Obwohl der Einladungsbrief einigermaßen unverbindlich formuliert war, freute ich mich doch auf die Gelegenheit, über meine Arbeit im Wiesbadener Collecting Point zu sprechen und Dr. Goldmann kennenzulernen.

Goldmann, mittlerweile in den Fünfzigern, war am Ende des Krieges in Deutschland noch ein kleiner Junge gewesen. Im Rahmen der Forschungsarbeiten für sein Museum war er auf die von der US-Armee eingerichteten Collecting Points gestoßen. Er hatte herausgefunden, dass man Kisten mit Beständen seines Museums genau wie diejenigen des *Kaiser-Friedrich-Museums* nach ihrer Auslagerung aus der Frankfurter *Reichsbank* in dem Wiesbadener Collecting Point untergebracht hatte. Erste Nachforschungen in deutschen Archiven führten ihn im Sommer 1987 nach Washington. In den Archiven der MFA & A hoffte er Hinweise auf den Verbleib von bisher unauffindlichen Beständen des *Museums für Vor- und Frühgeschichte* zu finden. Er plante, auch weitere Offiziere der MFA & A zu befragen, die vielleicht bei seiner Suche helfen konnten. Mit diesen Gesprächen öffneten sich für Goldmanns Nachforschungen viele Türen und auch mein Interesse an der Arbeit, zu der ich vor so vielen Jahren einen Beitrag geleistet hatte, wurde wieder entfacht.

Im Jahre 1971 hatte Goldmann gerade seine neue Stelle am *Museum für Vor- und Frühgeschichte* angetreten, als er und seine Kollegen den Auftrag erhielten, eine Dauerausstellung über das Bronzezeitalter zusammenzustellen. Vor dem Krieg war das Museum im *Martin-Gropius-Bau* in der Nähe des Anhalter Bahnhofs am Potsdamer Platz untergebracht gewesen. Dieses Gebiet wurde im Krieg von Bomben völlig zerstört und danach von der Berliner Mauer geteilt. Das *Museum für Vor- und Frühgeschichte* war Teil der *Staatlichen Museen zu Berlin*, deren Bestände überwiegend auf der sogenannten Museumsinsel ausgestellt wurden. Diese Abteilung war lange dem benachbarten Ethnologischen Museum angeschlossen. Schon vor dem Krieg hatte man geplant, die ethnographische, nicht aber die prähistorische Abteilung in das neue Gebäude im West-Berliner Stadtteil Dahlem zu verlegen. (In den Fünfziger Jahren brachte man in diesen Räumlichkeiten die Gemäldesammlung des *Kaiser-Friedrich-Museums* unter). Da der *Martin-Gropius-Bau* stark zerstört war, wurde das *Museum für Vor- und Frühgeschichte* nach dem Krieg im vormaligen Gebäude des Ethnologischen Museums wiedereröffnet, das wieder hergerichtet werden konnte. Schließlich fand das *Museum für Vor- und Frühgeschichte* ab 1960 im Schloss Charlottenburg eine neue Bleibe, wo es in einem eigenen Gebäude, dem *Langhansbau*, untergebracht ist. Hier präsentiert sich eine exzellente chronologische Ausstellung seltener Funde aus den Anfängen der Menschheit seit der Steinzeit über die Bronze- und Eisenzeit bis hin zum Mittelalter.

Im Zuge der Vorbereitungen für die Ausstellung der Bronzezeit durchforstete Goldmann die alten Kataloge seiner Abteilung, um herauszufinden, wie seine Vorgänger vor dem Zweiten Weltkrieg mit den Beständen verfahren waren. Er wollte in Erfahrung bringen, welche Objekte man bereits früher ausgestellt hatte und auf welchem Stand sich die Forschung befand, bevor diese Arbeit durch den Krieg unterbrochen wurde. Seine Untersuchung brachte ans Licht, dass viele der wichtigsten Stücke aus der Vorkriegszeit nicht mehr in den aktuellen Inventarlisten seiner Abteilung in Charlottenburg enthalten waren.

Goldmann war bewusst, dass die Bestände der Vorkriegszeit zum Zeitpunkt seiner Untersuchungen zwischen den westlichen und dem östlichen Sektor Berlins aufgeteilt waren. Als ersten Schritt für seine Nachforschungen über den Verbleib der vermissten Teile musste er die verschiedenen Maßnahmen zur Verpackung und Sicherstellung der Objekte während des Krieges in Berlin rekonstruieren. Er überlegte, dass man nach einer Bewertung der Bestände unter Evakuierungsgesichtspunkten zunächst die besten Stücke, er nannte sie die „Highlights", ausgewählt hatte, um sie umgehend „sicherzustellen", was später, 1945, bedeutete, sie nach einem Befehl des zuständigen Ministeriums an alle Abteilungen zur Durchführung der Evakuierung vom 6. März 1945 (ein „Führerbefehl") in den Westen zu verbringen und dass andere, weniger bedeutsame und schlecht zu transportierende Stücke zurück bleiben und auf ihren Abtransport warten mussten. Diejenigen, die ihren Weg in den Wiesbadener Collecting Point gefunden hatten, befanden sich nun nach dessen Auflösung unter seiner Obhut. Aber die anderen konnten noch in Ostdeutschland sein, wenn man sie nicht zerstört oder verschleppt hatte. Die Kustoden der zwei Abteilungen desselben Museums in Ost- und West-Berlin trennte damals zwar die Berliner Mauer, sie standen aber dennoch in geheimem Kontakt zueinander, so dass sie sich gegenseitig über Objekte austauschen konnten, die in den früheren Katalogen enthalten und nun jeweils als fehlend gemeldet waren.

Besonders auffällig war, dass der sogenannte *Schatz des Priamos* fehlte. Hierbei handelt es sich um eine Sammlung von Goldobjekten, die der berühmte deutsche Archäologe Heinrich Schliemann in Troja entdeckt und 1881 dem Berliner Museum übergeben hatte. Ebenfalls vermisst wurde der bekannte *Eberswalder Goldfund*, sowie Hunderte bedeutender Schmuck- und Waffenfunde. Zu jener Zeit gab es in keinem der beiden Museen Hinweise auf ihren Verbleib. Nach gründlicher Suche tauchte in einer Akte eine Liste auf, eine Packliste von etwa dreißig Kisten mit allen Objekten, die 1941 im Safe der Preußischen Staatsbank eingelagert worden waren, bevor man sie in den Flakturm am Zoologischen Garten *(Flakturm Zoo)* verbrachte.

Das war eine große Entdeckung. Denn so wurde deutlich, was die Kustoden des Museums zu Beginn des Krieges eingepackt hatten. Die Liste enthielt genau diejenigen Objekte, nach denen Goldmann suchte. Dass die Liste überhaupt gefunden wurde, war bemerkenswert, denn es erschien Goldmann, als seien die Akten des Museums nach dem Krieg durchkämmt und kritische Listen entfernt worden oder verlorengegangen. Aber die Packliste für den Safe der Preußischen Staatsbank, angefertigt, um deren Einlagerungsbestimmungen zu genügen, hatte überlebt, weil sie zusammen mit Dokumenten abgeheftet worden waren, die nichts mit diesen Objekten zu tun hatten. Von diesem Punkt an konnte Goldmann mit seinen eigenen „archäologischen" Studien über die Vorgänge in den Berliner Museen während des Krieges und die Behandlung der Bestände während der amerikanischen und sowjetischen Besatzung Berlins beginnen.

Abgesehen von den Highlights war Goldmanns Ausstellung im *Museum für Vor- und Frühgeschichte* komplett, doch er setzte seine Suche nach den vermissten Objekten fort. Nach der Veröffentlichung von Irene Kühnel-Kunzes Buch im Jahr 1984[2] hoffte er von einer Zeugin und maßgeblich Beteiligten zu erfahren, was mit den Kisten geschehen war, die man 1941 aus dem Tresor der Preußischen Staatsbank zum Flakturm Zoo verbracht hatte und von denen wiederum zumindest die sechs Kisten im Wiesbadener Collecting Point am Ende des Krieges gen Westen verschickt worden waren. Aber zu seiner Enttäuschung brachten ihre Darstellungen keine zusätzlichen Informationen, die ihm weiterhelfen konnten, sie provozierten vielmehr weitere Nachfragen, weil sie unvollständig waren und anderen Informationen widersprachen, die er bereits zusammengetragen hatte.

Bis Goldmann seine Nachforschungen begann, knüpften Gerüchte über den Verbleib des Goldschatzes von Troja an die Darstellung des früheren Direktors der Abteilung Goldmanns, Wilhelm Unverzagt an. Er, der diese Position von 1926 bis 1945 ausfüllte, hatte verbreitet, dass er drei Kisten mit wertvollsten Objekten an eine hochrangige russische Kommission übergeben habe; bei einem der Kommissionäre, so sagte er, habe es sich um den ehemaligen Direktor der Moskauer Tretjakow-Galerie gehandelt. Goldmann sagt heute, es sei bekannt, dass dieser Mann niemals der Russischen Trophäenkommission angehört hatte, die ihrer Armee nach Berlin gefolgt war und dort die Lagerräume der Museen und andere Verstecke nach Beutekunst durchsucht hatte, die von den Deutschen während des Krieges aus der UdSSR nach Berlin verschleppt worden war.

Aber bei unserem Treffen 1987 ließ Goldmann Unverzagts Bericht außer Betracht. Wenn der *Schatz des Priamos* tatsächlich in Händen der Russen war, warum hatten sie ihn dann nie ausgestellt? Zu dieser Zeit – und bis in die frühen neunziger Jahre hinein – waren die meisten ostdeutschen Museumsdirektoren überzeugt, dass die Sowjets der DDR 1958/59 sämtliche Trophäen zurückgegeben

---

2 Siehe Fn. 1.

hatten, die sie in ihrer Besatzungszone zwischen 1945 und 1948 an sich genommen hatten. Sie glaubten, dass alles, was noch vermisst wurde, sicherlich während des Krieges und danach zerstört oder verloren gegangen war. Die Kriegsbeute aus den Beständen der Berliner Museen hatte man 1958 bei verschiedenen Ausstellungen in der UdSSR gezeigt. Demonstrativ waren die Figuren des Pergamonaltars nach Moskau abtransportiert worden, um sie 1958 an ihr früheres Domizil auf der Museumsinsel zurückzugeben. Das Gebäude war zwischenzeitlich renoviert, seine Bestände waren wieder aufgefüllt und die DDR bemühte sich nach Kräften, aus ihrer Hauptstadt wieder ein Ziel für Touristen zu machen. Den *Schatz des Priamos* auszustellen, wäre er 1958 ebenfalls an die DDR zurückgegeben worden, hätte sicher die Ansammlung an Museumskostbarkeiten vervollständigt, die dort seit Mitte der sechziger Jahre zu sehen war.

Nach Beendigung des Zweiten Weltkriegs berichtete Wilhelm Unverzagt auch, dass einige Kisten mit Beständen seines Museums zur Salzmine Grasleben bei Helmstedt gebracht worden waren. Dieser Ort war seit 1944 eines der Verstecke für Museumsgut westlich von Berlin. Später, ab März 1945, zogen die Berliner Museen noch weiter entfernte Depots vor, wie die Mine bei Merkers. Grasleben wurde erst Anfang April 1945, nachdem Merkers von der US-Armee eingenommen worden war, wieder als Kunstgutdepot auch der Berliner Museen benutzt. Goldmann zweifelte an Unverzagts Bericht, dass man den *Schatz des Priamos* nach Osten verbracht habe, und konzentrierte sich auf die überlieferte Chronologie der Maßnahmen des Museumspersonals, das für die Sicherungsverwahrung und die anschließenden Transporte nach Westen zuständig war. Mit dem Verpacken der wertvollsten Stücke hatte man bereits bei Ausbruch des Krieges 1939 begonnen, da man befürchtete, dass die Briten Berlin bombardieren würden. Zuerst wurden die Kunstwerke in den Tresoren der Banken untergebracht, bis 1941 die neuen, vermeintlich sichereren Flaktürme fertig gestellt waren. Es gab verschiedene Arten von Flaktürmen. Der größte war der *Flakturm Zoo*, ihm folgte der *Leitturm Friedrichshain*.

Ohne Zweifel wurden Bestandslisten über den Inhalt der Kisten gefertigt, bevor man sie in die Tresore und anschließend in die Flaktürme verbrachte. Nach den üblichen Schutzbestimmungen mussten den Kisten bei der Evakuierung Kopien dieser Listen beigefügt werden. Nach Kühnel-Kunze verliefen die Evakuierungen weitgehend geordnet, obwohl nur unzureichende Transportmittel zur Verfügung standen und die Bombardierungen fortdauerten. Auch in den Minen wurden die Kunstwerke von Kustoden, also beamteten Museumswissenschaftlern, betreut, die die Kisten z. B. systematisch anordneten und Drucke und Gemälde regelmäßig auf Schimmel und Feuchtigkeit hin untersuchten. Hierfür waren Bestandslisten unumgänglich. Aber Goldmann fand heraus, dass solche Listen, wie sie heute noch in deutschen Archiven zu finden sind, nur für den Transport und nicht als Sicherungsmaßnahme erstellt worden waren. So stieß Goldmann beispielsweise auf eine Liste mit dreizehn Kisten Archivmaterial aus seinem

Museum, von deren Inhalt er elf wiederfand; die ersten zwei Kisten jedoch, in denen man die vollständigen Inventarlisten der evakuierten Bestände zu finden hoffte, fehlten.

Aus Goldmanns Suche nach verschollenen Schätzen wurde so eine Suche nach vermissten Dokumenten. Wenn sich die Inventarlisten, nach denen er suchte, nicht in deutschen Archiven befanden, dann hatte sie vielleicht die US-Armee gefunden, als sie das Land im April 1945 besetzt hatte. In diesem Fall befanden sie sich möglicherweise in Washington. Mit dem Ziel, in den „National Archives" zu forschen, kam Goldmann 1987 in die Vereinigten Staaten und hoffte zugleich, auch mit Mitgliedern der MFA & A sprechen zu können, die die Minen evakuiert hatten und denen die Bedeutung der Inventar- und Bestandslisten bewusst gewesen sein musste.

Bei der Durchsicht seiner Forschungsergebnisse begann Goldmann eine Theorie über den Zusammenhang der politischen Ereignisse des Frühjahrs 1945 und ihren möglichen Auswirkungen auf das Schicksal der Kunstsammlungen aufzustellen. Hierzu musste er zunächst herausfinden, wann genau Hitler davon überzeugt werden konnte, die Evakuierung der Flaktürme und der Banktresore anzuordnen und die Vermögenswerte des Dritten Reichs nach Westen zu verbringen. Ebenso wie Gold und andere Werte wurden Kunstwerke als Devisenbringer angesehen, die in der Hoffnung in Richtung der West-Alliierten verlegt wurden, dass irgendwie ein Friedensvertrag geschlossen werden könnte, der diese Vermögenswerte für den nächsten deutschen Staat sichern könnte.

Diese Überlegungen führten Goldmann unausweichlich zu den verschiedenen Verschwörungstheorien, die von Historikern und Journalisten seit dem Ende des Zweiten Weltkriegs beschrieben worden sind. Was hätten Hitler und seine nationalsozialistischen Führer unternommen, um ihr Land vor der bedingungslosen Kapitulation zu bewahren und wie weit wären Vertreter der westlichen Regierungen gegangen, um 1944 oder im Frühjahr 1945 einen Waffenstillstand und eine Beendigung des Krieges zu erreichen? Goldmann stand unter dem Einfluss der Lektüre des Buches *The Secret Surrender* von Allen Dulles, dem ehemaligen Chef des Office for Strategic Services (OSS), der späteren Central Intelligence Agency (CIA), dem Leiter der streng geheimen *Operation Sunrise* (Operation Sonnenaufgang), die die Kapitulation der Nationalsozialisten in Italien herbeigeführt hatte.[3] Anscheinend wurde die Verschiebung von Vermögenswerten des Reiches vollständig dokumentiert, aber wann genau hat sie begonnen und wer hat ihre Ausführung koordiniert? Hierüber geben die Akten des Nationalarchivs

---

3 Allen Dulles, *The Secret Surrender*, New York: Harper & Row, 1966, ist eine die Phantasie anregende Erzählung über packende Ereignisse und turbulente Verhandlungen. Da sie sich jedoch auf die Ereignisse in Italien konzentriert, finden die Kunstwerke Deutschlands keine Beachtung.

keine Auskunft. Goldmann glaubt, dass die noch nicht zugänglichen Akten des amerikanischen Finanzministeriums eines Tages Antworten auf diese Fragen liefern werden.

Bezüglich der Aktivitäten der MFA & A meint Goldmann, dass es möglicherweise eine Riege höherrangiger Militäroffiziere gegeben hat, die selbst der OSS angehörte oder mit ihr zusammenarbeitete und für Dulles tätig war, der sich in der neutralen Schweiz aufhielt. Nach seiner Theorie hatten diese Offiziere schon vorab Kenntnis vom Inhalt der Minen und Zugang zu den Inventarlisten, so dass sie hingehen und die wertvollsten Stücke sicherstellen konnten. Ihm war bekannt, dass fast alle unterirdischen Lager mit Kunstwerken von sogenannten *Target Forces*, Sondereinheiten der alliierten Geheimdienste, gefunden wurden und die meisten Inventarlisten verschwunden waren, die sich bei den evakuierten Kunstobjekten befunden hatten.

Solche Überlegungen wurzeln tief im heutigen Verständnis der diplomatischen Verhandlungen über Reparationen und „Restitution in Kind“, dem Ersatz verschollener Kulturgüter der deutschen Kriegsgegner durch unbestritten deutsche Kulturgüter, wie sie im Anhang I zu diesem Buch wiedergegeben sind (siehe „Die Roberts Commission“). Die Vereinigten Staaten hätten aus Altruismus so viel deutschen Staatsbesitz wie möglich vor den Konfiszierungen der Russen oder vor seiner Verwendung als Tauschobjekt im Rahmen der Verhandlungen der Alliierten bewahrt. Eine weniger wohlmeinende Auslegung dieser Theorie sieht die Vereinigten Staaten jedoch nicht besser und nicht schlechter als andere Staaten, wenn es um die Rückerstattung des „sichergestellten“ Kulturgutes geht. Immerhin hatte sich die Regierung der Vereinigten Staaten nach Auffassung Goldmanns bis zur Amtszeit Carters nicht bereit gefunden, die ungarische Krone und die Krönungs-Insignien zurückzugeben. Vielleicht, dachte Goldmann, befindet sich auch der *Schatz der Priamos* in Fort Knox.

Von diesen Fragen bewegt bat Goldmann mich um ein Gespräch. Was hätte ich von meinen Erlebnissen mit der MFA & A zu berichten und was könnte ich ihm zur Untermauerung seiner Verschwörungstheorie mitteilen? Neben meinen Erinnerungen an die Diskussionen unserer Mitarbeiter zu der Zeit der Versendung der 202 hatte ich wenig zu bieten. Mein Glaube an die Integrität der Roberts Commission und der MFA & A saß tief und so erschütterte mich die Nachricht, dass die Verbringung der gesamten Bestände des *Kaiser-Friedrich-Museums* aktiv diskutiert worden war und dass meine Kollegen in Frankfurt und Höchst mutig versucht hatten, die Ausführung einer den Abtransport der Bestände in die Vereinigten Staaten anordnenden Direktive zu verhindern. Wie ich schon sagte, war ich hierüber völlig im Dunklen gelassen worden und ich war total überrascht darüber, was andere MFA & A-Offiziere ohne Schwierigkeiten glauben konnten. Sie waren der Auffassung, die Sammlungen des *Kaiser-Friedrich-Museums* seien ausgewählt worden, weil es die richtigen Stücke enthielt, um Lücken in den Beständen der größten amerikanischen Museen zu füllen. Meine Wut hatte in meinem Ruf nach einer Protestaktion Ausdruck gefunden. Heute erkenne ich mit Erstaunen, wie wichtig dieser Protest war.

Als wir uns in dem Hotelzimmer in Washington gegenüber saßen, erzählte ich Goldmann von meinem Schock und meiner Enttäuschung, die ich über das Telegramm empfand, das die Verbringung der zweihundert unter meiner Aufsicht im Wiesbadener Collecting Point gelagerten Gemälde des *Kaiser-Friedrich-Museums* in die Vereinigten Staaten anordnete. Für ihn durchlebte ich erneut die Ereignisse des 6. und 7. November 1945, als meine Offizierskollegen und ich zusammenkamen, um das Wiesbadener Manifest aufzusetzen. In diesem Moment schien ihn „der Schlag" zu treffen und er ließ die Aufnahme anhalten, um sich die Bedeutung meiner Erinnerungen begreiflich zu machen.

Tief bewegt sagte er zu mir: „Das ist es! Die Protestnote war der Wendepunkt. Es war der wichtigste Moment in der Geschichte der MFA & A, denn er bedeutete, dass von diesem Augenblick an nichts mehr fortgeschafft werden konnte."

Goldmanns Forschungen über die, wie er sich ausdrückte, „Archäologie des Zweiten Weltkriegs" gab vielen Spekulationen neuen Auftrieb und ermutigte andere, dem mysteriösen Verschwinden und den Gerüchten über Diebstähle nachzugehen, welche die Ereignisse der Nachkriegszeit begleiteten. Auch wenn der mit den Aufnahmen in Washington erstellte Dokumentarfilm nur einer kleinen Öffentlichkeit zugänglich war (er wurde nur in Norddeutschland gezeigt), markierte diese Erfahrung jedoch einen Wendepunkt für mich, denn ich begann von den vielen Autoren Notiz zu nehmen, die sich mit der Beutekunst beschäftigten. Am 12. November 1987 brachte *Der Stern* einen hetzerischen Artikel über die Beteiligung der amerikanischen Armee an der Rettung der deutschen Kunstwerke. Schon der Titel „Die Spur führt nach Amerika" erregte meine Aufmerksamkeit. Mein Gespräch mit Klaus Goldmann wurde ebenfalls erwähnt. Ich begann, mein Archiv zu sortieren, suchte nach neuen Beiträgen zum Thema und korrespondierte mit meiner Tochter über die Wiesbadener Zeit. Ich wollte, dass man die Wahrheit über die MFA & A erfährt.

Im Frühjahr 1988 erhielt ich einen Brief von Cay Friemuth zusammen mit einer Kopie des deutschen Dokumentarfilms. Friemuth erklärte mir, dass der Film nicht den Erwartungen des Produzenten entsprochen habe, weil er sich zu sehr mit Goldmanns fruchtloser Suche nach dem Schatz des Priamos beschäftigte, und dass Goldmann und einer der Produzenten an dem Thema weiterarbeiten wollten. „Diesmal", schrieb Friemuth, „nicht mit Blick auf das mysteriöse Verschwinden von Kunstwerken, sondern um die Leistungen der amerikanischen MFA & A aus Sicht der dankbaren nachfolgenden Generation zu würdigen." Friemuth stellte sich selbst als junger Kunsthistoriker vor, der sich mit der britischen MFA & A auseinandergesetzt habe und von Goldmann gebeten worden sei, ihn bei diesem Videoprojekt wissenschaftlich zu unterstützen. Er sagte unter anderem:

> Ich fühle mich geehrt, die Videoaufnahmen gesehen und Ihre Briefe an Dr. Goldmann gelesen zu haben, und teile sein Gefühl tiefen Respekts vor ihrer persönlichen Integrität, ihrer Offenheit und Ihrem Idealismus, zur Aufklärung des streng geheimen Verkehrs mit Kunstwerken im besetzten Deutschland beizutragen. Ihr eigener mutiger Beitrag im November 1945 ist der beste Beweis dafür, dass die amerikanische MFA & A hieran nicht beteiligt war. Sie waren und sind noch immer die zentrale Figur und wir sind dringend auf Ihre Unterstützung (und die Ihrer Tochter) angewiesen, damit unser Projekt ein Erfolg wird.[4]

Friemuths Versicherungen über die Motive der künftigen Zusammenarbeit waren in der Tat hilfreich, denn nach meinem ersten Treffen mit Klaus Goldmann erschien im Dezember 1987 ein sehr befremdlicher Artikel im New Yorker Kunstmagazin *Art and Antiques.* Der Beitrag von Sol Chaneles, einem ehemaligen Vorsitzenden der Fakultät *Criminal Justice* (Kriminologie) an der Rutgers University, trug den Titel: „The Great Betrayal; Where are the 16 million works of art stolen by the Nazis during World War II? An exclusive report on the most tragic case of plundering and counter-plundering in history." (Der große Treubruch; Wo sind die 16 Millionen von den Nazis während des Zweiten Weltkriegs gestohlenen Kunstwerke? Ein exklusiver Beitrag über den tragischsten Fall von Plünderung und Gegenplünderung in der Geschichte.)"[5] Nie hatte er meine MFA & A-Freunde oder mich kontaktiert und nun verbreitete er Fehlinformationen über uns und unsere Aktivitäten.

Chaneles streifte viele Themen mit der offensichtlichen Einstellung, dass die Mission der MFA & A ein Fehlschlag war. Er ging die gesamte Liste von 123 Namen durch, die 1946 im „Report of the American Commission", dem Schlussbericht der Roberts-Commission, veröffentlicht worden waren, und verwechselte dabei fortwährend ihre Funktionen und Pflichten. Cay Friemuth schrieb, dass Chaneles „die Verantwortungsbereiche der einzelnen Einrichtungen durcheinander brachte, die völlig unabhängig voneinander (und teilweise sogar gegeneinander) arbeiteten."[6] Anscheinend hatte er die Memoiren einiger meiner Kollegen gelesen, aber er stellte den Inhalt verzerrt dar. Zum Beispiel behauptete er: „Viele (MFA & A-Offiziere) lebten in luxuriösen Villen, Hotels und Schlössern."[7] Auch wenn darin ein Körnchen Wahrheit steckt, so waren diese Unterkünfte doch alles andere als „luxuriös", sondern viele von uns lebten zu mehreren in kleinen Zimmern, aßen (falls überhaupt Zeit zum Essen war) in Kantinen und badeten nur einmal in der Woche, wenn frische Kleidung ausgegeben wurde.

---

4 Cay Friemuth an Walter Farmer, Hamburg, 22. März 1988. WIF-Dokumente.

5 Chaneles, Sol, „The Great Betrayal," *Art and Antiques*, (Dezember 1987), 93.

6 Cay Friemuth an Walter Farmer, Hamburg, 22. März 1988.

7 Chaneles, siehe Fn. 5, 101. Es stimmt zwar, dass sowohl Rorimers *Survival* als auch Tom Howes *Salt Mines and Castles* die bunte Vielfalt der Unterkünfte der MFA & A beschreiben, aber dies stets mit einem gewissen Augenzwinkern und mit Ironie, die eigentlich unmissverständlich war.

Gegen Ende seines Essays zitierte Chaneles Edith Standen, die ihm angeblich von MFA & A-Angehörigen erzählte, „die sich Kunstwerke für ihre Quartiere oder zur Ausstaffierung prunkvoller Übergangswohnungen für Offiziere ‚ausgeliehen‘ hatten," und die auch gesagt haben soll: „Es gab viele zweifelhafte Gestalten in dieser Einheit."[8] Diese Zitate waren aus dem Zusammenhang gerissen und verzerrt; sie veranlassten Edith zu einer Gegendarstellung, die in der Märzausgabe 1988 von *Art and Antiques* abgedruckt wurde. Weil dies das einzige Schreiben eines MFA & A-Offiziers war, das veröffentlicht wurde, möchte ich einen Absatz daraus zitieren.

> Ich weiß von keinem einzigen Werk, das ein MFA & A-Offizier unterschlagen hätte; von den Männern und Frauen, die ich persönlich kannte, wäre keiner zu einer solchen Handlung imstande gewesen. Wir waren Offiziere in der Armee der Vereinigten Staaten, wir gehorchten den Vorschriften der Armee, legten entsprechende Berichte vor und lebten genau so, wie die anderen Bediensteten der Militärregierung. Die Beamten, die während des Krieges in den vorrückenden Truppen gedient hatten, wie z. B. James Rorimer, lebten wie die anderen Soldaten und haben sich durch ihren Einsatz für die Bewahrung von Kunstwerken die ewige Dankbarkeit aller Kunstliebhaber verdient.[9]

Goldmanns Theorien über Kunstraub erfuhren weitere Beachtung durch einen Artikel, der am 25. Januar 1988 in *Insight* veröffentlicht wurde. Der Autor Derk Kinnane Roelofsma vermischte die Anschuldigungen deutscher Journalisten des *Stern*-Magazins geschickt mit denen von Sol Chaneles, wie sie in *Art and Antiques* veröffentlicht sind, oder mit dessen neuen Behauptungen, die er später in Interviews äußerte. Erneut wurde auf meine gegenüber Klaus Goldmann gegebenen Kommentare Bezug genommen und mit anderen Vorwürfen vermischt.[10] Sicher trug die Wiederentdeckung des Quedlinburger Domschatzes in Amerika zu einer weiteren Belebung dieser Thesen bei.

Ende der achtziger Jahre entstand ein neuer Kontakt, nämlich zu Michael I. Kurtz aus Annapolis, Maryland. Seine Dissertation mit dem Titel: *Nazi Contraband: American Policy on the Return of European Cultural Treasures, 1945–1955. (Nazi-Schmuggelware: Amerikanische Politik zur Rückgabe europäischer Kulturschätze, 1945–1955)*[11] enthielt neue Informationen. Für seine Dissertation hatte Kurtz große Mengen unveröffentlichter Quellen ausgewertet, die vornehmlich aus dem Außenministerium, der Armee oder auch der National Gallery of Art stammten, und sein Text war peinlich genau belegt. Vehement verteidigte Kurtz die Handlungen der MFA & A:

---

8 Chaneles, siehe Fn. 5, 103.

9 „Letters", *Arts and Antiques*, März 1988, S. 22. Abschriften dieser unveröffentlichten Briefe finden sich bei den WIF-Papieren.

10 Roelofsma, Derk Kennane, „Europe's Search for its Missing Art," *Insight*, 25. Januar 1988, Seite 50.

11 Veröffentlicht in der Reihe Modern American History bei Garland Publishing, Inc. 1985.

> Mitglieder der MFA & A erhielten etwa 15 Millionen Kulturgüter aus 1400 Lagerstätten der amerikanischen Besatzungszone. Ganze 75% wurden als rechtmäßiges deutsches Eigentum eingestuft und ihren Eigentümern zurückgegeben. Nicht 200000, wie Mr. Chaneles behauptet, sondern 3750000 wurden den Ländern zurückgegeben, aus denen die Nazis sie geraubt hatten. Mr. Chaneles scheint sich auch nicht darüber im Klaren zu sein, dass internationale Abkommen aus jener Zeit die Rückgabe von geraubten Kulturgütern in die Herkunftsländer verlangten. Die amerikanische Regierung machte mehrere Ausnahmen. So wurden manche Stücke an Privatpersonen zurückgegeben, die aus dem kommunistischen Osteuropa flohen, anstatt sie den entsprechenden Ländern zu überlassen, und jüdisches Eigentum, für das keine Erben ermittelt werden konnten, wurde 1949 von OMGUS an eine jüdische Nachfolgeorganisation übergeben, der Jewish Cultural Reconstruction, Inc.[12]

Ein weiterer Kontakt entstand Ende der achtziger Jahre zu Lynn Nicholas, die für ihre eigene Veröffentlichung *The Rape of Europe: The Fate of Europe's Treasures in the Third Reich and the Second World War* (1994) recherchierte. Am 12. April 1988 legte sie beim IFAR (Institute for Art Research) in New York ein Thesenpapier vor und verteidigte die MFA & A.[13]

Mein Briefwechsel mit Cay Friemuth führte zu seiner Reise nach Cincinnati im Dezember 1988. Vor seinem Besuch bemühte ich mich gemeinsam mit Kay Rorimer, der Witwe meines Freundes Jim Rorimer, Friemuth ein Treffen mit weiteren noch lebenden MFA & A-Offizieren zu ermöglichen und Verabredungen mit Lynn Nicholas und Michael Kurtz zu treffen, die ihm beide wertvolle Hilfe leisteten. Während ich mit Cay Friemuth arbeitete, setzte ich auch den Briefwechsel mit Klaus Goldmann fort. Unser Kontakt und unsere Freundschaft vertieften sich noch durch Margarets Besuch bei Goldmann im Herbst 1988.

Aus Friemuths Besuch und seinen weiteren Forschungsarbeiten entstand das Buch *Die geraubte Kunst,* das 1989 erschien. In seinem vierten Kapitel „Westward Ho – auf nach Amerika!" veröffentlichte Friemuth das an mich adressierte Telegramm mit dem Befehl zur Verbringung der 202 sowie den vollständigen Text des Wiesbadener Manifests, ergänzt um einige Zitate aus meinen Briefen an Josselyn. Ich habe den Eindruck, er wollte diese berechtigte Protestaktion in einen scharfen Kontrast zu seinen anderen Berichten über das Vorgehen von Mitgliedern der Roberts-Kommission einschließlich Francis Henry Taylor und Armeegeneral Lucius Clay stellen. Als junger deutscher Historiker neigte er wie Klaus Goldmann zu der Annahme, dass es zahlreiche Diebstähle durch amerikanische Soldaten gegeben habe und dass diejenigen Amerikaner, die kontrovers über Reparationsleistungen diskutierten, gewisse Pläne geschmiedet hätten, in Deutschland Kunstwerke zu plündern. Und dennoch gab Friemuth nach einer ähnlichen Liste von Vorwürfen folgende Einschätzung ab:

---

12 „Briefe", *Arts and Antiques,* März 1988, S. 22.

13 Der Abdruck ihrer Rede befindet sich in den WIF-Archiven.

> Kriegsreparationen sind kein Diebstahl. Keine Schätze der Welt können ein Volk wie die Amerikaner entschädigen, deren Land im Zweiten Weltkrieg unversehrt blieb, aber deren junge Männer bei der Befreiung Europas ihr Leben lassen mussten. Ausgerechnet vor dem Hintergrund des Idealismus der amerikanischen Kunstoffiziere nimmt die Verwahrung von Kulturschätzen durch die amerikanische Armee einen schalen Beigeschmack an. Es ist kein Wunder, dass diese Offiziere, und besonders Walter Farmer, verlangen, dass die Schätze wieder ausgestellt werden, und dass diejenigen Leute, die Werke zurückbehalten, entlarvt werden.[14]

Der Fall der Berliner Mauer im November 1989 veränderte Klaus Goldmanns Leben für immer, wie auch das Leben so vieler anderer, die im geteilten Deutschland aufgewachsen waren. Goldmann hatte Cay Friemuth bei der Erstellung seines Manuskriptes unterstützt, während er weiter Hinweisen auf den *Schatz des Priamos* nachging. Nachdem die Wiedervereinigung so plötzlich Wirklichkeit geworden war, nahm Goldmanns Arbeitslast zu. Am 10. Juni schrieb er an Margaret:

> Du wirst verstehen, dass uns die neue Situation in Berlin und in Deutschland vor viele neue Probleme gestellt hat – aber alle Schwierigkeiten können und werden gelöst werden, da bin ich mir völlig sicher! Deshalb bereiten wir die Wiedervereinigung unserer Berliner Museen vor und listen nun auf beiden Seiten alle verlorengegangenen Werke auf, die während des Krieges verbrannten oder gestohlen wurden. All dies war vor dem Fall der Berliner Mauer sehr schwierig. Deshalb war ich in der zweiten Maihälfte zusammen mit meinem Freund und Kollegen Dr. Kerndl, der fließend russisch spricht, in Moskau und Leningrad. Wir stießen auf einige sehr interessante Unterlagen aus deutschen Quellen, die die Russen 1945 konfisziert hatten, sogar auf Listen unseres Berliner Antikenmuseums, in denen die Russen all die Werke vermerkt hatten, die sie als „Reparationen" mitgenommen hatten. Jetzt können wir kontrollieren, was wirklich nach Deutschland zurückgekommen ist. Anscheinend sind sie bereit, ihre geheimen Lager zu öffnen. Wie auch immer – viele weitere Höhepunkte europäischer Kunst befinden sich in ähnlichen Verstecken in Deinem Land, das hast Du ja am Beispiel des Quedlinburger Domschatzes gesehen.[15]

Goldmanns Bemühungen um weitere Publikationen trugen Früchte. Ein Artikel in der *Frankfurter Allgemeinen* vom 11. Oktober 1990 rezensierte seine Verschwörungstheorien, die auf seinen Entdeckungen über eine angebliche „Operation Gold Cup" der Amerikaner basierten, und griff seine Einschätzung auf, dass der *Schatz des Priamos* sich in den Vereinigten Staaten befinden müsse. Er wiederholte diese These in seinem Buch *Vernichtet, Verschollen, Vermarktet. Kunstschätze im Visier von Politik und Geschäft* vom Herbst 1992, einer Sammlung von Anekdoten, die er aus seiner Forschung und aus seinen früheren Publikationen entnommen und zusammen mit Günter Wermusch geschrieben hatte.[16]

---

[14] Friemuth, Cay. *Die geraubte Kunst*, Braunschweig: Westermann, 1989, 116.

[15] Klaus Goldmann an Margaret Farmer Planton, Berlin, 10. Juni 1990.

[16] Herausgegeben im MUT-Verlag, Asendorf.

Der offene Spalt in der Tür zwischen Ost und West ebnete den Weg für Gespräche und Besuche und öffnete den Zugang zu östlichen Quellen. 1990 und 1992 sprachen die deutsche und die russische Regierung über die Rechtsgrundlagen ihrer Verhandlungen über „verschollene Kunstwerke". „Beide Seiten kommen überein, dass verschwundene oder unrechtmäßig unterschlagene Kunstschätze, die sich nicht in ihrem Territorium befinden, ihren Eigentümern oder deren Nachfolgern zurückgegeben werden."[17] Goldmann wurde bald auf Russland aufmerksam, als die kühnen Artikel der beiden Moskauer Kunsthistoriker Konstantin Akinsha und Grigorii Koslov aufdeckten, dass sich fehlende Kunstwerke sowie der Goldschatz aus Troja in der „Sowjetunion" verbargen.[18] Am 29. Dezember 1992 schrieb er in einem Brief an meine Tochter: „Nach einigen weiteren Jahren der Forschung kann ich nur wiederholen, was ich schon vor langem gesagt habe: Walters „Wiesbadener Manifest" ist der Höhepunkt des Muts und persönlichen Engagements im Bereich der Kunst während des Zweiten Weltkrieges."[19]

1992 wandte sich ein deutscher Journalist im Namen der Associated Press an mich, wegen eines Artikels, der letztlich am 17. Januar 1993 in *The Salt Lake Tribune* veröffentlicht wurde. Den Anlass gab ein Treffen deutscher und russischer Regierungsvertreter und Kunstexperten, das in Dresden stattfinden und bei dem gemäß einem 1991 zwischen beiden Ländern vereinbarten Vertrag eine bilaterale Rückgabekommission eingesetzt werden sollte. Neben Goldmanns Theorien erläuterte der Artikel auch die Thesen eines neuen Wortführers, Kenneth Alford, ein Bankangestellter aus Richmond, Virginia, der zwölf Jahre lang die US-Militärarchive nach Hinweisen auf angeblich von US-Soldaten geraubte deutsche Kunst durchforstet hatte. Ich war erfreut, einmal mehr festzustellen, dass Soldaten eben Soldaten sind und es Beutezüge auf allen Seiten gegeben hat, aber die MFA & A nicht an ihnen beteiligt war. „Wir alle wollten den Deutschen gehörende Kunstwerke vor Diebstahl durch uns selbst und durch jeden anderen bewahren."

Der Artikel deckte auch auf, dass Klaus Goldmann jetzt wusste, wo sich der Schatz des Priamos befand! Er wurde mit folgenden Sätzen zitiert: „Zusammen mit Artefakten aus einem bronzezeitlichen Goldfund nördlich von Berlin und

---

[17] „Russia's Hidden Treasures in the cellars of the Pushkin," *Economist*, 24. Dezember 1994 bis 6. Januar 1995, Seite 62.

[18] Konstantin Akinshas und Grigorii Koslovs „Kriegsbeute: Die verborgenen Schätze der Sowjetunion." *ARTnews* 90, April 1991, Seite 130–141, begann eine Reihe von Aufsätzen. Konstantin Akinsha, Grigorii Koslov und Sylvia Hochfield, *Stolen Treasure – the Hunt for the World's Lost Masterpieces*, London, Weidenfeld & Nicholson, 1994, und *Beautiful Loot – The Soviet Plunder of Europe's Art Treasures*, New York, Random House, 1995.

[19] Brief von Klaus Goldmann an Margaret Farmer Planton vom 29. 12. 1992, WIF-Dokumente NGA, Washington D.C.

anderen Höhepunkten des Museums, wurde der Goldschatz aus Troja in 26 Kisten verpackt, und den Aufzeichnungen zufolge in die Sowjetunion gebracht." Im Sommer 1993 erklärten die Russen vor der Weltöffentlichkeit ganz offiziell, dass sie im Besitz des *Schatzes des Priamos* seien. Die Erregung war ihm noch anzumerken, als Goldmann im Oktober 1994 anrief, um zu erzählen, dass er in Moskau den Goldschatz aus Troja gesehen habe. Er dankte mir für meine Hilfe und Unterstützung und verkündete überall, dass die MFA & A den Goldschatz nicht angerührt hätten. Die Zeit wird erweisen, ob die Schätze jemals nach Berlin zurückkehren werden; zumindest sind sie jetzt wieder zur Besichtigung und für die Forschung zugänglich. 1994 und 1995 wurde nach und nach bekannt, dass in russischen Kellern Gemälde und Kunstsammlungen lagerten, die man lange für vernichtet gehalten hatte.

Die größten Aufdeckungen der frühen neunziger Jahren brachte das Symposium von Januar 1995 mit dem Thema: „Kriegsbeute, der Zweite Weltkrieg und seine Folgen: Verlust, Wiederentdeckung und Wiedererlangung von Kulturgütern". Das Symposium wurde vom Bard Graduate Center for Studies in the Decorative Arts unter der Direktorin Susan Weber Soros veranstaltet. Dieses offene Forum vereinte alle internationalen Größen, brachte die Diskussion über die Restitutionen auf den neuesten Stand und sollte „eine kooperative Atmosphäre schaffen, die eine Lösung dieser Probleme ermöglichte." Die Veröffentlichung von Lynn Nicholas preisgekröntem *Der Raub der Europa* im Jahr 1994 hatte ebenfalls dazu beigetragen, eine Plattform für diesen offenen Dialog zu errichten.

Das Symposium dauerte drei wundervolle Tage lang und ließ 48 Redner zu Wort kommen. In diesem bemerkenswerten Rahmen durfte ich der Welt erklären, was wir in Wiesbaden getan hatten und wie das Wiesbadener Manifest zustande gekommen war. Unter der Moderation der MFA & A-Mitarbeiterin Edith Standen beschrieb jeder der Vortragenden, der die MFA & A-Offiziere Craig Hugh Smyth und S. Lane Faison, der Art Intelligence Officer (Kunstnachrichtenoffizier) Bernard Taper und der Direktor der Art Looting Investigation Unit (Untersuchungseinheit Kunstraub) James S. Plaut, angehörten, seine persönlichen Erlebnisse. Im Anschluss an unsere Beiträge erklärte ein Russe, wie leid es ihm tue, dass die Russen nicht in gleicher Weise gehandelt hätten wie die Amerikaner. Funken sprühten, als Regierungs- und Museumsangestellte ihre Sichtweisen vortrugen. Für das deutsche Auswärtige Amt ergriffen Hagen Graf Lambsdorff und Dr. Armin Hiller das Wort. Mehrere russische Teilnehmer räumten während des Symposiums ein, dass sich weitere, noch vermisste Kunstwerke in ihrem Lande befänden, darunter viele in Privatbesitz. Dargestellt wurden auch die bislang weitgehend unbekannten russischen Pläne für die Gründung eines großen Kulturmuseum im Stile von Hitlers Museumsplänen für Linz. Während der Abschlusssitzung des Symposiums verlas Graf Lambsdorff den vollen Wortlaut des Manifests in englischer Sprache; dies war für mich ein emotional zutiefst bewegender Moment.

Die Ausgabe der *New York Times*, die meine Tochter und ich am 23. Januar 1995 am Flughafen kauften, bereitete die Kontroverse für die Öffentlichkeit auf. „Enthüllungen und Kopfzerbrechen über sowjetische Beschlagnahmen von Kunstwerken", zitierte Irina Antonowa, Direktorin des staatlichen Puschkin-Museums mit den Worten: „Der Krieg ist noch nicht zuende, solange wir diese Fragen nicht geregelt haben."[20] Am Sonntag, den 12. Februar, berichtete ein zweiter Artikel „Helden der Kunst in Kriegszeiten" über den neuesten Stand. Die Ausstellung „Zweimal gerettet" im Puschkin-Museum der Schönen Künste in Moskau und „Verlorene Schätze wiedergefunden" in der Eremitage in St. Petersburg 1995 setzten die Debatte in der internationalen Presse fort und verschärften die politischen Spannungen. Als Elizabeth Simpson 1997 die Beiträge des Symposiums *The Spoils of War* für den Druck vorbereitete, stellte sie fest: „Der Optimismus der ersten Hälfte dieses Jahrzehnts muss sich in der zweiten Hälfte erst noch bewahrheiten."[21]

Ich denke, die Beachtung, die das Manifest auf dem Symposium erfuhr, bewog die deutsche Regierung dazu, mir eine Auszeichnung zu verleihen. Als Dr. Ruth Meyer begann, diese Memoiren zu schreiben, fragte sie nach, ob ich nicht eine Art von Anerkennung erhalten sollte. Die Bedeutung des Manifests war nun geklärt. Wie Goldmann festgestellt hatte, waren weitere Transporte wichtiger deutscher Kunstwerke in die Vereinigten Staaten geplant gewesen. „Die 202 waren nur die Spitze des Eisbergs. Wenn es nach den Verschwörern gegangen wäre, wären wohl weitere Transporte gefolgt, alle unter dem Deckmantel der Verwahrung."[22] Das politische Klima hätte unter dem Vorwand der „Verwahrung" weitere Kunsttransporte ermöglicht, aber im Januar 1946 hatten sich die Geschichte des Protestes und der Text des Wiesbadener Manifests so weit verbreitet, dass die Operation „Westwärts, Watteau" nicht fortgesetzt werden konnte.

Am 27. September 1995 unterzeichnete der deutsche Bundespräsident Roman Herzog die Urkunde, mit der mir das Große Verdienstkreuz der Bundesrepublik Deutschland verliehen wurde. Ich möchte Dr. Ruth Meyer, Ute Papke, Präsidentin der Städtepartnerschaft Cincinnati – München, Botschafter Hagen Graf Lambsdorff, Dr. Armin Hiller, Prof. Dr. Henning Bock und Dr. Klaus Goldmann meine aufrichtige Dankbarkeit aussprechen, die alle dazu beigetragen haben, dass ich diese Auszeichnung erhalten habe. Am 9. Februar 1996 über-

[20] Ralph Blumenthal, „Revelations and Agonizing on Soviet Seizure of Artwork," *The New York Times*, 25. Januar 1995, C 11; und „Without Portfolio: Wartime Art Daredevils", 12. Februar 1995, Seite 32.

[21] Simpson, Elisabeth (Hrsg.), *The Spoils of War, World War II and its Aftermath: The Loss, Reappearance and Recovery of Cultural Property*, New York: Harry N. Abrams, 1997, 15.

[22] Gespräch RKM mit Klaus Goldmann, Berlin, 3./4. Mai 1994.

reichte mir der deutsche Vizekanzler und Außenminister Dr. Klaus Kinkel den Orden und richtete ein Festessen auf dem Petersberg bei Bonn aus. Er sagte: „Meine Damen und Herren, Walter Farmers bleibende Leistung als Offizier des Kunstschutzes liegt in seinem unerschütterlichen Glauben daran, dass niemand, auch nicht die Sieger eines Krieges, über Kulturgut verfügen darf. Die Grundsätze des internationalen Rechts wie sie im Wiesbadener Manifest bekräftigt wurden, sind in der heutigen Debatte über die Rückgabe kriegsbedingt verschleppter Kunstwerke noch immer hochaktuell.“ [23] Voll Stolz nahm ich die Auszeichnung im Namen aller MFA & A-Offiziere entgegen.

Die Reise zu der Ordensverleihung schloss eine Woche Aufenthalt in Berlin mit ein. Zum ersten Mal sollte ich viele der wunderbaren Schätze sehen, um die ich mich gekümmert hatte, als sie noch in Kisten verstaut waren. Meine Tochter, mein Freund Ted Gantz und ich wurden von den Museumsdirektoren herzlich empfangen. Völlig neu war für mich die Erfahrung, dass eine Gruppe von Journalisten den Besuch mitverfolgte. Die deutschen Dolmetscher und meine Tochter sorgten gut für mich und achteten darauf, dass ich meinen 85 Jahre alten Knochen genügend Ruhe gönnte. Es wurde eine sehr persönliche und lohnende Reise.

Bald nach unserer Rückkehr nach Hause begannen Margaret und ich mit der Arbeit an dem Artikel, den wir auf Bitten von Prof. Dr. Werner Knopp, dem Präsidenten der *Stiftung Preußischer Kulturbesitz* für das 1996er *Jahrbuch Preußischer Kulturbesitz* schreiben sollten.[24] Ich freute mich über die Möglichkeit, einer deutschen Leserschaft die Maßnahmen und Absichten der MFA & A zu erläutern, mit Klaus Goldmann zusammenzuarbeiten und die neueren Entwicklungen mitzuverfolgen. Welche neuen Entdeckungen stehen noch bevor?

Die Berichterstattung über meine Auszeichnung hat auch die Aufmerksamkeit der *Großloge der Alten Freien und Angenommenen Maurer von Deutschland* erregt. Sie luden mich nach Deutschland ein, wo sie mir den Humanitären Preis der Deutschen Freimaurer verleihen wollten, eine große Ehre, weil ich selbst kein Freimaurer bin. Im Juli 1996 erschien in ihrer Zeitschrift *Eleusis* ein längerer Aufsatz über das Manifest mit einem Leitartikel von Ulrich Wolfgang unter dem Titel „Keine Kränkung ist so schmerzlich wie der Diebstahl des kulturellen Erbes.“ [25]

Am 10. Mai 1997 nahm ich in Fürth in Deutschland in tiefer Demut die Ehrung entgegen, die für mich zugleich ein Akt war „des Gedenkens an einen großen

---

23 Vollständiger Text in den WIF-Unterlagen, NGA, Washington D.C.

24 Walter I. Farmer und Margaret Farmer Planton: The Wiesbaden Manifesto of 7. November 1945 in: *Jahrbuch Preußischer Kulturbesitz* 33, Berlin 1997, Seite 91–119.

25 *Eleusis* Beiträge zur Kultur aus freimaurerischer Geisteshaltung. Frankfurt/M. Nr. 51, 4. Juli 1996.

Menschenfreund, der ein Mann mit ungeheuerer Autorität und Führungskraft war, General Eisenhower. Er machte sich die Mühe, seinem Glauben an die Rettung der europäischen Kultur Ausdruck zu verleihen, als er vor der Invasion Italiens am 29. Dezember 1943 einen Befehl unterschrieb, das kulturelle Erbe zu beschirmen." Dr. Goldmann hielt die Laudatio und sprach über das Manifest. Einen persönlichen Brief des ungarischen Premierministers Gyula Horn, der diese Auszeichnung vor mir erhalten hatte, bewahre ich als kostbares Andenken auf.

Der fünfzigste Jahrestag des D-Day, der 6. Juni 1944, der Tag der Invasion in West-Europa, ist vorbei, vergangen sind auch die Jahrestage des 20. August 1945, an dem die ersten Kunsttransporte im instandgesetzten Central Collecting Point in Wiesbaden eintrafen, und ebenso der Jahrestag des 7. November 1945, an dem die Verkündung des Wiesbadener Manifests erfolgte. Dieser Protest bewahrte mein Land vor Schimpf und Schande. Ich werde immer sehr stolz auf den Augenblick sein, in dem ich den Mut gefunden habe, aufzustehen und zu rufen „Wir müssen es verhindern!", ohne an die Folgen für mich selbst zu denken. Es bleibt mein unveränderlicher Wunsch, dass all die heute noch vermissten Kunstwerke gefunden und so zugänglich werden, dass sie der ganzen Welt gezeigt werden können.

Walter Ings Farmer, Lebenslauf

1911	Geboren am 7. Juli in Alliance, Ohio als Sohn von Fred Elihu und Alice Matilda (Putland) Farmer
1935	Bachelor of Arts und Bachelor in Architecture an der Miami University in Oxford, Ohio
1935–42	Designer bei A. B. Closson, Jr. Company in Cincinnati, Ohio
1936–70	Dozent am Cincinnati Art Museum
1942	Eheschließung mit Josselyn Liszniewska am 19. Februar in Cincinnati, Ohio, Scheidung 1946
1942	Eintritt in die US-Armee im März
1945–46	Mitglied der Monuments, Fine Arts and Archives Commission for the Protection and Salvage of Artistic and Historic Monuments in War Areas des US-Außenministeriums; Direktor der Wiesbadener Sammelstelle. Das Wiesbadener Manifest wurde am 7. November 1945 verfasst.
1946–49	Designer bei Foley's und Gründer des Contemporary Art Museum in Houston, Texas
1947	Eheschließung mit Renate Wichelmann Hobirk am 15. Juni in Houston, Texas; Scheidung 1966
1949	Geburt von Tochter Margaret Cornelia Farmer am 13. Februar
1949–97	Designer und Inhaber der Greenwich House Interiors in Cincinnati, Ohio; 1963 Erhalt des S. M. Hexter Award, 1967 des Factory's Top Plants of the Year Award und 1972 des Designer's Choice Award F. Schumacher and Co.
1950–67	Dozent an der University of Cincinnati, Ohio
1973	Verleihung der Ehrendoktorwürde der Miami University in Oxford, Ohio
1978	Gründer des Miami University Art Museum in Oxford, Ohio
1987	Veröffentlichung von *In America Since 1607* mit Margaret Farmer Planton (Hrsg.)
1987	Begegnung mit Dr. Klaus Goldmann in Washington D. C.
1995	Vortrag auf dem Symposion „Kriegsbeute, der Zweite Weltkrieg und seine Folgen: Verlust, Wiederentdeckung und Wiedererlangung von Kulturgütern"
1996	Auszeichnung mit dem Großen Verdienstkreuz und Veröffentlichung des Beitrags „Das Wiesbadener Manifest vom 7. November 1945" im Jahrbuch Preußischer Kulturbesitz
1997	Verleihung des Humanitäts-Preises der Großloge der Alten Freien und Angenommenen Maurer von Deutschland (10. Mai)
1997	Verstorben am 9. August in Cincinnati, Ohio

Die Besatzungszonen 1945–1949

Deutschland 1945. Die Besatzungszonen der Alliierten

Übernommen mit freundlicher Genehmigung aus: *Cay Friemuth* Die geraubte Kunst, Braunschweig 1989, S. 65.

Anhang I

Dr. Ruth Meyer, die ehemalige Direktorin des Taft-Museums in Cincinnati (siehe Seite 3), verfasste den Text *Die Roberts Commission* im Zuge ihrer Arbeiten an dem ersten Entwurf dieser Veröffentlichung. Er schildert die politischen Hintergründe der Errichtung der MFA & A während des Zweiten Weltkrieges aus ihrer Sicht.

Die Roberts Commission

Ruth K. Meyer

Am 29. Dezember 1943 gab General Eisenhower das folgende Schriftstück über die Erhaltung von Baudenkmälern heraus, das die Grundsätze der Monuments, Fine Arts and Archives (MFA & A) erläuterte und von höchster Stelle bestätigte. Präsident Roosevelt veröffentlichte diese Verlautbarung in einer Konferenz des Weißen Hauses am 15. Februar 1944, während in Italien Militäroperationen liefen.

> Heute kämpfen wir in einem Land, das in großem Umfang zu unserem kulturellen Erbe beigetragen hat, ein Land reich an Baudenkmälern, die mit ihrer Erschaffung die Entwicklung unserer eigenen Zivilisation gefördert haben und diese durch ihr historisches Alter dokumentieren. Wir haben diese Denkmäler zu respektieren, soweit der Krieg es erlaubt.
>
> Wenn wir zwischen der Zerstörung eines berühmten Gebäudes und dem Opfertod unserer eigenen Soldaten zu wählen haben, dann zählt das Leben unserer Männer unendlich mehr und die Gebäude müssen weichen. Aber die Wahl ist nicht immer so einfach. In vielen Fällen können Baudenkmäler verschont werden, ohne militärische Erfordernisse zu beeinträchtigen. Nichts kann das Argument militärischer Notwendigkeit entkräften. Darüber besteht Einigkeit. Aber manchmal wird der Begriff der „militärischen Notwendigkeit" bemüht, wo es aufrichtiger wäre, von militärischer Zweckmäßigkeit oder sogar von Bequemlichkeit zu sprechen. Ich möchte es jetzt als Nachlässigkeit oder Gleichgültigkeit bezeichnen.
>
> Es liegt in der Verantwortung der Oberbefehlshaber, die historisch bedeutenden Bauwerke durch AMG-Offiziere auszumachen, mögen sie nun unmittelbar vor der Frontlinie oder in den von uns besetzten Gebieten liegen. Sobald diese Information auf dem normalen Dienstweg bis zu den niedrigeren Dienstgraden durchgedrungen ist, tragen alle Befehlshaber die Verantwortung, sie im Geiste dieser Verlautbarung umzusetzen.[1]

Am 26. Mai 1944 gab General Eisenhower das folgende Schriftstück über die Erhaltung von historischen Baudenkmälern heraus und erweiterte damit die Grundsätze seiner Direktive für den Krieg in Italien:

> In Kürze werden wir uns unseren Weg quer über den europäischen Kontinent durch Schlachten bahnen, die unsere Zivilisation schützen sollen. Unausweichlich werden wir dabei auf historische Baudenkmäler und kulturelle Zentren stoßen, die für die Welt das symbolisieren, was wir mit unserem Kampf bewahren wollen.
>
> Es liegt in der Verantwortung jedes einzelnen Befehlsführers, diese Symbole wann immer möglich zu beschützen.
>
> In manchen Fällen mag den Erfolg einer Militäraktion beeinflussen, dass wir die Zerstörung hochgeschätzter Denkmäler scheuen. Wenn, wie in Cassino, der Feind

---

[1] Report of the American Commission for the Protection and Salvage of Artistic and Historic Monuments in War Areas, Washington, D.C., 1946, 48–49.

> bei seiner Verteidigung auf unser kulturhistorisches Gewissen baut, dann geht das Leben unserer Leute vor. Sobald also die militärischen Notwendigkeiten es verlangen, dürfen die Befehlshaber alle erforderlichen Maßnahmen anordnen, auch wenn sie die Zerstörung eines bedeutsamen Ortes nach sich ziehen.
>
> Es gibt jedoch viele Situationen, in denen Beschädigung und Zerstörung nicht notwendig und nicht zu rechtfertigen sind. In diesen Fällen haben die Befehlshaber Zurückhaltung und Disziplin zu üben, so dass Zentren und Werke von historischer und kultureller Bedeutung verschont bleiben. Berater für zivile Angelegenheiten in höheren Dienstgraden müssen Befehlshaber über die Standorte historischer Baudenkmäler vor und hinter der Frontlinie unterrichten. Diese Informationen werden zusammen mit den notwendigen Ausführungsbestimmungen auf dem Dienstweg an alle Dienstgrade weitergeleitet.[2]

General Eisenhowers Verlautbarung markierte einen Meilenstein auf einem schon siebzig Jahre währenden Weg. Nach dem französisch-preußischen Krieg fassten europäische Staatsmänner 1874 den Beschluss, von nun an gemeinsam gegen die übliche Plünderungspraxis vorzugehen, in der sich von je her die Rache der Sieger gegenüber den Besiegten manifestierte.[3] Ein Blick in die Geschichte zeigt, dass Plünderungen schon immer als Recht und Privileg des Siegers angesehen wurden. Nur langsam war Kritik an diesem Vorgehen laut geworden. Zu Beginn des 19. Jahrhunderts versuchten die europäischen Nationen erstmals, die Idee eines nationalen kulturellen Erbes und seiner künstlerischen Unversehrtheit und Einheit durchzusetzen. Nach und nach kam man überein, dass dieses nationale Kulturgut in Kriegszeiten vor schamlosen Plünderungen und sinnloser Zerstörung bewahrt werden müsse. So wurde ein Teil der Kriegsbeute der französischen Revolutionsarmeen und der Armeen Napoleons an Länder wie Italien zurückgegeben, das die vier Pferde der Fassade San Marcos in Venedig an die französischen Invasoren verloren hatte.

Die Kriegsparteien im französich-preußischen Krieg hatten eine besorgniserregende Entwicklung der Kriegsführung aufgezeigt. Auf einer Reihe sich anschließender internationaler Konferenzen erkannten deren Teilnehmer nun die dringende Notwendigkeit, Einfluss auf die Gepflogenheiten des Militärs zu nehmen. Dank ihrer größeren Schlagkraft und ihrer erhöhten Mobilität waren die Armeen nun in der Lage, Schlachten über größere Entfernungen zu führen, was auch zu größeren Beschädigungen der zivilen Einrichtungen führte. Auf der Brüsseler Konferenz von 1874 kam man überein, Kulturgüter und Bildungsmaterial, auch wenn es sich in Staatseigentum befand, als Privateigentum zu behandeln und deshalb von Beschlagnahmen auszunehmen. Damit wollte man

---

2 Siehe Fußnote 1, 102.

3 Kurtz, Michael J. *Nazi Contraband: American Policy on the Return of European Cultural Treasures, 1945–1955*. New York: Garland, 1985. In der „Einleitung" sind die Ereignisse zusammengefasst, die zur Konferenz von Brüssel geführt haben.

die Armeen daran hindern, historische Gebäude als Festungen zu missbrauchen und sie so der Gefahr ihrer Zerstörung auszusetzen.

1899 und 1907 sollten zwei weitere Konferenzen in Den Haag das Kriegsrecht festlegen und die mutwilligen Zerstörungen eindämmen. Die „Vierte Haager Landkriegsordnung“[4], die bei der Zweiten Konferenz verabschiedet wurde, enthielt in ihrem Anhang einige Bestimmungen, die für den Eigentumsschutz im Völkerrecht grundlegend wurden. Artikel 47 verbot Plünderungen, während Artikel 56 ausdrücklich festlegte, dass die Beschlagnahme oder Zerstörung von kulturellen Einrichtungen, Baudenkmälern, Kunstwerken und wissenschaftlichen Werken nur aufgrund gesetzlicher Anordnung erlaubt sein sollte. Europäische und außereuropäische Mächte einschließlich der Vereinigten Staaten, Deutschlands, Russlands, Frankreichs und Großbritannien unterzeichneten dieses Abkommen.

Die Errungenschaften dieser internationalen Konferenzen beeinflussten das Verhalten der Parteien des Ersten Weltkriegs nur wenig. Die Deutschen setzten die Universität von Leuven teilweise in Brand und bombardierten die Kathedrale von Reims. In Frankreich und Belgien missbrauchten Soldaten Kirchtürme als Artilleriestützpunkte und überfielen wahllos Privathäuser, um Kunstwerke als Kriegsbeute zu verschleppen. Die Alliierten betrachteten das als Schändung und Plünderung und brachten dies im Friedensvertrag zu Kriegsende deutlich zum Ausdruck.

Nach dem 1919 ausgehandelten und unterzeichneten Versailler Vertrag sollten die Deutschen Reparationen für verloren gegangene Kunstwerke in der Weise leisten, dass sie Schätze wie z. B. das Altarbild von Gent im Ganzen zurückgeben mussten.[5] Im Jahr 1821 hatte der preußische König Teile des aus vielen Tafeln bestehenden Werkes rechtmäßig aus der berühmten Englischen Sammlung Edward Sollys erworben. Durch Artikel 247[6] waren die Deutschen nun gezwungen, das Werk wieder zusammenzuführen, indem sie sowohl auf die Tafeln verzichteten, die sie gekauft hatten, als auch auf die, die sie gerade in Gent geraubt hatten. Artikel 247 des Versailler Vertrages verlangte auch die Wiedergutmachung von Schäden, die der Universität von Leuven zugefügt worden waren. Diese Vertragsbestimmungen führten dazu, dass Kunstwerke zu Reparationsleistungen herangezogen wurden, d. h. als Schadensersatz für andere zerstörte Kunstwerke. Auch die Wiederherstellung öffentlicher Gebäude wurde angeordnet. Nach dem

---

[4] Perry (Hrsg.) *Consolidated Treaty Series* vol. 205, S. 345. Siehe auch: Simpson, Elizabeth (Hrsg.): *The Spoils of War, World War II and its Aftermath: The Loss, Reappearance, and Recovery of Cultural Property*, New York: Harry N., Abrams, Inc. 1997, 278 f.

[5] Siehe Fußnote 3, 6.

[6] Israel (Hrsg.) *Major Peace Treaties in Modern History* 1648–1967, Band 3 (1967) S. 1535. Siehe auch Fn. 4, 281.

Zweiten Weltkrieg gewannen die Grundsätze der Reparation und Restitution durch die Arbeit der Roberts Commission und der MFA&A noch weitergehende Bedeutung und sie bilden den Kernpunkt der hier beschriebenen Geschichte.

Diese Vorschriften über Kunst und Kultur waren nicht die einzigen Artikel des Versailler Vertrages, die die Deutschen gegen die Alliierten aufbrachten und zu den verbalen Angriffen der Nachkriegszeit führten. Tatsächlich spielten sie wohl eine relativ kleine Rolle verglichen mit den Bestimmungen, die die Deutschen zwangen, ihre Schuld für den Ausbruch des Krieges einzugestehen, ihre Ansprüche auf das hochindustrialisierte Ruhrgebiet fallen zu lassen, alle Kohle aus ihren Minen nach Belgien und Frankreich zu bringen, wo Minen zerstört worden waren, und ihre Armee auf ein stehendes Heer von 100000 Mann zu reduzieren.

Die Gründung des Völkerbundes schaffte ein neues internationales Organ, das den europäischen Frieden u. a. dadurch sichern sollte, dass es ein Forum für die Erörterung von Streitigkeiten über den Versailler Vertrag zur Verfügung stellte. Seine Internationale Behörde für Museen wurde ersucht, neue Konventionen zu entwerfen, mit denen man nach Möglichkeit den Schutz der Künste in Kriegszeiten verbessern wollte.[7]

Die wachsende Last des Versailler Vertrages lieferte Adolf Hitler in den zwanziger Jahren Stoff für seine Reden vor den Versammlungen der neugegründeten Nationalsozialistischen Partei in München.[8] Als deren Propagandabeauftragter stachelte Hitler die Aversionen des deutschen Volkes gegen den Vertrag an, der ihnen als den Kriegsverlierern aufoktroyiert worden war. Ihr Volk war gezwungen worden, große Summen als Reparationen für die wirtschaftlichen Einbußen der Sieger, der Franzosen und der Engländer, zu bezahlen. Der beinahe vollständige Zusammenbruch der deutschen Wirtschaft am Ende dieses Jahrzehnts und die weitverbreitete Arbeitslosigkeit nährten den Ruf nach Rache. Als im September 1939 die zunehmende Gewaltbereitschaft der Nationalsozialisten gemeinsam mit dem tief verwurzelten deutschen Wunsch nach einer Stellung als Weltmacht zum Ausbruch des Kriegs führte, war es zu spät, als dass internationale diplomatische Bemühungen noch den Schutz von künstlerischen Baudenkmälern und privatem Eigentum hätten absichern können. Verspätete Versuche des Generalsekretärs des Völkerbundes, eine Resolution über die elementaren Prinzipen des Denk-

---

[7] Bericht, „The Director's Committee of the International Museums Office to the International Committee on Intellectual Cooperation for the Year 1937/38, Together with a Preliminary Draft International Convention on the Protection of Historic Buildings and Works of Art in Time of War." Akte „League of Nations – Draft of International Agreement to Protect Arts and Monuments in Time of War," Correspondence RG 239, National Archives.

[8] Flood, Charles Bracelen. *Hitler: The Path to Power.* Boston: Houghton Mifflin, 1989.

malschutzes auszuarbeiten, fanden nur wenige Befürworter: Belgien, Griechenland, die Niederlande, Spanien und die Vereinigten Staaten.

Die Verfasser der Haager Abkommen, die diese Regeln aufstellten, bemühten sich nicht nur um die Verhinderung der physischen Zerstörung von öffentlichen, künstlerischen, wissenschaftlichen oder karitativen Zwecken gewidmeten Gebäuden, von historischen Baudenkmälern und Krankenhäusern, die bei Truppenbewegungen hinderlich waren, sondern sie versuchten auch, deren Ausstattung vor Plünderungen zu bewahren. Nach ihren eigenen Worten wollten die Haager Delegierten der althergebrachten Sitte, Kriegstrophäen zu sammeln, ein Ende setzen. Natürlich war dieses sehr idealistische Ziel Kind einer Epoche, die gerade erlebt hatte, was moderne Kriegsführung anrichten kann. Doch wo sollte man die Grenze ziehen und wie sollte man mit dem nachhaltigen Groll des einen Landes gegen ein anderes umgehen? Die Auswirkungen der Plünderungen zu revidieren hieße, die über viele Jahrhunderte zusammengetragenen großen Kunstsammlungen der Welt neu zu ordnen, da sie sich vorwiegend aus Werken zusammensetzen, die ein Staat vom anderen geraubt hatte. Für jedes verschleppte Meisterwerk gibt es Fürsprecher, die es als einen Akt der Sicherungsverwahrung im Dienste der Kultur rechtfertigen, es aus seinem ursprünglichen Kontext herauszureißen oder seinen ehemaligen Besitzern wegzunehmen.

Die Augenzeugenberichte, Medienrecherchen und Forschungsergebnisse der letzten fünfzig Jahre kommen zu dem Schluss, dass das Ausplündern und Zerstören der kulturellen Reichtümer anderer Nationen als ein wesentlicher Grundzug des Nationalsozialismus zu bezeichnen ist. Auch wenn der Verkauf geraubter Kunstwerke durchaus einen Teil der Wirtschaftsplanung Görings ausmachte, kann man ebenso feststellen, dass die kulturellen Raubzüge der Nationalsozialisten emotional motiviert waren, auf Ignoranz und Hass basierten und im Grunde wenig mit deren wirtschaftlichen Zielen zu tun hatten. Einige gestohlene Kunstwerke wurden durch Händler oder auf Auktionen verhökert und die Erlöse verschiedenen Militärbereichen zugewiesen. Aber das vereinnahmte Geld wurde auch dazu verwandt, Werke anzukaufen, die eher dem Geschmack Hitlers und seiner Schergen entsprachen. Der wesentlich größere Teil der Beutekunst jedoch wurde einfach eingelagert, für spätere Verwendung weggesperrt, deren Zweck niemals bekannt wurde.

Die Schreckensherrschaft begann mit dem Reichstagsbrand und Straßenkämpfen vor den Parlamentswahlen im Frühjahr 1933. Anschließend übertrug ein Wahlvolk, das jeden Glauben an seine politische Führung verloren hatte, Hitler und seinem von nationalsozialistischen Parteifreunden beherrschten Kabinett diktatorische Befugnisse. Das Scheitern der Weimarer Republik, deren linksgerichtete Führung demokratisch gewählt worden war, ebnete den Weg zu einer nationalsozialistischen Herrschaft, die sich insbesondere gegen Kommunisten und die demokratische Mitte richtete. Ihr eigentliches Ziel jedoch waren die Juden. Das gegen die Juden gerichtete Aggressionsprogramm wurde mit den Nürnberger Rassegesetzen des Jahres 1935 deutlich, die den Juden die Bürgerrechte nahmen, ihnen Arbeitsbeschränkungen auferlegten und sie giftigen persönlichen Anfeindungen auslieferten. Ein zentrales Element nationalsozialistischer Machtpolitik war es, die wirtschaftlichen und finanziellen Grundlagen des Gegners zu zerstören. Sämtliche jüdischen Vermögenswerte wurden eingezogen und dabei ein wesentliches Augenmerk auf die Beschlagnahme künstlerischer, literarischer und kultureller Wertgegenstände gelegt, vom Sentimentalen bis zum Unbezahlbaren.

Auch wenn die Haager Konvention scheinbar wenig praxistauglich war, so existierte mit ihr jedoch bereits in den dreißiger Jahren eine aufgeklärte Stellungnahme der internationalen Staatengemeinschaft, als die Nationalsozialisten damit begannen, systematisch und aggressiv gegen Juden vorzugehen. Mit dem Abstand eines halben Jahrhunderts ist es nun evident, dass Hitler und die ihn umgebende Führungsriege der nationalsozialistischen Partei eine Kulturpolitik betrieben, die auf ihrem irrationalen und teuflischen Antisemitismus basierte. Ihre Kaltschnäuzigkeit im Umgang mit Eigentumsrechten war ebenso total wie ihre Verachtung für die Selbstbestimmung anderer Staaten, was sich in der Annektierung Österreichs im Jahr 1938 widerspiegelte.

Die Annexion Österreichs war ein persönlicher Triumph für Hitler, der 1889 in einem österreichischen Dorf geboren worden war. Nach dem Tod seines tyrannischen Vaters zog die Familie nach Linz, dem Geburtsort von Hitlers Mutter, die er vergötterte. Hitler verließ die Schule mit sechzehn, um Künstler zu werden. Er hatte zeichnerisches Talent, eine romantische Ader und träumte von einer messianischen Herrlichkeit, die er durch die Verbindung von Kunst und sozialem Aktivismus zu erreichen suchte. Mit achtzehn ging er nach Wien und bemühte sich um die Aufnahme an der Akademie der Künste. Als man ihn ablehnte, wandte er sich an die Architekturschule, wo er jedoch schon deshalb nicht berücksichtigt werden konnte, weil er nicht die Oberschule besucht hatte. Genau zu dieser Zeit kam die Kunde vom Tod seiner Mutter, mit der die letzte Verbindung nach Hause gekappt wurde.

Hitler blieb noch weitere fünf Jahre in Wien, gab sich als Kunststudent aus und hing der Vorstellung nach, es im Selbststudium zum Architekten zu bringen. Als das Geld von Zuhause ausblieb, lebte er in karitativen Einrichtungen. Er stellte sich ein eigenes Leseprogramm über Kunst, Geschichte und Philosophie zusammen und besuchte Wagneropern, wann immer er es sich leisten konnte. Hitler malte Aquarelle für Souvenirläden und für Rahmenbauer Ölbilder, die den Absatz der Rahmen fördern sollten. Dieses kärgliche Dasein endete, als er 1913 nach München ging, um nicht zum Militärdienst in der Armee des österreich-ungarischen Reiches eingezogen zu werden.

Fünfundzwanzig Jahre später rächte Hitler sich an Wien und dessen Bewohnern, die sein Genie verkannt hatten. Er bemühte sich, Wien auf den Rang einer drittklassigen Stadt herabzustufen. Er war fest entschlossen, Linz, die Geburtsstadt seiner Mutter, zum kulturellen und wirtschaftlichen Zentrum seines Tausendjährigen Reiches zu erheben und dort ein Museum mit den größten Schätzen Europas zu errichten. Als seine Pläne in den späten dreißiger Jahren Gestalt annahmen, versammelte er eine Reihe von Kunstberatern um sich, unter ihnen sein alter Freund Heinrich Hoffmann. Hoffman war Photograph, der es mit seinem Monopol auf Abbildungen von Nazi-Aufmärschen zu einigem Wohlstand gebracht hatte.[9] Er erkannte, dass der Aufbau von Hitlers Sammlung seine Kräfte überstieg, und engagierte andere, wie die Kunsthändler Maria Almas-Dietrich aus München und Karl Haberstock aus Berlin.[10] Sie trafen sich mit Hitler, um einen Einblick von dessen persönlichem Geschmack zu erhalten, und machten sich daran, seine persönliche Sammlung zusammenzutragen und sich selbst mit Finderlöhnen die Taschen zu füllen.

Um dem Projekt mehr Gewicht zu geben, wurde die Bildung der Linzer Kommission damit begründet, dass sie für Hitlers Anschaffungen zuständig sein sollte. Haberstock schlug vor, den ehemaligen Direktor der *Dresdner Gemäldegalerie* Dr. Hans Posse zum Direktor für Linz zu ernennen. Nachdem Hitlers Truppen in Österreich einmarschiert waren, folgten ihnen Posse und Haberstock, um mit den Anschaffungen zu beginnen. Als eine der ersten Sammlungen suchten sie diejenige des österreichischen Zweigs der Familie Rothschild auf.

Ganz besonders war Hitler daran gelegen, die in Wien lagernden Krönungsinsignien des früheren Heiligen Römischen Reichs wiederzuerlangen. Von 1424 bis 1796, als Kaiser Franz II. diese Kronjuwelen vor den herannahenden französischen Truppen nach Wien in Sicherheit brachte, waren sie der meist behütete Schatz der Stadt Nürnberg. Hierhin wurden sie nun im Jahr 1938 zurückgebracht.

Die systematische Plünderung der jüdischen Besitztümer nahm nach der Reichskristallnacht vom 9. November 1938 zu, wobei sich München zu einem Zentrum der Aktionen entwickelte. In Panik flohen Juden aus Deutschland und die verbliebenen steckte man in Konzentrationslager. Die Nazis beschlagnahmten alles bis auf die Familienportraits. Entschädigungen wurden nicht geleistet und die mit dem Verkauf von Werken auf dem internationalen Kunstmarkt erzielten Erlöse auf ein Sonderkonto der Polizei eingezahlt.

Mit dem Beginn des Krieges in Europa wurden immer mächtigere Personen involviert. Hermann Göring, der Chef der Luftwaffe und Vertrauter Hitlers, war leidenschaftlicher Sammler und davon überzeugt, den bei weitem besseren Geschmack zu besitzen. Am Ende des Krieges besaß er sechs Villen, in denen

---

[9] Nicholas, Lynn H., *Der Raub der Europa,* München 1997, S. 47.

[10] Siehe Fn. 9, S. 47–49, für eine eingehende Darstellung der Gründung der Linzer Kommission.

sich die Kunstwerke stapelten. Am üppigsten ausgestattet war *Carinhall* vierzig Kilometer nördlich von Berlin, benannt nach Górings erster Frau.

Eine der Quellen seiner Erwerbungen war der *Einsatzstab Reichsleiter Rosenberg (ERR, Einsatzstab für die besetzten Gebiete).* Hitler hatte den ERR 1939 ins Leben gerufen und den streng antisemitischen Parteitheoretiker Alfred Rosenberg beauftragt, Kulturgüter „zu Lehrzwecken" zusammenzutragen. Im Januar 1940 wies Hitler Rosenberg an, alle jüdischen und freimaurerischen Archive, Bibliotheken und Andachtsstätten zu räumen. Ziel war es, nach dem Krieg eine Akademie zum Studium der „entarteten" jüdischen Rasse einzurichten. Der ERR hatte seinen Hauptsitz in Berlin und weitere Büros in Amsterdam, Brüssel, Paris, Belgrad, Riga, Minsk und Kiew. Die Einsatzgruppen des ERR arbeiteten unabhängig oder im Verbund mit der deutschen Armee bei der Heimsuchung jüdischer Wohnungen und privater wie öffentlicher Institutionen.

Göring setzte sich bald über den schwächeren Rosenberg hinweg und nutzte den ERR besonders in Frankreich als seine persönliche Agentur zum Sammeln von Kunst. Im Museum *Jeu de Paume*, das der ERR als Lager und Galerie nutzte, wurden für ihn Sonderausstellungen veranstaltet. Aus 203 Sammlungen in jüdischem Besitz hatte man über 20000 Objekte konfisziert. Schließlich wurden 138 Wagenladungen mit Beutekunst auf den Weg gebracht.[11]

Göring und seinen Gesellen blieb jedoch verborgen, dass sich unter ihnen ein Spion befand. Die aus Frankreich abzutransportierenden Werke wurden im Hauptsitz des ERR im *Jeu de Paume* nach einem von Göring eingeführten System bewertet und inventarisiert. Der Bestand des Museums wurde eingelagert und der Verantwortung der Konservatorin und Angestellten des Louvre Rose Valland übergeben. Die Deutschen hatten zunächst ihre Zustimmung erteilt, dass Valland ihre Stelle beibehalten, die Museumsbestände überwachen und den Inventarisierungsprozess des ERR beaufsichtigen sollte, um die französische Museumsverwaltung darüber in Kenntnis zu setzen, was alles nach Deutschland verbracht wurde. Mit der Ankunft Görings wurde diese Praxis sofort beendet, doch hielt Valland unter den verschiedensten Vorwänden beharrlich ihre Stellung. Der ERR benötigte sie als Hausmeister, um das Gebäude während der Besatzung instand zu erhalten. Sie nutzte die Gelegenheit, um den Inhalt und den Bestimmungsort der aus Frankreich abgehenden Transporte zu dokumentieren. Valland notierte, dass der ERR seine Beute an die Schlösser Neuschwanstein, Chiemsee, Kogl, Weisenegg, Nikolsburg und in das Kloster Buxheim verschickte. Aus dem Gedächtnis ergänzte sie jede Nacht zu Hause ihre Auf-

[11] National Archives, RG 239/85, OSS/ALIU CIR 1, Plaut. „Activity of the ERR in France", 15. August 1945. Lt. Comdr. James S. Plaut (USNR) war Offizier der MFA & A und stammte ebenfalls aus Cincinnati.

zeichnungen. Nach der Kapitulation der Nationalsozialisten unterstützte Valland die MFA & A-Offiziere bei der Wiedererlangung dieser Sammlungen.[12]

In Belgien konzentrierten sich die Nationalsozialisten auf für die Nation bedeutsame Schätze. Am meisten provozierte die „Heimführung" von Van Eycks Altarbild *Das heilige Lamm*, das nach dem Ersten Weltkrieg gemäß den Bestimmungen des Versailler Vertrags an die Kirche St. Bavon in Gent zurückgegeben worden war. Um seine Sicherheit fürchtend hatten die Belgier noch 1940 beschlossen, das Werk zur Sicherstellung an den Vatikan zu übersenden. Als dann jedoch Italien in den Krieg eintrat, wurde dieser Plan fallengelassen und das Altarbild in die Obhut der französischen Regierung gegeben, die es im *Chateau de Pau* unterstellte. Es blieb in Frankreich, bis Hitler 1942 der Vichy-Regierung aufgab, den Altar herauszugeben. *Das Heilige Lamm* wurde sodann in Schloss Neuschwanstein in Deutschland untergebracht, bis man 1944 diesen Ort als unsicher ansah und das Altarbild in der Salzmine Altaussee in Österreich verwahrte.[13] Seine Befreiung und Rückgabe an die belgische Nation ist eine der meist erzählten Erfolgsgeschichten und symbolisch für die Aufgabe der MFA & A.

Ein weiteres zerlegtes belgisches Altarbild stand im Visier der nationalsozialistischen Kunsträuber. Dirk Bouts *Das letzte Abendmahl* aus der Kirche St. Pierre in Louvain hatte bereits vor dem Ersten Weltkrieg durch rechtmäßige Verkäufe seine beiden Flügel an deutsche Museen verloren. Der Versailler Vertrag ordnete in seinen Reparationsbestimmungen ihre Rückführung nach Belgien an. 1942 kehrten die Deutschen zurück, um sich ihre Trophäe wiederzuholen.

Ein letzter Angriff auf das belgische Kulturgut wurde im September 1944 unternommen. Deutsche Offiziere kamen nach Brügge, um Michelangelos Skulptur *Madonna mit Kind* mitzunehmen, eine Kostbarkeit der Stadt aus dem 16. Jahrhundert. Der Vorwand für ihre Entfernung war nun der Vormarsch der amerikanischen Armee, die sie sicherlich entweihen würde. Sie wurde von Matrosen in einen mit Matratzen ausstaffierten Lastwagen verladen und zur „Sicherungsverwahrung" abtransportiert. Zusammen mit dem Altarbild Eycks ging auch sie nach Altaussee.

Schlimmer stand es in Osteuropa. Die Nazis betrachteten die Polen als Untermenschen und verachteten die slawischen Völker Osteuropas. Der großartige

---

[12] Valland, Rose. *Le Front de l'art.* Paris: Librairie Plon, 1961. Dies ist ihre erste persönliche Darstellung der Jahre 1939–1945. Ihr Buch diente als Grundlage für Simon, Matila. *The Battle of the Louvre: The Struggle to Save French Art in World War II.* New York: Hawthorn, 1971.

[13] Rorimer, James J., und Gilbert, Rabin. *Survival.* New York: Abelard Press, 1950, und Howe, Thomas Carr. *Salt Mines and Castles.* Indianapolis, New York: Bobbs-Merrill, 1946, berichten über diese Sicherstellungen. Siehe ferner Nicholas, Lynn H. *Der Raub der Europa.* München, 1997, 533ff.

Altar (1477–87) von Veit Stoß, in Auftrag gegeben vom polnischen König und in einer Kirche in Krakau aufgestellt, wurde beschlagnahmt, weil Veit Stoß aus Nürnberg stammte, also Deutscher war, und für die Nazis so etwas wie polnische Kunst oder Kultur nicht existierte. Das Werk wurde 1946 von MFA & A-Offizieren zurückgegeben.

Noch barbarischer war die Situation in Russland nach der Invasion im Juni 1941. Zerstörungen fanden hier auf breiter Ebene statt, weil die Nazis die Russen von Grund auf verachteten. In Nowgorod sprengten sie die Kirche St. Sophia aus dem Jahr 1050 voller unvergleichlicher Fresken und Ikonen. Bevor sie aus Russland vertrieben wurden, zerstörten die Deutschen in Leningrad, Smolensk, Stalingrad, Nowgorod und Poltawa insgesamt 427 Museen. Unter Heranziehung unterschiedlichster Quellen hat ein MFA & A-Offizier geschätzt, dass in Osteuropa 375 Archive, 402 Museen, 531 Institute und 957 Bibliotheken geplündert oder zerstört wurden.[14]

In Italien empfing man 1937 in Rom aufgrund der Allianz zwischen Hitler und Mussolini ein Kunstbeschaffungskomitee der deutschen Regierung. Es wollte zunächst die Skulptur des *Discobulos von Myron* mitnehmen, blieb jedoch erfolglos, da sie als Eigentum eines Prinzen registriert war. Gegen den Protest italienischer Kulturbehörden wurden letztendlich 34 ungeöffnete Kisten nach Deutschland versandt.[15]

Die Kulturpolitik der Nationalsozialisten war auch darauf gerichtet, deutsche Künstler jüdischer Herkunft zu unterdrücken. Besonders hart gingen sie gegen moderne Kunstrichtungen vor, die Hitler als entartete Kunst beschimpfte. Viele deutsche Künstler, auch wenn sie keine Juden waren, mussten mitansehen, wie ihre Werke verbrannt und zerstört wurden; auch Sammler moderner Kunst wurden schikaniert und die große Lehranstalt für Kunst und Design, das zunächst in Dessau gegründete und später in Weimar angesiedelte *Bauhaus*, musste schließen.

Die Einberufung der Amerikanischen Kommission zum Schutz und zur Rettung Künstlerischer und Historischer Objekte in Kriegsgebieten ist vor dem Hintergrund dieser Ereignisse in Deutschland zu betrachten.[16] Ab Mitte der dreißiger Jahre erreichten dieses Land Nachrichten über die Aktionen der Nationalsozialisten, überbracht von Touristen und Flüchtlingen, Journalisten und Mitarbeitern

---

[14] Poste, Leslie I. *The Development of U.S. Protection of Libraries and Archives in Europe during World War II,* US Army Civil Affairs School, Fort Gordon, GA, [rev.ed.], August 1964, 74–78.

[15] Siviero, Rodolfo. *Second National Exhibition of the Works of Art Recovered from Germany,* Florenz: Sansoni, 1950, 13.

[16] Siehe Fn. 1. Es ist dies die offizielle Stellungnahme über die Arbeit der Roberts Commission, veröffentlicht kurz nachdem sie ihre Tätigkeit eingestellt hatte.

der Nachrichtendienste, Studenten und Gelehrten. Nach dem Ausbruch des Krieges stellten die Führer der Exilregierungen und die Finanzminister der europäischen Verbündeten in getrennten Konferenzen fest, dass es zunehmend notwendig wurde, Grundsätze für die Rückführung des von den Nationalsozialisten verschleppten nationalen und privaten Vermögens aufzustellen. Auch wenn für Großbritannien das Problem des Kunstraubes nicht bestand, sympathisierte seine Führung mit den Sorgen der Verbündeten und bemühte sich, diese in Restitutions- und Reparationsangelegenheiten zu unterstützen.

Die Briten erkannten auch, wie wichtig es war, die Reputation ihrer Armee zu erhalten, die bald auf dem Kontinent zum Einsatz kommen sollte. Italien hatte Großbritannien bereits für die Zerstörung antiker römischer Ruinen in Nordafrika verantwortlich gemacht, was schließlich zur Ernennung von Sir Leonard Woolley zum Archäologischen Berater des Direktors für Zivile Angelegenheiten im Kriegsministerium führte. Zwar sah Sir Leonard die Anstrengungen zum Schutz von Kulturgütern eher als PR-Aktion für den Erhalt des guten Rufs der britischen Armee, dennoch sollte sich die Zusammenarbeit der Briten und der Amerikaner in diesem Punkt als äußerst wichtig herausstellen.

Auch wenn man nicht sagen kann, dass die Vereinigten Staaten apathisch auf Berichte über den Kunstraub der Nationalsozialisten reagierten, passierte doch recht wenig, bis Präsident Roosevelt zur Vorbereitung auf den möglichen Kriegseintritt das National Resources Planning Board ins Leben rief.[17] Eine seiner zahlreichen Einheiten war das Committee on Conservation of Cultural Resources (CCCR) unter der Aufsicht des American Council of Learned Societies, geführt von verantwortlichen Persönlichkeiten der Library of Congress, des Staatsarchivs, der National Gallery of Art und des National Museum of American Art sowie Vertretern der American Association of Museums und des American Institute of Architects. Weitere Repräsentanten kamen aus dem Kriegsministerium und der Zivilschutzbehörde.

Nachdem bekannt wurde, dass europäische Museen die Auslagerung ihrer Bestände vorbereiteten, diskutierte auch das CCCR die Notwendigkeit solcher Maßnahmen in den Vereinigten Staaten. Die Museumsverantwortlichen in New York, Boston, Philadelphia und Washington misstrauten jedoch der Schnelligkeit und Effektivität des Komitees und brachten in der zweiten Hälfte des Jahres 1941 ihre Bestände unabhängig voneinander in Sicherheit. Viele folgten der Empfehlung von George Stout, dem Chefkonservator am Fogg Museum der Harvard University, die dieser in einer Broschüre über das Verpacken und Eva-

---

[17] Nicholas, *Der Raub der Europa*, bietet im 8. Kapitel eine exzellente Darstellung zur Gründung der Roberts Commission und über die politischen und militärischen Grundsätze ihrer Aktivitäten. Vor dieser Publikation stellte das Buch *Nazi Contraband* von Michael Kurt (siehe Fn. 3) die zuverlässigste Informationsquelle dar.

kuieren von Museumsbeständen in Kriegszeiten ausgegeben hatte. Unpolitisch und argwöhnisch gegenüber Museumsdirektoren wie er war, trug Stout durch seine Einstellung zu den grundlegenden Prinzipien der Konservierung und Erhaltung von Kunst maßgeblich zur Entstehung der MFA & A bei. Er war einer ihrer engagiertesten Offiziere.[18]

Im Herbst 1942 trafen sich Führungskräfte der akademischen Institute und Museen, um ihre Befürchtungen über die bevorstehenden Zerstörungen zu diskutieren und Maßnahmen zu treffen. Auf der Liste der Teilnehmer waren u. a. William B. Dinsmoor, Präsident des Archeological Institute of America; Francis Henry Taylor, Direktor des New Yorker Metropolitan Museum of Art; Paul J. Sachs, Associate Director am Fogg Museum of Art der Harvard University sowie David Finley, Direktor der National Gallery of Art in Washington. Später kam noch Archibald MacLeish, Librarian of Congress, hinzu.

Diese selbsternannte Gruppe diskutierte die verschiedenen Vorgehensweisen um sicherzustellen, dass der US-Regierung nach Beendigung des Krieges ein Maßnahmenkatalog für die Sicherung von Kulturgut und die Restitution der Beutekunst zur Verfügung stand. Um ihre Ziele zu erreichen, benötigten sie die Unterstützung des Präsidenten und so wandten sie sich an Chief Justice Harlan F. Stone wegen dessen unabhängiger Position als oberster Richter und wegen dessen Stellung als Mitglied des Aufsichtsrats der National Gallery of Art. Stone sollte als Autoritätsperson einen Brief an Präsident Roosevelt unterzeichnen.

Der Brief Stones an Roosevelt vom 8. Dezember 1942 bat den Präsidenten um eine Regierungserklärung, die den Schutz von Kulturgütern unterstützte. Er bat ferner darum, einen Präsidialausschuss „zur Sicherung und Erhaltung von Kunstwerken und künstlerischen und historischen Denkmälern und Archiven in Europa“ einzusetzen.[19] Stones Brief wies ferner darauf hin, dass die vorgeschlagene Kommission bei der Bekämpfung der gegnerischen Propaganda sowie bei der eventuellen Restitution gestohlener Werke nützlich sein könnte und belegte damit, dass der Gruppe die Strategie der Briten bekannt war.

In einem zweiten Brief richtete Stone, nun für sich selbst schreibend, eine zusätzliche Bitte an den Präsidenten.[20] Er regte an, dass die US-Regierung Großbritannien und Russland dazu bewegen solle, ähnliche Komitees zu bilden, um sodann die zur Verfügung stehenden Kräfte zu bündeln, so dass genügend Infor-

---

[18] George Stouts Dokumente in den Archives of American Art geben intime und unveröffentlichte Einblicke in die Gründung der Roberts Commission und die Aktivitäten der MFA & A.

[19] US Außenministerium, *Foreign Relations of the United States: Diplomatic Papers, 1943,* Band 1, *General,* Washington, D.C.: US Government Printing Office, 1963, 469.

[20] Siehe Nicholas: *Der Raub der Europa,* 281.

mationen und qualifiziertes Personal zum Schutz der Kunstwerke bereit stünden. Stone schlug vor, unterhalb der drei nationalen Komitees einen Unterausschuss einzurichten, der Informationen über gestohlenes Kulturgut sammeln und Restitutionsansprüche entgegennehmen sollte. Der erweiterte Vorschlag regte ein internationales System der Informationsbeschaffung und Kooperation an, ähnlich demjenigen, das von der MFA & A letztlich auch ohne Hilfe der Regierung errichtet wurde.

Roosevelt leitete Stones Brief an Außenminister Cordell Hull weiter, da er zahlreiche diplomatische und politische Fragen aufwarf. Am 24. Dezember antwortete Hull dem Präsidenten, dass sehr viel für den unterbreiteten Vorschlag spreche, jedoch zunächst die Zustimmung der Oberkommandeure der Streitkräfte eingeholt werden müsse, da sie die Sicherung der Kunstwerke und Denkmäler während der Kampfhandlungen anzuordnen hätten.[21] Dabei erwähnte er besonders, dass der Einsatz für den Schutz von Symbolen der Zivilisation durchaus ein Vorzug sei, der der Sache der Alliierten morlaischen Auftrieb gebe. Auf diese positive Antwort Hulls hin schrieb Roosevelt vier Tage später an Stone, dass er den Vorschlag an die maßgeblichen Gremien mit der Bitte um Rücksprache weitergeleitet habe und uneingeschränktes Einverständnis mit den darin geäußerten Zielen erwarte.

Die Monate vergingen und es stellte sich heraus, dass Außenminister Cordell Hull den Brief Rossevelts, der ihn zur Kontaktaufnahme mit dem Militär autorisierte, niemals erhalten hatte.[22] Und als die Sache dann mit Verspätung an die Oberkommandeure der Streitkräfte weitergeleitet wurde, antworteten diese, dass sie in der Einberufung einer nationalen Kommission für den Schutz von Kulturgütern keinen militärischen Vorteil sähen. Der Präsident intervenierte prompt und ließ Richter Stone am 24. April wissen, dass das Militär kooperieren werde, solange ihre Zusammenarbeit die Militäraktionen nicht behinderte.

Cordell Hull begann nun mit der Entwicklung eines Konzepts für die Amerikanische Kommission zum Schutz und zur Rettung Künstlerischer und Historischer Objekte in Europa. Am 23. Juni 1943 genehmigte Roosevelt Hulls Entwurf und die Ausschreibungen für die zu besetzenden Kommissionsplätze wurden eingeleitet. Der Oberste Richter Stone lehnte die Position des Vorsitzenden ab, so dass diese Ehre dem Richter Owen J. Roberts zuteil wurde, der anstelle Stones die Kommission führte und ihr Namensträger wurde. Die Roberts Commission vereinte Mitglieder der betroffenen Institutionen wie die vorgenannten: William B. Dinsmoor vom Archeological Institute of America, Francis Henry Taylor vom New Yorker Metropolitan Museum of Art und Dr. Paul J. Sachs vom Fogg

---

[21] Cordell Hull an Franklin D. Roosevelt, 24. Dezember 1942, in: 1940–1944 Decimal File (840–403), Record Group 59, National Archives.

[22] Kurtz, *Nazi Contraband,* 66.

Museum in Harvard. Der ehemalige Gouverneur von New York, Alfred E. Smith, war ein Neuling. Als Vertreter der Regierung waren David Finley and Huntington Cairns von der Washingtoner Gallery of Art dabei; auch Herbert Lehmann, der Chef der Foreign Relief and Rehabilitation Corporation und Archibald MacLeish, der Librarian of Congress.

Eine zentrale Rolle innerhalb der Roberts Commission spielte Paul Sachs. Er war Gründungsmitglied der American Defense-Harvard Group (ADHG), die sich kurz nach dem Kriegseintritt der Vereinigten Staaten formiert hatte, um durch ihre Verbindungen zum Office of Strategic Services (OSS) nachrichtendienstliche Unterstützung zu leisten. Über seine kunstgeschichtlichen Kurse, die er in Harvard unterrichtete, hatte Sachs zahlreiche Männer und Frauen zu Kuratoren und Museumsdirektoren ausgebildet. Nun bot sich ihm die Möglichkeit, sich an der Ausbildung von Offizieren zu beteiligen, die in den zukünftig befreiten oder besetzten Ländern zivile Dienste erbringen würden. Das Büro des Chefs der Militärpolizei, das die neu eingerichtete Militärverwaltungsschule in Charlottesville in Virginia leitete, wollte seinen Kandidaten Kurse über Konservierungsmaßnahmen anbieten. Sachs half dabei, einen Unterausschuss des ADHG ins Leben zu rufen, der eine Liste von schutzbedürftigen Institutionen und Gebäuden erstellte. Die gleiche Gruppe war für die Erstellung von Konservierungshandbüchern zuständig, die im Kriegsgebiet zum Einsatz kamen. Durch seine Position in der Roberts Commission konnte Sachs die Zusammenarbeit dieser Gruppe mit einer anderen vom American Council of Learned Societies initiieren, die mit der Unterstützung europäischer Gelehrter, die aus ihren Ländern fliehen mussten, Listen, Karten und Kataloge über Gebäude und bewegliches Kulturgut anfertigte.

Dringender war es jedoch, Männer vom Kaliber der Paul-Sachs-Schüler zum Militärdienst zu bewegen und sie denjenigen Abteilungen zuzuordnen, die in Gebieten mit bedrohtem Kulturgut eingesetzt wurden. Im Herbst 1943 gab die Civil Affairs Division im Kriegsministerium (CAD) dem Druck der Roberts Commission nach und die MFA & A wurde ins Leben gerufen.[23] Ohne den Einsatz entscheidender Mitglieder der Roberts Commission jedoch wäre dies aufgrund der unflexiblen Personalpolitik des Kriegsministeriums ein Sieg auf dem Papier geblieben. Das Ministerium weigerte sich, zivile Experten unmittelbar zu beauftragen oder die Auftragserteilungen durch Befehlshaber im Kriegsgebiet zu beeinflussen. Trotz seines Status innerhalb des Kriegsministeriums bestand das CAD jedoch nur aus einem Mitarbeiterbüro in Washington und hatte keine Handhabe, um die Entscheidungen von Offizieren im Kriegsgebiet zu beeinflussen, die der Sicherung von Kulturgütern keine militärische Priorität beimaßen. Immer wieder wurden die Ziele der Roberts Commission von ihrem Unvermögen

---

[23] Kurtz, *Nazi Contraband,* 72.

beeinträchtigt, die von ihr ins Auge gefasste umfangreiche Organisation mit genügend Personal auszustatten. Hierin zeigte sich deutlich die ungenügende Anbindung der zivilen Kommissionen an die militärische Verwaltung und führte zu Schwierigkeiten, mit denen auch die MFA & A-Offiziere während ihrer Mission zu kämpfen hatten.

Im Frühjahr 1944 hatten die akademischen Gruppen die meisten Handbücher, Listen, Atlanten und Führer fertig gestellt, die vor der Invasion des Kontinents an das Militärpersonal verteilt werden sollten. Die schwierigere Aufgabe, Grundsätze für die letztendliche Restitution von Kunstwerken aufzustellen, war noch im Gange, kam jedoch nur sehr langsam voran. Von ihren universitären Kontakten erfuhren die Mitglieder der Roberts Commission etwas über die gewaltige vor ihnen liegende Aufgabe. Nachrichtendienste bestätigten die Plünderungen des ERR in den besetzten Gebieten und die Aktivitäten der Linzer Kommission. Nach der Landung der Alliierten in Italien und Frankreich nahm die Zahl der Berichte in allarmierender Weise zu, jedoch gab es Mitte 1944 noch immer keine Einigung, wie die Siegermächte Restitutionen und Reparationsforderungen umgehen sollte. Die Mitglieder der Roberts Commission fühlten sich ausgegrenzt, denn an den Konferenztischen in London und Washington, wo man diese Fragen behandelte, waren sie nicht vertreten.

Noch bis zum Ende des Krieges im Sommer 1945 debattierten die Alliierten über die Zukunft Europas und die Führung im besiegten Deutschland. Das Problem, wie Symbole nationaler Kulturen wiederhergestellt und zurückgegeben werden konnten, die von den Nationalsozialisten aufgrund ihrer Weigerung, die internationalen Konventionen zum Schutz von Kulturgut zu befolgen, und infolge ihrer umfangreichen Plünderungen beschädigt, zerstört oder verschleppt worden waren, war nicht das geringste. Die Verhandlungen an den Konferenztischen kreisten um zwei Worte und ihren Definitionen: *Restitution* und *Reparationen*. Einfach ausgedrückt bedeutet Restitution die Rückgabe eines Gegenstandes an seinen früheren Besitzer. Seine zweite Bedeutung jedoch verkomplizierte die Diskussion: „ein Akt der Wiedergutmachung oder das Leisten eines gleichwertigen Ersatzes für Verlust, Beschädigung oder Verletzung".[24] Frankreich und Belgien, noch immer unter dem Eindruck der Verluste aus dem Ersten Weltkrieg, bestanden auf der Gleichwertigkeit beider Bedeutungen und hofften so, Werke aus rechtmäßigem deutschen Besitz als Ersatz und Entschädigungen für verlorene Objekte zu erhalten, nachdem sich Deutschland einmal mehr den Bestimmungen eines Friedensvertrages unterzuordnen hätte. Frankreich befürwortete ein Konzept, nach dem ein Komitee seine Ansprüche entgegennehmen und aus den deutschen Schutzräumen in den alliierten Besatzungszonen angemessene Entschädigungen leisten sollte.

---

[24] Webster's New Twentieth Century Dictionary, Second Edition. New York, Simon & Schuster 1979, S. 1544.

Unmittelbar verbunden mit Restitutionen war die Frage der kulturellen Raeparationsleistungen und den ebenfalls unterschiedlichen Definitionen dieses Begriffs. Auf den Konferenzen der Alliierten bedeuteten Reparationen mehr als „1. Reparieren oder reparieren lassen; Wiederherstellung eines guten Zustands". Diese Definition bezog sich auf finanzielle „Reparationen", d. h. Geldleistungen für den Wiederaufbau zerstörter Denkmäler. Es war die zweite und dritte Bedeutung dieses Wortes, die Frankreich auf den Plan rief: „3. Schadensersatz leisten; Wiedergutmachung für ein Fehlverhalten oder eine Verletzung" und „4. Zahlungen oder Handlungen zur Wiedergutmachung; Entschädigung; insbesondere Entschädigungsleistungen einer besiegten Nation für die der Bevölkerung und ihrem Vermögen mit einem Krieg zugefügten Schäden, zu leisten in Geld, Arbeit, Gütern usw."[25]

Die Monate vergingen während man über diesen Begrifflichkeiten und ihren möglichen Anwendungsgebieten diskutierte. Die Alliierten konnten sich über eine vertragliche Festlegung der Begriffe Restitution und Reparationen nicht einigen. Welche der zahlreichen Kommissionen, die diese Fragen behandelten, sollte die Grundsätze festlegen? Wer sollte über ihre Anwendung abstimmen? Wer sollte die Einhaltung der Bestimmungen durch Deutschland überwachen? Sollte die European Advisory Commission dies übernehmen, ein im Oktober 1943 eingerichtetes Forum, in dem die Drei Mächte politische Fragen zum bevorstehenden Sieg über Deutschland besprachen, oder die Vereinten Nationen, der unerfahrene Nachfolger der alten League of Nations? Als weiterer Mitstreiter wurde das Council of Allied Ministers of Education genannt, dem neben den Drei Mächten noch weitere Staaten angehörten und das Ausschüsse gebildet hatte, in denen die Zerstörungen und Plünderungen von Bibliotheken und Archiven untersucht wurden.

Aus dem ganzen Gewirr der Diskussion kristallisierte sich heraus, dass die amerikanische und auch die britische Führung sich sträubte, endgültigen Festlegungen zu Restitutionen und Reparationen für die Nachkriegszeit zuzustimmen. Dennoch arbeiteten Vertreter ihrer Regierungen aus Gründen der Fairness und des Respekts gegenüber denjenigen Alliierten, die so große Verluste zu tragen hatten, weiter in Untersuchungsausschüssen und Planungskommissionen mit. Während dieser Zeit leistete Russland nur symbolischen Besitzstand, legte keine eigenen Pläne vor und hinterlies den Eindruck, dass es eine gemeinsame internationale Vereinbarung nicht mitgetragen hätte.

Und trotzdem blieben die Bemühungen der Roberts Commission um eine Kulturpolitik in der Nachkriegszeit nicht ohne Erfolg. Im August 1944 wurden britische und amerikanische Planungsgruppen für die mögliche Besetzung Deutsch-

---

[25] Siehe Fn. 24, S. 1532.

lands eingerichtet.[26] Die amerikanische Gruppe, zuvor als United States Group, Control Council (Germany) bezeichnet, hatte einen Zweig Monuments, Fine Arts and Archives. Drei Monate später wurde die USGCC im November umstrukturiert und eine Abteilung Repaprations, Deliveries and Restitution (RDR) gegründet. Der Zweig der MFA & A wurde dieser Abteilung angeschlossen und behielt seinen Platz auch in der nachfolgenden Organisation des Allied Control Council, der geplanten Verwaltungsbehörde für das besetzte Deutschland.

Zu dieser Zeit konzentrierten sich die alliierten Konferenzteilnehmer darauf, die Verschiebung von Kunstwerken auf deutschem Gebiet zu unterbinden. Man befürchtete, dass die Nationalsozialisten versuchen würden, die ungeheure Menge an Beutekunst außer Landes zu bringen und durch Verkäufe genügend Mittel zu erwerben, um an die Macht zurückzukehren. Das Schreckgespenst einer wiedererstarkenden deutschen Armee machte das Militär den Argumenten der Roberts Commission zugänglich und so erließ das Oberste Heereskommando der Allied Expeditionary Forces (SHAEF) am 26. September 1944 das Militärregierungsgesetz Nr. 52, das jede Transaktion über ein Kunstwerk oder ein wichtiges oder wertvolles Kulturgut unabhängig von der Frage, in wessen Eigentum es sich befand, untersagte.[27]

Während des gleichen Monats wurden Anstrengungen vorangetrieben, eine Militärdirektive über die Grundsätze des Kunstgutschutzes für die amerikanischen Streitkräfte zu erstellen. Das Militär führte sie im Dezember 1944 ein. Capt. Mason Hammond wurde als erster Kulturgutschutz-Offizier ernannt und zusammen mit Francis Henry Taylor in London stationiert, der sich von seinen Pflichten als Direktor des Metropolitan Museum hatte freistellen lassen, um die European Advisory Commission zu beraten und zusammen mit Militärberatern das *Handbuch für eine Militärverwaltung in Deutschland vor der Niederlage oder Kapitulation* zu verfassen. In Teil 3, Kapitel 16 § 1186 wird festgehalten, dass es der Grundsatz der Obersten Heeresleitung ist, Maßnahmen zu ergreifen, die die letztendliche Rückgabe von Kunstwerken und wissenschaftlichen oder historischen Objekten von Bedeutung zu erleichtern, die Bürgern oder Regierungen der Vereinten Nationen geraubt wurden."[28] Dies bedeutete einen ersten Sieg für die MFA & A.

Aber die Veröffentlichung dieser Direktive war nur ein kleiner Sieg für die Roberts Commission und die MFA & A, da sie bei den Entscheidungsträgern im Außenministerium und deren Kollegen im Kriegsministerium noch immer nur wenig ereichten. Widersprüchliche Ansichten über die Zukunft Deutschlands

---

26 Kurtz, *Nazi Contraband,* 85.

27 Kurtz, *Nazi Contraband,* 88.

28 Siehe Fn. 27, 88–89.

nach dem Krieg verbreiteten ein so dichtes Netz politischer und diplomatischer Intrigen, dass das Thema der Restitution von Kulturgütern nur noch für Eingeweihte zu erkennen war. Am Ende zeigte sich, dass das Außenministerium keinen einzigen förmlichen Schritt unternahm, um die von der Kommission und ihren Beratern während der vergangenen zwei Jahre erarbeiteten Grundsätze und Richtlinien umzusetzen.

Die Chance, international gültige Grundsätze für die Restitution und Reparation von Kulturgut aufzustellen, war vertan; sie wurde von den Ereignissen überholt. Als die Alliierten von Osten und von Westen in Deutschland einmarschierten, gab es keine Zeit mehr, um eine Übereinstimmung der westlichen Alliierten und Russland zu erzielen, das Vergeltung für die von den Nationalsozialisten zu Beginn des Krieges unternommene Zerstörung seiner Monumente und Plünderung seiner Kunstschätze forderte. Die alliierten Streitkräfte stießen auf Hunderte von Lagerstätten, die die Deutschen als Aufbewahrungsorte für ihre eigene und für die Beutekunst gewählt hatten. Mitglieder der Roberts Commission und Offiziere der MFA & A kamen nun aus London kommend auf dem Kontinent an und hofften, noch weitergehende Zerstörung und Zerstreuung als bereits angerichtet zu verhindern. Das Militärhandbuch und die Stellungnahme Eisenhowers verkündeten nur, dass Amerika die allgemeinen Prinzipien zur Restitution und Bewahrung des deutschen kulturellen Erbes beachten werde. Wie diese Ziele zu erreichen wären, wurde jedoch nicht gesagt.

Die Erfahrungen des MFA & A-Offiziers Walker Hancock mag zur Erhellung der Situation dienen, die man noch vor der Kapitulation Deutschlands antraf. Als die Vereinigten Staaten in den Krieg eintraten, war Hancock Professor für Bildhauerei an der Pennsylvania Academy of Fine Arts. In seiner Zeit als Student hatte er ein Stipendium für ein dreijähriges Studium in Rom (1925–1928) erhalten und Italien während der dreißiger Jahre einige weitere male besucht.[29] Er sprach fließend Italienisch und hatte sich zu Beginn des Krieges beim Nachrichtendienst der Air Force beworben, wurde jedoch aus medizinischen Gründen abgewiesen. Er versuchte es bei der Navy, doch zog sich die Bearbeitung seiner Bewerbung dort in die Länge, und so zog man ihn als Sanitäter bei der Army ein. Von diesem Dienst wurde er befreit, als in einem Wettbewerb zur Gestaltung einer Auszeichnung sein Beitrag gezogen und er nach Washington zum Army War College beordert wurde. Dort schätzte man Hancocks Italienkenntnisse und Sprachfähigkeiten und entsandte ihn zum Dienst im Pentagon. Hier erfuhr er von der Gründung der MFA & A und bemühte sich um eine Versetzung zu dieser jüngst formierten Einheit. So gelangte er von Washington nach London in das Büro des britischen Colonels Geoffry Webb, wo man an den zweistaatlichen Grundsätzen der MFA & A arbeitete. Hancock wirkte an der Direk-

---

[29] Gespräch RKM mit Hancock im August 1993.

tive mit, die als Stellungnahme General Eisenhowers noch vor der Invasion der Normandie veröffentlicht wurde.

In den Jahren 1943 und 1944 arbeitete Hancock mit den ersten MFA & A-Offizieren an der Erstellung von Weißbüchern für Armeeoffiziere, die diese auf ihre bevorstehende Arbeit als Verfechter der Denkmalspflege vorbereiten sollten. Sie erhielten Karten und Texte, in denen die Örtlichkeiten der Monumente Frankreichs und ihre Geschichte beschrieben wurde, die sie nun bald befreien und verteidigen sollten. Er befreundete sich mit George Stout, ehemals Konservator am Fogg Museum, der als erster die Kollegen an den amerikanischen Museen alarmiert und die Gründung der Roberts Commission zwei Jahre zuvor verfolgt hatte. Als die Vorbereitungen für die Landung in der Normandie abgeschlossen waren, bereitete sich die MFA & A-Gruppe in London auf die bevorstehende Eroberung Deutschlands vor.

Als Walker Hancock mit der Ersten Armee in Nordwesteuropa einmarschierte, trat er seinen Dienst als Kulturgutschutz-Offizier an, um die Umsetzung der an die alliierten Truppen gerichteten Direktive Eisenhowers zu überwachen. Nördlich der Alpen wurden nur zehn MFA & A-Offiziere mit der britischen und amerikanischen Armee ins Feld entsandt. Hancock hielt seine Erfahrungen später in einem Artikel fest, der im *College Art Journal* vom Mai 1946 erschien. Darin sagte er:

> In der amerikanischen Armee konnten selbst auf Befehl der einzelnen Offiziere Grunderfordernisse, wie Transport und Verkehr, kirchlicher Beistand, Arbeitskräfte oder Autorität zur Erreichung bestimmter Ziele in der Regel nur durch flehentliches Bitten, Schmeicheleien oder andere Tricks erreicht werden. Mit leeren Händen vor einer Aufgabe dieser Größenordnung stehend, konnte man sich nur mit dem Gedanken trösten, dass was immer erreicht werden konnte, besser war als nichts.[30]

Der Krieg war noch nicht vorbei, als Hancock in jenem März 1945 den Truppen nach Aachen folgte. In der ehemaligen Hauptstadt Karls des Großen wollte er sicherstellen, dass die Museen der Stadt und der Dom bewahrt blieben, nachdem die verbliebenen Bürger evakuiert und die amerikanischen Truppen eingezogen waren. Seine weitere Arbeit brachte ihn tiefer ins Rheinland hinein, wo er sich in Reichweite der feindlichen Geschütze auf die Suche nach den Lagerstätten begab. Eine ihrer größten war die Siegener Mine, von der George Stout erfahren hatte, dass sie die Schätze des Aachener Doms beherberge.

In der Begleitung Stouts und des Domvikars bestiegen Hancock und andere Armeeangehörige die Mine etwas außerhalb der Stadt Siegen. Die Gegend war drei Monate lang von den Alliierten bombardiert worden und die Bewohner der Stadt nutzten die Mine als Schutzraum, in dem sie mehrere Wochen ausharrten

---

[30] Hancock, Walker: „Experiences of a Monuments Officer in Germany," *College Art Journal*, Mai 1946, 271.

und voller Furcht die Ankunft der Amerikaner erwarteten. Durch die Menge schreitend wurden Hancock und Stout einen Tunnel entlang zu einer verschlossenen Tür geführt. Der Mann, der sie öffnete, war völlig perplex den Vikar in dieser Begleitung zu sehen, führte sie aber zu einem Raum mit über 400 Gemälden bester Qualität. Darüber hinaus stapelten sich hier Kisten der Museen Bonn, Köln, Wuppertal, Essen und Münster. Wieder andere Kisten enthielten Kirchengut aus Essen, Köln, Siegburg, Metz und Aachen sowie Inventar des Beethoven Hauses in Bonn.

Obwohl die Lagerbedingungen für den Inhalt der Siegener Mine äußerst schädlich waren, musste zunächst alles dort verbleiben, während der Aufbau der Militärregierung vorangetrieben wurde. Es sollten noch Monate vergehen, bis Hancock zurückkehren und diese Schätze der deutschen Kunst erlösen sollte, die einstweilen im Fegefeuer verblieben, bis die Armee der Vereinigten Staaten ihr Transportwesen entsprechend eingerichtet hatte.

Die Errichtung einer effektiven Militärregierung für Deutschland wurde von einer komplexen Struktur mit zwei verschiedenen, gelegentlich in Wettstreit zueinander tretenden Behörden behindert. Das Oberkommando lag in der Hand General Eisenhowers, der zwei Hüte trug. Er war der Militärgouverneur der Amerikanischen Besatzungszone und befehlshabender Kommandeur der SHAEF und ab 28. Juni 1945 ihrer amerikanischen Nachfolgebehörde, der United States Forces European Theater (USFET). Eisenhowers stellvertretender Militärgouverneur Lucius Clay führte nach seiner Ernennung am 31. März die relativ kleine politische Abteilung, den United States Group Control Council (Germany). Deren Einsetzung lag in der Hand des USFET.

Diese Zweigleisigkeit war umständlich. Während der ersten vier Monate der Besetzung entwarf der MFA & A-Zweig in der RDR Division des USGCC (Germany) die Grundsätze in Bezug auf die Erhaltung des deutschen kulturellen Erbes und die Restitution des geraubten Kulturguts. Die organisatorische Verantwortung für die Inspektion der Lagerstätten, den Schutz von Kulturgut und zur Durchführung der Restitution lag bei den MFA & A-Offizieren, die bei den Einsatztruppen der lokalen Militärverwaltung (E Teams) angesiedelt und über die ganze Zone verstreut waren. Die Teams unterstanden jedoch der direkten Kontrolle der USFET, nicht jedoch der USGCC oder seiner RDR Division.

Eisenhower steigerte diese Spaltung in der Struktur der Militärregierung, indem er einige organisatorische Zuständigkeiten bei der Militärregierungsabteilung USFET behielt, obwohl er sie zum Office of Military Government US Zone (OMGUS) umbenannte. Militärregierungen wurden errichtet für die neuen Länder Bayern, Württemberg-Baden, Großhessen und die Enklaven Bremen und Berlin. Jede dieser regionalen Militärregierungen besaß ein Büro der MFA & A. Doch gab es trotz der einheitlichen Ziele ihrer Offiziere während der gesamten

Besatzungszeit keine gemeinsame Struktur der MFA & A. Die MFA & A wurde nie vollständig errichtet.

Um mit der Sicherung der Lagerstätten zurechtzukommen und Vorkehrungen für die Lagerung von Kunstwerken zu treffen, gab die OMGUS grünes Licht für die Einrichtung einiger regionaler Sammelstellen. Diese sollten von den in den Ländern eingerichteten Militärregierungen verwaltet werden und umfassten München für das Land Bayern, Wiesbaden und Marburg für Großhessen, Stuttgart für Württemberg-Baden neben anderen, die nur für eine kurze Zeitdauer in Betrieb waren. Das Militär des Landes war für die Implementierung der Restitution zuständig und hatte bei der Zuteilung von Personal zur MFA & A das letzte Wort. Bei der OMGUS waren auf das Beharren General Clays hin nur etwa sechs Personen der MFA & A zugeteilt worden. Bei den Landesmilitärregierungen wurde im August 1945 ein Höchststand von 15 Mitarbeitern erreicht. Danach waren in jedem Land gewöhnlich nicht mehr als zwei bis drei Personen der MFA & A zugeteilt.

Ende Mai und im Juni 1945 waren Clay und sein Mitarbeiterstab vorwiegend damit beschäftigt, die Allied Control Commission funktionsfähig zu machen. Alle Aktivitäten zur Restitution von Kulturgütern wie die Evakuierung der Siegener Mine sollten bis zu einer Übereinkunft der Alliierten zurückgestellt werden, die jedoch angesichts der festgefahrenen Situation bei der EAC höchst unwahrscheinlich war. Clay wollte die begrenzten amerikanischen Mittel nicht für in seinen Augen zweitrangige Projekte einsetzen und diplomatische Verstimmungen vermeiden, die durch einseitige Vorgehensweisen hervorgerufen werden konnten. Der kulturelle Berater innerhalb der USGCC John Nicholas Brown befürchtete, dass wertvolles Kulturgut und damit auch die Reputation der Vereinigten Staaten beschädigt werden könnten. Während seiner Reise durch die Besatzungszone im Mai 1945 drängte Brown Clay dazu, Ausnahmen zu machen und beispielsweise die Rückgabe international anerkannter Meisterwerke, wie des Altarbilds *Das Heilige Lamm* an Gent und Michelangelos *Madonna mit Kind* an Brügge, zuzulassen.

Vor der Potsdamer Konferenz vom Juli und August entwickelte Clays Mitarbeiterstab eine neue Taktik bezüglich der Restitution: Kunstwerke sollten in drei Kategorien eingeteilt werden. Kategorie A für leicht identifizierbare Beutekunst; Kategorie B für Beutekunst, von der die Deutschen behaupteten, sie ordentlich bezahlt zu haben; und Kategorie C für deutsche Kunstwerke, die in der amerikanischen Besatzungszone zur Sicherstellung verwahrt wurden. Die USGCC schlug die sofortige Rückgabe aller Werke der Kategorie A vor und ein Verfahren, nach dem die Werke der Kategorie B zurückzugeben waren, mit einem Vorbehalt, dass diese Gegenstände im Rahmen einer zukünftigen Einigung der Alliierten als Reparationsleistungen gewertet werden konnten. Und als Überraschungsmanöver rieten sie ferner dazu, *die in Kategorie C fallenden Gegenstände in die Vereinigten*

Staaten abzutransportieren. Clay erläuterte seine Beweggründe gegenüber Sumner McKnight Crosby, Professor für Kunst des Mittelalters an der Yale University, der zur Beratung der Roberts Commission vom Dienst freigestellt und ein strenger Befürworter von Restitutionen und der Bewahrung kultureller Identität war. Nachdem die Vereinigten Staaten wohl keine industriellen Reparationen zu fordern gedachten, so Clay, würden sie vielleicht später immaterielle Vermögenswerte fordern, wie z. B. Kunst.[31]

Als vernachlässigter und argwöhnisch beäugter Abkömmling einer politischen Vereinigung wurde das Allied Control Council im Spätsommer 1944 in einem trägen Prozess geboren und wurden seine Mitarbeiter per Mund-zu-Mund-Propaganda rekrutiert. Die MFA & A war nie offiziell als „Einheit“, „Abteilung“ oder „Corps“ aufgestellt, obwohl sie sicherlich ihr eigenes „Esprit“ besaß. Die Roberts Commission, beraten vom Mitglied seine Personalkomitees Paul Sachs und dessen Kollegen W. G. Constable vom Boston Museum of Fine Art hatten dem Kriegsministerium seit dem Frühjahr 1943 Personalvorschläge unterbreitet. Viele von denen, die man schließlich anging, gehörten bereits einem Zweig des Militärs an. Das Muster ihrer Ernennung wurde im Mai 1943 festgelegt, als der erste, Captain Mason Hammond vom Nachrichtendienst der Air Force nach Afrika versetzt wurde als Berater der US-Armee für Kunstwerke und Denkmäler. Die amerikanischen Streitkräfte bereiteten sich gerade auf die Landung in Sizilien vor und man hoffte, dass Hammond als Professor für Klassische Antike in Harvard die Expertise und Autorität besitzen würde, um die Befehlshaber der Armee von den archäologischen Stätten Süditaliens wegzulotsen.

Die MFA & A-Offiziere für Deutschland wurden 1945 rekrutiert. Die Lieutenants Thomas Carr Howe, Jr. und Craig H. Smyth kamen ebenso wie Charles Parkhurst von der Navy. Howe war zuvor als Direktor des Palace of the Legion of Honor in San Francisco tätig. Smyth und Parkhurst arbeiteten bei der National Gallery of Art in Washington. Armeeleutnant James Rorimer (später Captain) war Kurator für mittelalterliche Kunst am Cloisters of the Metropolitan Museum of Art. Lt. Charles Kuhn war in Harvard bevor er zur Navy kam und kehrte dorthin zurück, um der Sammlung deutscher Kunst im Busch Reisinger Museum vorzustehen.

Die Offiziere der MFA & A einte ein grundlegendes Bekenntnis zum Bewahren. Vor allem anderen würden sie zuerst danach fragen, was das Kunstwerk zur Erhaltung seines Zustands benötigt und sich erst dann der Frage nach seinem Eigentümer widmen. Nach den Ausschreitungen der Nazis glaubten sie an kulturelle Repatriierung, denn, wie Francis Henry Taylor sagte, die Kunst eines

---

[31] Kurtz. *Nazi Contraband*, 125

Landes ist „Teil des Geistes und des Erbes seines Volkes".[32] Craig Smyth fasste diese Einstellung zusammen als er schrieb: „Es bereitete dem Militärpersonal im Dienst der MFA & A tiefe Befriedigung, Teil einer Operation zu sein, die sie als rein im Herzen ansahen."[33]

Jeder dieser Offiziere brachte in seine Arbeit das Spezialwissen als Kurator ein: Wie man ein Kunstwerk identifiziert, wie man seinen Zustand auf Beschädigungen untersucht und wie man es für den Transport verpackt. Diese Kenntnisse wurden in den Lagerstätten benötigt, wo man die verschleppten und geraubten Kunstwerke verwahrte und in den Sammelstellen, wohin man sie brachte. Im Falle der Architekturdenkmäler konnten die den mobilen Armeeeinheiten zugeteilten MFA & A-Offiziere wie James Rorimer wenig mehr tun, als die beobachteten Schäden zu melden und die Kirchen und Schlösser zu Sperrgebieten zu deklarieren. Wie sich herausstellte, boten der schnelle Vormarsch der Amerikaner nach Deutschland und die unerwartete Kapitulation Deutschlands wenig Gelegenheit, ein Denkmal zu reparieren oder wiederherzustellen. Ein anschauliches Beispiel bildet die Sicherung der Deckengemälde Tiepolos in der Würzburger Residenz, durchgeführt von John Skilton im Juni 1945,[34] als er Material beschaffte, um das zerstörte Dach abzudecken.

---

32 Smyth Craig Hugh *Repatriation of Art from the Collecting point in Munich after World War II,* The Hague: Schwartz/Maarssen/SDU Publishers, 1988, zitiert aus einem Brief Francis Henry Taylors an Paul Sachs vom 4. Dezember 1942, National Archives, RG 239, Box 53.

33 Siehe Fn. 32, 20.

34 Skilton, John D. Jr., *Défense de l'art européen,* Paris: Les Editions Internationales, 1948.

Anhang II

IIa Wiesbadener Manifest vom 7. November 1945 (Seite 159ff.)

IIb Sammelstelle Wiesbaden: Bestandsliste 1946 (Seite 165ff.)

Dieser von Capt. Edith Standen und Renate Hobirk erstellte Bericht enthält eine vollständige Liste des Bestands der Wiesbadener Sammelstelle, wie er von ihnen aufgenommen wurde. Die Liste gibt das breite Spektrum des Bestands der Sammelstelle wieder sowie die Daten des Ein- und Abgangs. Packlisten der Staatlichen Berliner Museen oder anderer Institutionen standen dem Personal nicht zur Verfügung. Die Liste kann nicht uneingeschränkt als Nachweis der Nummern auf den Kisten, der Anzahl der Gegenstände (viele Kisten blieben ungeöffnet) oder der korrekten Namen ihrer Besitzer dienen. Es ist ein höchst wichtiges Dokument, das all die Arbeit widerspiegelt, die sie in weniger als einem Jahr nach Eröffnung der Wiesbadener Sammelstelle leisteten.

IIc Einlieferungsbeleg: Liste der Kunstwerke aus deutschem Besitz (die „202“) (Seite 184ff.)

IId Liste der Werke des Kaiser-Friedrich-Museums: Die „202“ (Seite 192ff.)

COPY*

U.S. FORCES, EUROPEAN THEATER
GERMANY

7 November 1945

1. We, the undersigned, Monuments, Fine Arts and Archives Specialist Officers of the Armed Forces of the United States, wish to make known our convictions regarding the transportation to the United States of works of art, the property of German institutions or nationals, for puposes of protective custody.

2. a. We are unanimously agreed that the transportation of these works of art, undertaken by the United States Army, upon direction from the highest national authority, establishes a precedent which is neither morally tenable nor trustworthy.

b. Since the beginning of United States participation in the war, it has been the declared policy of the Allied Forces, so far as military necessity would permit, to protect and preserve from deterioration consequent upon the processes of war, all monuments, documents or other objects of historic, artistic, cultural or archaeological value. The war is at an end, and no doctrine of "military necessity" can now be invoked for the further protection of the objects to be moved, for the reason that depots and personnel, both fully competent for their protection, have been inaugurated and are functioning.

c. The Allied Nations are at present preparing to prosecute individuals for the crime of sequestering, under the pretext of "protective custody", the cultural treasures of German-occupied countries. A major part of the indictment follows upon the reasoning that even though these individuals were acting under military orders, the dictates of a higher ethical law

* Kopie der verkleinerten WIF Dokumente. Von dort abgeschrieben in der ursprünglichen Gestaltung

** Deutsche Übersetzung siehe oben S. 63.

made encumbent upon them to refuse to take part in, or countenance, the fulfillment of these orders. We, the undersigned, feel it is our duty to point out that, though as members of the Armed Forces we will carry out the orders we receive, we are thus put before any candid eyes as no less culpable than those whose prosecution we affect to sanction.

3. We wish to state that from our own knowledge, no historical grievance will rankle so long, or be the cause of so much justified bitterness, as the removal, for any reason, of a part of the heritage of any nation, even if that heritage may be interpreted as a prize of war. And though this removal may be done with every intention of altruism, we are none the less convinced that it is our duty, individually and collectively, to protest against it, and that though our obligations are to the nation to which we owe allegiance, there are yet further obligation to common justice, decency, and the establishment of the power of right, not of expediency or might, among civilized nations.

/s/Stephen Kovalyak
/t/STEPHEN KOVALYAK
1st Lt. Inf., 0314411
(U.S. Zone)

/s/Patrick J. Kelleher
/t/PATRICK J. KELLEHER
Capt., TC, 01944717
Office of Military
Government for Land
Great Hesse

/s/Lamont Moore
/t/LAMONT MOORE
2nd Lt., AUS,02011967
Office of Military
Government (U.S. Zone)

/s/Samuel Ratensky
/t/SAMUEL RATENSKY
1st Lt., AUS, 02025813
Office of Military
Government for Land
Great Hesse

/s/Charles P. Parkhurst, Jr.
/t/CHARLES P. PARKHURST, Jr.
Lt., (jg), USNR, 298080

/s/Sheldon W. Keck
/t/SHELDON W. KECK
2nd Lt., AUS, 020255818

Office of Military
Government (U.S. Zone)

Office of Military
Government for Stadt-
kreis and Landkreis
Marburg

/s/Edith A. Standen
/t/EDITH A. STANDEN
Capt. WAC, L 117136
Office of Military
Government
(U.S. Zone)

/s/Walter I. Farmer
/t/WALTER I. FARMER
Capt., CE. 01108653
Office of Military
Government for Stadt-
kreis Wiesbaden

/s/Walker K. Hancock
/t/WALKER K. HANCOCK
Capt., Inf., 0515315
Office of Military
Government for
Stadtkreis and Land-
kreis Marburg

/s/Julius H. Buchman
/t/JULIUS H. BUCHMAN
Capt., FA, 01171068
Office of Military
Government for Stadt-
kreis Frankfurt

/s/Frederick C. Shrady
/t/FREDERICK C. SHRADY
2nd Lt., AUS, 02025315
Office of Military
Government for Land
Great Hesse

/s/Richard H. Kuhlke
/t/RICHARD H. KUHLKE
1st Lt., Ord., 01556305
Office of Military
Government for Stadt-
kreis Frankfurt

/s/Everett P. Lesley, Jr.
/t/EVERETT P. LESLEY, JR.
Capt., QMC, 01581907
The General Board,U.S.
Forces, European
Theater

/s/Theodore A. Heinrich
/t/THEODORE A. HEINRICH
2nd Lt., AUS, 02015985
Office of Military
Government for Regie-
rungsbezirk Kassel

/s/Clyde M. Harris
/t/CLYDE M. HARRIS
1st Lt., CE, 01116157
Office of Military
Government for Regie-
rungsbezirk Hessen

/s/Doda Conrad
/t/DODA CONRAD
1st Lt., AUS, 01691535
Office of Military
Government (U.S.)

/s/Edwin C. Rae
/t/EDWIN C. RAE
Capt., AC, 81643246
Office of Military
Government for Bavaria

/s/William A. Lovegrove
/t/WILLIAM A. LOVEGROVE
1st Lt., C?P, 01797674
Office of Military
Government (U.S. Zone)

/s/Edward J. Putrux
/t/EDWARD J. PUTRUX
Capt., QMC, 01575023
Office of Military
Government for Regie-
rungsbezirk Niederbayern
and Oberpfalz

/s/Walter W. Horn
/t/WALTER W. HORN
1st Lt. Inf., 01326328
Office of Military
Government (U.S. Zone)

/s/J. T. Morey
/t/J. T. MOREY
1st Lt., CE, 01113367
Office of Military
Government for Regie-
rungsbezirk Oberbayern

/s/Robert A. Koch
/t/ROBERT A. KOCH
1st Lt., AUS, 02011971
Office of Military
Government for Wurt-
tenberg - Baden

/s/Dale V. Ford
/t/DALE V. FORD
2nd Lt., CE, 01112695
Office of Militar Government
for Landkreis Heilbronn

/s/Thomas C. Howe, Jr.
/t/THOMAS C. HOWE, Jr.
Lt. Comdr., USNR, 237833
Office of Military
Government (U.S. Zone)

The following officers have expressed agreement with the sentiments of this paper but do not feel at liberty to sign any statement:-

JAMES J. RORIMER
Capt., AUS, O-537225
Office of Military Government
(Western District)

LESLIE J. POSTE
2nd Lt., AUS, 02025871
Office of Military Government
(Western District)

W.B. VAN NORTWICK
Capt., Inf. (Armd), O-1108653
Office of Military Government
for Stadtkreis Wiesbaden.

The following officers have expressed similar sentiments by means of separate letters to Major L.B. La Farge:-

JOHN H. COULTER
Lt. Cmdr., USNR, 13699
Office of Military Government
for Bavaria.(U.S.)

CRAIG H. SMYTH
Lt., USNR, 173178
Director, Munich Collecting Point

EDWARD E. ADAMS
CAPT., QMC, O-444547
Office of Military Government
(U.S. Zone)

HARRY D. R. GRIER
Capt., Inf., O-1305768
Office of Military Government
for Germany (U.S.)

KURT F. HAUSCHILDT
2nd Lt., AC., O-1540391
U.S. Headquarters Berlin District

The names listed above include 32 of the 35 MFA&A Specialist Officers now in Europe assigned to headquarters in Germany. No contact has been possible with the remaining three officers owing to the shortage of time and the distances involved.

It may also be noted that, while no attempt has been made to ascertain the opinion of the enlisted men and civilians in the Monuments, Fine Arts and Archives organization, nor of the personnel of American Monuments, Fine Arts and Archives organizations outside of Germany, all the individuals in these categories who have read this paper have expressed complete agreement with its sentiments.

German State Museum owned

Source or Owner	No. of cases or Items	Type of Material	WIE No.'s	Shipment	Status
Collections of Berlin State Museums					
I Antiken Abt.	89 cases	Classical Antiquities	between 1-1663	I 20-31 Aug 45	Spot checked.
II Ägyptische Abteilung	163 cases	Egyptian Antiquities	" 1-1663	I " "	Spot checked.
III Islamische Abteilung	49 cases	Ceramics, Sculpture, Carpets	" "	I " "	Checked by Frau Dr. Kühnel.
IV Gemälde Galerie	988 200	Paintings Paintings	" "	I " " I	Checked by Frau Dr. Kühnel. Out-Shipm. No. I 20 Nov 45
V Skulpturen-Abteilung	350 cases	Sculptures	" "	I " "	In process of checking.
IV Frühchristlich-byzantinische Sammlung	7 cases	Painting, Sculpture Ceramics, Jewelry	" "	I " "	Spot checked
VII Kupferstichkabinett	2300 portfolios	Prints, Drawings	1500	I " "	Spot checked. Accession lists screened. No easily identifiable loot.

German State Museum owned

Source or Owner	No. of cases or Items	Type of Material	WIE No.'s	Shipment	Status
VIII National-Galerie	391	Paintings	between 1-1663	I 20-31 Aug 45	Checked by Frau Dr. Kühnel.
"	2	Paintings	" " "	I "	Out-Shipment No 1 20 Nov 45
	288 cases	Decorative Arts	" " "	I "	Spot checked
IXa Schloss-Museum	30 cases	Tapestries	2045 B	XIII 13 Oct 45	Not processed.
	3 cases	Prussian Regalia	1839-1841	IX 17 Sept 45	Not processed.
b Kunstgewerbe Museum	41 cases	Porcelaine	between 4413-4415	LIX 10 May 46	Not processed
	45 cases	Decorative Arts	between 1-1663	I 20-31 Aug 45	Spot checked
X Zeughaus	39 cases	Arms, Uniforms	between 1-1663	I???? 1 ????	Spot-checked,
	31 c???	???	" " "		Uniforms fumigated
"	51 cases	Flags etc	between 4413-4415	LIV 10 May 46	Not processed.
XI Museum für Deutsche Volkskunde	30 cases	Folk Art	" " "	I 20-31 Aug 45	" "
XII Völkerkunde-museum	92 cases	Ethnological Collection	" " "	I "	Spot checked.
XIII Ostasiatische Kunstabteilung	4 cases	Ceramics, Sculpt.	" " "	I "	Spot checked.

German State Museum owned

Source or Owner	No. of cases or Items	Type of Material	WIE No.'s	Shipment	Status
XIV Museum für Vor- und Früh-geschichte	6 cases	Prehistorical Art	between 1-1663	I 20-31 Aug 45	Not processed
XV Staatl. Kunstbibliothek	14 cases 742 portfolios	Books and Plates	" "	I "	Spot checked
Collection of Verwaltung Schlösser u. Gärten, Potsdam	6	Tapestries	4025 B	XIII 13 Oct 45	Not processed. Additional 11 tapestries not identified.
	54 cases	Books, Engravings	4413-4415	LIV 10 May 46	Not processed.
	270	Paintings	4425	LIX 29 May 46	Photographed and Property Cards made at Marburg MAR 138-407
	3 cases	Books	4425 (MAR 319, 360, 361)	LIX 29 May 46	Not processed. Believed to be part of Library of Fred. the Great.
	17	Furniture	4425 (MAR 3439-3458)	LIX 29 May 46	Not processed.
	3 cases	Porcelain, Glass Bronces	4425 (MAR 3457-3610, 2585-2699)	LIX "	Not processed.
Garnisonkirche	1 case	Textiles	4425 (MAR 410)	LIX "	Not processed

German Museum owned, Land Greater Hesse

Source	No. of objects	Type of Material	WIE No.'s	Shipment	Status.
Kassel Landesmuseum	55 cases	31 cases Prints and Drawings 12 cases Sculptures 12 cases objects d'art	between 1927-2009 " " " "	XXII - 5 Dec 45 " " " "	Not processed. Spot checked, no objects identifiable as removed from occupied countries discovered. Will be returned to Kassel.
Archeol. Museum Wiesbaden	20 cases 7	Sculptures, Ceramics Tapestries	between 3296-3322 " "	XXXIII 5 Mar 46	Not opened
Staatsarchiv Wiesbaden	1 case	Meussbach-Dillenburg Archives	1908	XIV 25 Oct 45	Stated by Netherlands Archival Representative to be not subject to restitution. Will be returned to Staatsarchiv, Wiesbaden
Städel and other Frankfurt Museums and private owners	approx. 20.000	Paintings Scuoöture, Drawings, Prints etc.	between 2051-2452 2453-2540 2541-2826 2827-3164 3166-3295 3323-3380 3385-3561 3624-3690 4059-4190	 XXVII 8 Feb 46 XXVIII 14 Feb 46 XXIX 14 Feb 46 XXX 21 Feb 46 XXXII 28 Feb 46 XXXIV 9 Mar 46 XXXVII 16 Mar 46 XL 21 Mar 46 XLV 10 Apr 46	In process of screening. Objects identifieable as having been removed from occupied countries restituted, internal loot of unknown ownership segregated, internal loot of known ownership listed.

German-Museum owned, Land Greater Hesse

Source	No. of objects	Type of Material	WIE No.'s	Shipment	Status.
Städel and other Frankfurt Museums and private owners. (cont.)	approx. 20.000	Paintings Sculpture Drawings Prints etc.	between 4191-4393 4197-4272 4298-4364 4365-4411	XLVI 16 Apr 46 XLIX 25 Apr 46 LI 29 Apr 46 LII 8 May 46	In process of screening. Objects identifiable as having been removed from occupied countries restituted, internal loot of inknown ownership segregated, internal loot of known ownership listed.

German-Museum Owned, Other Länder - US Zone

Institution	No. of objects or cases	Type of Material	WIE No.'s	Shipment	Status
Mannheim (Escheberg repos. through Marburg CCP)	34	Textiles	2014-2045	XIII 13 Oct 46	Not processed. Lists available.
Karlsruhe Museum	193	Paintings and Prints	between 1860-1888	XII 13 Oct 46	Screened for foreign purchases.
Staatsgalerie Stuttgart	1	Painting	3910	XLII 22 Apr 46	Returned to Stuttgart authorities Out-Shipment No 9 26 June 46

Loot from Poland

Source or Owner	No.'s of objects	Type of material	WIE No.'s	Shipment	Status
Lüneburg (Grasleben)	13 cases	Archeological material	between 1-1769	I 20-31 Aug 45	Out-Shipment No 4 17 April 46
Lüneburg (Grasleben)	773	Church Treasures	between 1-1769	I 20-31 Aug 45	Out-Shipment No 4 17 April 46

Hungarian State owned

Source or owner	No.'s of Objects	Type of material	WIE No.'s	Shipment	Status
Hungarian State	1 chest	Coronation Regalia	1842	IX 17 Sept 45	Sent to Munich Out-Shipment No 4 17 Apr 46

Objects readily identifiable as having been removed from France

German Holder	No. of objects	Tape of material	WIE No.'s	Shipment	Status
Frankfurt Museums (cont)	15	Sculptures	4198/1, 4250 4298, 4299 4373, 4375, 4378/1 4378/2, 4380, 4381, 4388/1, 4411	XLIX 25 Apr 46 LI 25 Feb 46 LI 8 May 46	Out-Shipment No 3 24 May 46 " " " " " "
	10	Drawings	4305/1, 4305/3-9 4305/11, 4305/12	XLI 21 Mar 46 " "	Out-Shipment No 3 24 May 46 " " "
	1	Print	4305/2	XLI 21 Mar 46	" " "
ELHAG Tauberbischofs-heim	33	Furniture	3562-3616	XXXVIII 16 Mar 46	Out-Shipment No 3 24 May 46
	4	Ceramics	" "	" "	" " "
	13	Paintings and Engravings	" "	" "	" " "
	22	Metalwork	" "	" "	" " "
	4	Sculpture	" "	" "	" " "
	9	Textile	" "	" "	" " "
Private Owners Frankfurt	1	Sculpture	4412	LIII 9 May 46	Out-Shipment No 3 24 May 46
	5	Sculptures	4417-4421	LVI 18 May	" " "

Objects readily identifiable as having been removed from France

German Holder	No. of objects	Type of material	WIE No.'s	Shipment	Status
Dr. Eckermann Wiesbaden	1	Chandelier	1664	IV 23 Aug 45	Out-Shipment No. 3 24 May 46
Haberstock, Karl	4	Paintings	1816, 1821, 1818, 1824	VI 23 Aug 45	Out-Shipment No. 3 24 May 46
Philipp Frank Heidelberg	1	Drawing	252	XIX 21 Nov	Out-Shipment No. 3 24 May 46
" "	16	Paintings Drawings Sculptures	1843-1858	X 21 Sept 45	Out-Shipment No. 3 24 May 46
Bertha Deutsch Wiesbaden	10	Paintings	1911-1920	XVII 14 Nov 45	Out-Shipment No. 3 24 May 46
Stadt Heidel-berg	1	Armor	262	XIX 21 Nov 45	Out-Shipment No. 3 24 May 46
Kunsthalle Karlsruhe	33 14 11 5 2 3 1 1	Paintings Drawings Metalwork Ceramics Prints Sculptures Woodwork Enamel	1860- 1888/12	XII 12 Oct 45 " " " " " " " " " " " " " "	Out-Shipment No. 3 24 May 46 " " " " " " " " " " " " " "

Objects readily identifiable as having been removed from France

German Holder	No. of objects.	Type of material	WIE No.'s	Shipment	Status
Haus Solms Karlsruhe	24	Paintings	3623/9-34	XXXIX 20 Mar 46	Out-Shipment No. 3 24 May 46
	1	Drawing	3623/24	" "	" "
	1	Ceramics	3622	" "	" "
	527	Paintings, Prints etc	3623/36	" "	" "
	1 case	Household furnishings	3617	" "	" "
Adam Kramer Fulda (Marburg)	3	Woodreliefs	2011-2013	XXIV 13 Dec 45	Out-Shipment No. 3 24 May 46
Frankfurt Museums	24	Paintings	2212, 2223, 2399	XXVII 8 Feb 46	Out-Shipment No. 3 24 May 46
			2431		" "
			2870	XXVIII 14 Feb 46	" "
			2870, 3017	XXX 21 Feb 46	" "
			3325/1, 3325/2	XXXIV 9 Mar 46	" "
			3635, 3662, 3717	XL 21 Mar 46	" "
			3756, 3766		
			4061/1, 4061/2	XLV 10 Apr 46	" "
			4061/33, 4062/1		
			4063/1, 4064/1		
			4065/1, 4065/2		
			4066/1		
			4325	LI 29 Apr 46	" "
	15	Sculptures	2854	XXX 14 Feb 46	" "
			4108/1, 4108/2	XLV 10 Apr 46	Out-Shipment No. 3 24 May 46

Material from French Zone

Institution	No. of objects or unopened cases.	Type of material	WIE No.'s	Shipment	Status
Stiftung Heylshof, Worms	10	Paintings	1828-1830 1832-1838	VII 9 Sept 45	Processed
Städtische Gemäldegalerie und Altertumsmuseum, Mainz	33 50 124	Paintings Manuscripts Antiquities (Jewels etc)	1890-1907 " " " "	XX 27 Nov 45 " " " "	Not processed " " " "
Ludwigshafen	1	Painting	4034	XLIII 22 Mar 46	Not processed

Objects readily identifiable as having been removed from Holland.

German Holder	No. of objects	Type of material	WIE No.'s	Shipment	Status
Haberstock, Karl	1	Tapestry	4058	XLIV 24 Mar 46	Out-Shipment No. 5 1 May 46
Staatsarchiv Wiesbaden	62	Archives of Family Meuselbach Dillenburg	1890	XIV 25 Oct 45	Restitution stated by Netherlands Representative to be not necessary. Will be returned to Staatsarchiv Wiesbaden.
Kunsthalle Karlsruhe	26	Paintings	1861/3, 1861/4 1865/6, 1867/13 1867/20, 1869/4 1870/4, 1871/4 1872/1, 1872/2 1872/3, 1874/7 1879/2, 1879/4 1879/6, 1880/1 1881/1, 1882/2 1883/15, 1884/4 1884/5, 1884/8 1886/5, 1887/1 1864/2 4022	XII 12 Oct 45 XLIII 7 July 46	Out-Shipment No. 2 27 Mar 46 Out-Shipment No. 5 5 May 46 Out-Shipment No. 5 5 May 46
Haus Solms Karlsruhe	14 3 cases 446	Paintings Rugs Misc. items	3118/1-6 3123/1-8 3619-3621 3623/37	 XXXIX 20 mar 46 XXXIX 20 Mar 46	 Out-Shipment No. 2 27 Mar 46 Out-Shipment No. 5 1 May 46
Prof. Hethlage	2	Paintings	2047, 2048	XXIV 12 Oct 45	Out-Shipment No. 5 1 May 46

Objects readily identifiable as having been removed from Holland

German Holder	No. of objects	Type of material	WIE No. s	Shipment	Status
Städel-Institut Frankfurt/M	1	Sculpture	4263	XLOX 25 Apr 46	Out-Shipment No 5 1 May 46
" "	3	Painting	3408, 3649, 4300	XXXVII, 16 Mar 46 XL 21 Mar 46 LI 29 Apr 46	Out-Shipment No. 8 " "
Art dealer Frankfurt/M	2	Paintings	4427, 4428	LX 31 May 46	Out-Shipment No. 8
Art dealer Frankfurt/M	6 17 2	Paintings Drawings Maps	4429-4430	LXI 18 Jun 41	Ready for shipment.
Art dealer Frankfurt/M	3	1 Painting 1 bronze bell 1 candlestick	4431-4433	LXII 24 Jun 46	Ready for Shipment.

Material from British Zone

Institution or private Owner	No. of objects or unopened cases	Type of material	WIE No.'s	Shipment	Status
Kupferstichkabinett, Wallraf-Richartz Museum Köln	72 boxes 8 bundles	Prints	Not given	0 July 45	Out-Shipment No 7 4 June 46
Stadt Museum Düsseldorf	12 small packages and cases	Coins and Inventory	1839	VIII 12 Sept 45	Out-Shipment No 7 4 June 46
Kaiser-Wilhelm Museum und Heimathaus des Niederrhein, Krefeld	73 cases	Paintings, Sculptures etc.	between 3937-4057	XLIII 22 Apr 46	Out-Shipment No 7 4 June 46
Kunstgewerbe Museum, Köln	1 case	contens unknown	4044	XLIII 22 Apr 46	Out-Shipment No 7 4 June 46
Graf von Moltke Köln	2	Paintings	4021/1-4021/2	XLIII 22 Apr 46	Out-Shipment No 7 4 June 46
Georg Farbach (Dealer) Köln	15 cases	furniture and Procelaine	3896-4057	XLIII 22 Apr 46	Out-Shipmet No 7 4 June 46

Internal - Loot

German Holder and owner (if known)	No. of objects	Type of material	WIE No's	Shipment No.	Status
Kunsthalle Karlsruhe		Paintings	1867/19 1867/16	XII 12 Oct 45 " "	Property Cards made " "
Finanzamt Heidelberg and Mannheim	4		1865/5 1883/3	" " " "	" " " "
Polizeipräs. Heidelberg					
Institut für Erforschung der Judenfrage	90 4 18 68 1	Paintings Paintings Prints Drawings Box of Silver	3165/1-90 4422 " " 4424	XXXI 21 Feb 46 LVII 21 May 46 " " " " LVIII 24 May 46	Some owners, including Alfred Oppenheim, identified.
University of Heidelberg, owner: Frau Leontine Goldschmidt.	1	case said to contain cultural objects.	between 3896-4057	XLIII 22 Mar 46	Unopened, claim received, forwarded to Berlin.
Frankfurt Museums	34	Paintings	2020, 2445 2721, 2725 3113, 3132 3325/21	XXVII 8 Feb 46 XXIX 14 Feb 46 XXX 21 Feb 46 XXXIV 9 Mar 46	

Internal - Loot

German Holder and owner (if known)	No. of objects	Type of material	WIE No.'s	Shipment No.	Status
Frankfurt Museums (cont.)	16	Paintings	3445, 3446 3465, 6466	XXXVII 16 Mar 46	not processed
			4065/1, 4065/3 4065/26	XLV 10 Apr 46	"
			4384, 4385	LII 8 May 46	"
	15	Drawings	4305/13??? 4305/19	LI 29 Apr 46	"
			4423/1-10	LII 8 May 46	"
	2	Prints	4305/14 4305/15	LI 29 Apr 46	"
Karlsruhe	12	Paintings	3623/38/1- 3623/38/12	XXXIX 20 Mar 46	not processed

Nazi - Owned

Source	No. of objects	Type of material	WIE No.'s	Shipment	Status
Reichsbanknebenstelle, Heidelberg, through G 2 7th Army. Called „Hitler" or „Frank" Collection	16	Paintings	534, 1770, 1783, 1827	V 31 Aug 45	Processed Cards forwarded
Karl Haberstock, stated to have been bought from Non-Jewish Collections	3	Paintings	1823, 1817, 1814	VI 5 Sept 45	Processed, Cards forwarded
Karl Haberstock, stated to have been bought from Non-Jewish Collections	3 17	Paintings Paintings	1813, 1826, 1815 between 1927-2009	VI 5 Sept 45 XXII 5 Dec 46	Processed, Cards forwarded " "
Karl Haberstock, source unknown	2 2 4 3	Paintings Paintings Wood-carved Coat of Arms Sculptures	1809, 1825 4194, 4195 1786-1789 1790-1792	VI 5 Sept 45 XLVII 19 Apr 46 VI 5 Sept 45 VI 5 Sept 45	Processed, cards forwarded Not processed. Processed, cards forwarded Processed, Cards forwarded

Nazi - Owned

Source	No. of objects	Type of material	WIE No.'s	Shipment	Status
Sieger	19	Paintings	1804, 1798, 1794, 1803, 1801, 1796, 1797, 1802, 1793, 1822, 1810, 1811, 1807, 1805, 1806, 1819, 1808, 1820, 1795	VI 5 Sept 45	Processed, Cards forwarded
	4	Paintings	1923-1926	XXI 28 Nov 45	" "
	1	Sculpture	1812	VI 5 Sept 45	" "
	2	Books of prints	1799-1800	VI 5 Sept 45	" "
	2	Chasubles	1785	VI 5 Sept 45	" "
Goebbels house, Berlin	1	Painting	1910	XVI 30 Oct 45	Processed, cards forwarded
Gurlitt Hamburg	171	Paintings and Drawings	between 1927-2009	XXII 5 Dec 45	Processed, cards forwarded
G. Schmückle, Stuttgart	31	cases	between 1896-4057	XLIII 22 Mar 46	Not opened
Reichsstatthalterei, Stuttgart	37	cases porcelaine and glassware	between 3896-4057	XLIII 22 Mar 46	Not opened
	2	Paintings	3909, 3911	" "	"

Private Property deposited for safe keeping

Source or Owner	No. of objects	Type of material	WIE No.'s	Shipment	Status
Henkell Wiesbaden	2	Sculpture	1922, 2010	XVIII 20 Nov 45 XXIII 12 Dec 45	Property Cards made
Katzenstein Wiesbaden	3 1	Paintings sculpture	3381-3383 4303	XXXV 10 Mar 46 LI 29 Apr 46	Checked for condition. To be returned to owner on demand.
Volbach Estate Wiesbaden	1	Painting	3384	XXXVI 11 Mar 46	Checked for condition. To be returned to owner on demand.
Dr. Simon Wiesbaden	22	Furniture	4196	XLVIII 23 Apr 46	Not processed. To be returned to owner on demand.

Copy

Wiesbaden Collecting Point
Wiesbaden
Germany

19 November 1945

Receipt of Custody List of German - Owned Works of Art Designated for Shipment to the National Gallery of Art, Washington, D.C., U.S.A., for Safekeeping.

Case 1 (165)(10)

1. Giovanni Di Paolo, Legend of St. Clara 2171 (2 panels)
2. Jan van Eyck, Crucifixion 525 F
3. Master of Flémalle, Portrait of a Man 537 A
4. Altdorfer, Nativity 638 B
5. Konrad Witz, Crucifixion 1656
6. Elsheimer, St. Christopher 1707
7. Lucas van Leyden, Chess Players 574 A
8. Cranach, Lucretia 1832
9. Jan van Eyck, Giovanni Arnolfini 523 A
10. German Master (C.1400) Christ, Madonna, St. John 1837
11. Bouts, Madonna and Child 545 C
12. Elsheimer, Landscape with weeping Magdalena 1973
13. Cologne Master (C.1350) Madonna Enthroned, Crucifixion 1627
14. Altdorfer, Christ's Farewell to his Apostles 1883
15. Giovanni Di Paolo, Christ on the Cross 1112 B
16. Lorenzetti, P. Death of St. Humilitas 1077 A
17. Schongauer, Nativity 1629
18. Holbein, Portrait of a Man 586 B
19. Antonello da Messina, Portrait of a Man 18 A
20. Domenico Veneziano, Martyrdom of St. Lucy 64
21. Elsheimer, Holy Family 2039
22. Elsheimer, The Drunkeness of Noah 1843
23. Bouts, Virgin in Adoration (Fragment) 545 B
24. Petrus Christus, St. Barbara and a Carthusian Monk 523 B
25. Jan van Eyck, Knight of the Golden Fleece 525 G
26. French Master (C. 1400) ~~Triptych~~ 1620 Diptych
27. Breughel, Two Monkies 2077
28. Altdorfer, Landscape with Satyr Family 638
29. Massys Magdalene 574 C
30. Jan van Eyck, Madonna in the Church 525 C
31. Petrus Christus, Portrait of a Girl 532

Acknowledge Receipt 19 Nov 1945
signed Lamont Moore
Lamont Moore 0-2011967
2nd Lt. AUS
MFA & A Spec O.

This is a certified copy:
Harry W Adler
HARRY W. ADLER

Faksimile der Original Packliste der „202“ vom 19. November 1945, übergeben an Lamont Moore. WIF Dokumente.

Receipt of Custody List of German - Owned Works of Art Designat
for Shipment to the National Gallery of Art, Washington, D.C.
U.S.A., for Safekeeping (Continued)

Case 2 (203) (6)

✓32. Lorenzetti St. Humilitas Raises a Nun 1077
✓33. Dürer, Madonna 557 H
✓34. Memling, Madonna and Schild 528 B
✓35. Mantegna Cardinal Mezzarota 9
✓36. Pollaiuolo, David 73 A
✓37. Cranach, Frau Reuss 1907
✓38. Jan van Eyck, Man with a Pink 525 A
✓39. Van der Weyden, Charles the Bold 545
✓40. Mostaert, Portrait of a Man 591
✓41. Van der Weyden, Portrait of a Woman 545 D
✓42. Watteau, Italian Comedians 470
✓43. Dürer, Hieronymus Holzschuher 557 E
✓44. Dürer, Young Woman 557 G
✓45. Geertgen, John the Baptist 1631

Case 3 (279) (19)

✓46. Raphael, Madonna Terranova 247 A
✓47. Domenico Veneziano, Adoration of the Kings 95 A

Case 4 (293) (81)

✓48. Gossaert, Christ on the Mountain 551 A
✓49. Botticelli, Venus 1124
✓50. Calf, Stillife 948 F

Case 5 (2) (27)

✓51. Van der Weyden, Bladelin Altar 535

Case 6 (273) (22)

✓52. Simon Marmion, Altar of St. Omer (Two Panels) 1645,1645 A

Case 7 (5) (28)

✓53. Fouquet, Etienne Chevalier & St. Stephen 1617
✓54. Dürer, Madonna with the Goldfinch 557 F

Case 8 (224) (15)

✓55. Raphael, Madonna Diotalevi 147
✓56. Giorgione, Portrait of a young man (VV) 12 A
✓57. Lippo Memmi, Madonna and Child 1067

Acknowledge Receipt 19 Nov 1945
signed Lamont Moore
Lamont Moore 0-2011967
2nd Lt AUS
MFA & A Spec.O

This is a certified
copy:
Harry A. Adler
Captain C.E.

Receipt of Custody List of Germ an-Owned Works of Art Designated for Shipment to the National Gallery of Art, Washington, D.C., U.S.A., for Safekeeping (Continued)

Case 9 (9) (14)

58. Bottecelli, Frame only for Giuliano de Medici 106 B
59. Signorelli, Portrait of a Man 79 C

Case 10 (310) (84)

60. Bronzino, Portrait of a Young Man 614
61. Bronzino, Portrait of a Young Man 347 I
62. Squarcione, Madonna and Child 27 A
63. Palma Vecchio, Young Woman 197 B
64. Palma Vecchio, Portrait of a Man 174

Case 11 (530) (37)

65. Hans Baldnng Grien, Altar of Halle 603 A

Case 12 (295) (18)

66. Rembrandt, Rabbi 828 A
67. Rembrandt, Joseph and Potiphar's Wife 828 H
68. Rembrandt, Vision of Daniel 828 F
69. Hobbema, Landscape 1984
70. De Hoogh, The mother 820 B

Case 13 (140) (71)

71. Westphalian Master (C. [illegible]50) Triptych 12[illegible]6 B
72. Austrian Master (C. 141[illegible]) Crucifixion 1662
73. Cologne Master (C.1400) Life of Christ 1224
74. Baldung Grien, Pyramus and Thisbe 1875

Acknowledge Receipt 19 Nov 1945
signed Lamont Moore

Lamont Moore 0-201[illegible]967
2nd Lt AUS
MFA & A Spec. O.

This is a certified copy:

Harry A. Adler
Harry A. Adler
Captain C.E.
Adm. Officer

Receipt of Custody list of German-Owned Works of Art Designated for Shipment to the National Gallery of Art, Washington, D.C., U.S.A., for Safekeeping, Cont.

Case 14 (196) (41)

✓75. Bronzino, Ugolino Martelli 338 A
✓76. De Hoogh, Party of Officers and Ladies 1401
✓77. Steen, The Christening 795 D
✓78. Daumier, Don Quixote, NG-10488

Case 15 (116) (46)

✓79. Lotto, Christ's Farewell to his Mother 325
✓80. Titian, Strozzi, Child 160 A
✓81. Del Piombo, San Dago Knight 259 A
✓82. Guardi, The Balcon Ascension 501 F
✓83. Piazzetta, in Venice (Guardi) 1836
✓84. Tiepolo, Rinaldo and Armida 459 D
✓85. Tintoretto, Old Man 298 B

Case 16 (74) (34)

✓86. Rubens, Perseus and Andromeda 785
✓87. Baldung, Lamentation for Christ 603 B

Case 17 (1887) (GV3)

✓88. Bosch, St.John on Patmos 1647 A
✓89. Sassetta, Mass of St. Francis 63 D
✓90 Botticelli, Somonetta Vespucci 106 A
✓91. Masaccio, Birth Platter 58 C
✓92. Rembrandt, Landscape with Bridge 1932

Case 18 (162) (123)

✓93. Del Piombo, Roman Matron 259 B
✓94. Rembrandt, John the Baptist 828 K
✓95. Van der Velde, The Farm 922 C
✓96. Filippino Lippi, Allegory of Music 78 A
✓97. Verocchio, Madonna and Child 108
✓98. Verocchio, Madonna and Child 104 A
✓99. Mainardi, Portrait of a Man 86
✓100. Tura St. Christopher 1170 C
✓101. Tura, St.Sebastian 1170 B

Case 19 (13) (30)

✓102. Patinir, Rest on the Flight 608
✓103. Memling, Madonna Enthroned 529
✓104. Burkmair, Holy Family 1732
✓105. Geertgen, Madonna 1853
✓106. Cranach, Rest on the Flight 564 A
✓107. Master of Flémalle, Crucifixion 538 A
✓108. Master of Virgin, Among Vergins Adoration of Kings 1672
✓109. Memling, Madonna Enthroned with Angels 529 D
✓110. van Cleve, Young Man 615
✓111. van Leyden, Madonna and Child 584 B
Duplicate Room 112. Bouts, Madonna 545 C

This is a certified copy:
Harry A. Adler
Harry A. Adler
Captain C.E.
Adm. Officer

Acknowledge Receipt 19 Nov 194
signed Lamont Moore
Lamont Moore 0-201196
2nd Lt. AUS
MFA & A Spec. O

Receipt of Custody List of German-Owned Works of Art Designated for Shipment to the National Gallery of Art, Washington, D.C., U.S.A., for Safekeeping, Cont.

Case 20 (73) (23)

✓113. Botticelli, Madonna of the Lilies 102 A

Case 21 (45) (117)

✓114. Poussin, Amaltea 467
✓115. Poussin, St.Mattheus 478 A
✓116. Lorrain, Italian Coast Landscape 448 B
✓117. Velasques, Countess Olivares 413 E

Case 22 (564) (61)

✓118. Tizian, Venus with Organ Player 1849
✓119. Velasquez (?) or Sacchi (?), Alessandro del Borro 413 A

Case 23 (308) (38)

✓120. Castagno, Assumption of the Virgin 47 A
✓121. Bellini, The Resurrection 1177 A

Case 24 (554) (39)

✓122. Rubens, Isabella Brant 762 A
✓123. Rubens, Madonna Enthroned with Saints 780
✓124. Rembrandt, Rape of Proserpina 823
✓125. Rembrandt, Susanna and the Elders 828 E
✓126. Simone Martini, Burial of Christ 1070 A
✓127. Masaccio, Three Predellae 58 A, B, E
✓128. Masaccio, Four Saints (4panels) 58 D
✓129. French c. 1400, Coronation of the Virgin 1648

Case 25 (82) (74)

✓130. Master of Darmstdt Passion, Altar Wings (2) 1205/06

Case 26 (83) (75)

✓130 a. Master of Darmstadt Passion, Altar Wings (2) 1205/06

Case 27 (195) (118)

✓131. Caracciolo, Cosmas and Damian 1981
✓132. Tintoretto, Doge Mocenigo 2145
✓133. Pannini, Colosseum 454 A
✓134. Amigione, Lady as Diana 1659
✓135. Strozzi, Judith 1727

This is a certified copy:
Harry A. Adler
Harry A. Adler
Captain C.E.
Adm. Officer

Acknowledge Receipt 19 November 1945
signed Lamont Moore
Lamont Moore 0-2011967
2nd Lt. AUS
M F_a & A, Spec.C

Receipt of Custody List of German-Owned Works of Art Designated for Shipment to the National Gallery of Art, Washington, D.C., U.S.A., for Safekeeping, Cont.

Case 28 (144) (62)

✓136. Cossa, Allegory of Autumn 115 A
✓137. Signorelli, Three Saints 79
✓138. Signorelli, Three Saints 79
✓139. Piero di Cosimo, Mars, Venus and Amor 107

Case 29 (139) (26)

✓140. Behemian c. 1350, Glatzer Madonna 1624
✓141. Giotto, Death of the Virgin 1884

Case 30 (307) (24)

✓142. Lippi, Adoration of the Child 69

Case 31 (298) (35)

✓143. Rubens, Andromeda 776 C
✓144. Bottecelli, St. Sebastian 1128

Case 32. (200) (33)

✓145. Breughel, Duch Proverbs 1720

Case 33 (320) (57)

✓146. Van der Weyden, Marienaltar 534 A
✓147. Van der Weyden, St. Johnsaltar 534 B

Case 34 (17) (21)

✓148. Amberger, Cosmograph Sebastian Münster 583
✓149. Holbein, Old Man 586 D
✓150. Raphael, Solly Madonna 141
✓151. Altdorfer, Rest on the Flight 638 B
✓152. Gossaert, Baudouin de Bourbon 586 A
✓153. Veneziano, Portrait of Young ~~MAN~~ Woman 1614
✓154. Dürer, Holzschuher Portrait 557 E
✓155. Seghers, Landscape 808 A
✓156. Sassetta, Legend of St. Francis 1945
✓157. Rembrandt, Minerva 828 C
✓158. Rembrandt, Self-Portrait 810
✓159. Ter Borch, The Concert 791 G
✓160. Botticelli, Guiliano de Medici 106 B
✓161. Baldung, Graf Löwenstein 1842
✓162. Di Credi, Young Girl 80

This is a certified copy:
Harry A. Adler
Harry A. Adler
Captain C.E.
Adm. Officer

Acknowledge Receipt 19 November 1945
signed Lamont Moore
Lamont Moore 0-2011967
2nd Lt. AUS
M Fa & A Spec.O

Receipt of Custody List of German-Pwned Works of Art Designated for Shipment to the National Gallery of Art, Washingron, D.C., U.S.A., for Safekeeping. (Continued)

Case 35 (534) (29)

✓163. Ouwater, Raising of Lazarus 532 A
✓164. Holbein, George Giesze 586

Case 36 (291) (56)

✓165. Corregio, Leda and the Swan 218
✓166. Carpaccio, Entombment of Christ 23 A
✓167. Tiepolo, St. Agatha 459 B

Case 37 (1885) (228)

✓168. Chardin, The Draughtsman 2076
✓169. Hals, Hille Bobbe 801 C
✓170. Hals, Portrait of a Young Man 800
✓171. Vermeer, Man and Woman Drinking Wine 912 C

Case 38 (1875) (246)

✓172. Calf, Sitllife 948 D
✓173. Guardi, St.Mark's Plaza in Venice 501 G
✓174. Hals, Singing Boy 801 A
✓175. Ruijsdael, Haarlem View 885 C
✓176. Tiepolo, Carrying of the Cross 459 C

Case 39 (1881) (243)

✓177. Hals, Nurse and Child 801 G
✓178. Rembrandt, Tobias and the Angel 828 N
✓179. Rembrandt, Hendrickje Stoffels 828 G
✓180. Hals, Tyman OOsdorf 801 H

Case 40 (1861) (5)

✓181. Hals, Portrait of a Young Woman 801
✓182. Terborch, Fatherly Advice 79.
✓183. Steen, Inn Garden 795
✓184. Chardin, Stillife 1944
✓185. Vermeer, Young Woman with a Pearl Necklace 912 B

This is a certified copy:
Harry W. Adler
Harry W. Adler
Captain C.E.
Adm. Officer

Acknowledge Receipt 19 Nov 1945
signed Lamont Moore
Lamont Moore 0-2011967
2nd Lt AUS
M FA & A Spec. O

-7-

Receipt of Custody List of German-Owned Works of Art Designated for Shipment to the National Gallery of Art, Washington, D.C., U.S.A., for Safekeeping. (Continued)

Case 41 (1864) (233)

✓186. Tizian, Lavinia 166
✓187. Tizian, Self Portrait 163
✓188. Tizian, Portrait of a Young Man 301
✓189. Mantegna, Presentation in the Temple 29

Case 42 (304) (36)

✓190. Konrad Witz, Decision of Redemption 1673
✓191. Rubens, St. Caecilia 781

Case 43 (1882) (2)

✓192. Rembrandt, Man with Gold Helmet 811 A
✓193. Rubens, Landscape (Shipwreck of Aeneas) 776 E
✓194. Rembrandt, Old Man with a Red Hat 828 J
✓195. Watteau, French Comedians 468

Case 44 (536) (40)

✓196. De la Tour, St. Sebastian 2046
✓197. Caravaggio, Amor 369
✓198. Rembrandt, Moses Breaking Law Tablets 811
✓199. Watteau, Fête Champetre 474 B
✓200. Koninck, Dutch Landscape 821 A.
✓201. Manet, In the Wintergarden Nat.Gal. No. AI 550

Case 45 (8) (20)

✓ 202. Fra Angelic, Last Judgment (3 Panels) 60 A

Acknowledge Receipt 19 Nov 1945
signed Lamont Moore
Lamont Moore 0-2011967
2nd Lt. AUS
M FA & A Spec. O

This is a certified copy:
Harry W. Adler
Harry W. Adler
Captain C.E.
Adm. Officer

- 8 -

Anlage 7

Liste der 202 Bilder, die aus dem Verlagerungsdepot (Central Art Collecting Point) in Wiesbaden im November 1945 von der amerikanischen Besatzungsmacht nach Washington überführt wurden.

Die Katalog-Nummern, Künstlernamen und Bildtitel der Lfd. Nr. 1–200 entsprechend dem »Beschreibenden Verzeichnis der Gemälde im Kaiser-Friedrich-Museum und Deutschen Museum«, Neunte Auflage Berlin 1931, die der Lfd. Nr. 201 und 202 dem »Verzeichnis der Gemälde und Bildwerke in der National-Galerie zu Berlin« 1934.

Lfd. Nr.	Kat. Nr.	Künstlername	Bildtitel
1.	638 A	Altdorfer, Albrecht	Landschaft mit Satyrfamilie
2.	638 B	Altdorfer, Albrecht	Ruhe auf der Flucht nach Ägypten
3.	638 E	Altdorfer, Albrecht	Geburt Christi
4.	1883	Altdorfer, Albrecht	Abschied der Apostel
5.	583	Amberger, Christoph	Bildnis des Kosmographen Sebastian Münster
6.	1659	Amigoni, Jacopo	Bildnis einer Dame als Diana
7.	60 A	Angélico, Fra Giovanni	Flügelaltar. Das jüngste Gericht
8.	18 A	Antonello da Messina	Bildnis eines jungen Mannes
9.	603 A	Baldung, gen. Grien, Hans	Flügelaltar. Mittelbild: Anbetung der Könige
10.	603 B	Baldung, gen. Grien, Hans	Beweinung Christi
11.	1842	Baldung, gen. Grien, Hans	Bildnis des Grafen von Löwenstein
12.	1875	Baldung, gen. Grien, Hans	Pyramus und Thisbe
13.	1177 A	Bellini, Giovanni	Die Auferstehung Christi
14.	1624	Böhmisch, um 1350	Thronende Maria mit dem Kinde, »Glatzer Madonna«

Übernommen mit freundlicher Genehmigung aus: *Irene Kühnel-Kunze* Bergung – Evakuierung – Rückführung. Die Berliner Museen in den Jahren 1939–1959, Berlin 1984 S. 370–377.

15.	1647 A	Bosch, Hieronymus	Johannes auf Patmos
16.	102 A	Botticelli, Sandro	Maria mit dem Kind und singenden Engeln
17.	106 A	Botticelli, Sandro	Bildnis der Simonetta Vespucci
18.	106 B	Botticelli, Sandro	Bildnis des Giuliano de' Medici
19.	1124	Botticelli, Sandro	Venus
20.	1128	Botticelli, Sandro	Der hl. Sebastian
21.	545 B	Bouts, Dirk	Maria in Anbetung
22.	545 C	Bouts, Dirk	Maria mit dem Kind
23.	338	Bronzino, Angelo	Bildnis eines jungen Mannes
24.	338 A	Bronzino, Angelo	Bildnis des Ugolino Martelli
25.	S. 2	Bronzino, Angelo	Bildnis eines Jünglings
26.	1720	Bruegel, Pieter d. Ä.	Die niederländischen Sprichwörter
27.	2077	Bruegel, Pieter d. Ä.	Zwei angekettete Affen (Meerkatzen)
28.	1732	Burgkmair, Hans	Die Heilige Familie
29.	1981	Caracciolo, Giovanni B.	Bildnis zweier Ärzte als hl. Kosmas und hl. Damian
30.	369	Caravaggio, Michelangelo	Amor als Sieger
31.	23 A	Carpaccio, Vittore	Grablegung Christi
32.	47 A	Castagno, Andrea del	Mariae Himmelfahrt
33.	1944	Chardin, Jean-Baptiste-Siméon	Stilleben mit totem Fasan und Jagdtasche
34.	2076	Chardin, Jean-B.-S.	Der Zeichner
35.	448 B	Claude, gen. Cl. Lorrain	Italienische Küstenlandschaft
36.	615	Cleve, Joos van	Bildnis eines jungen Mannes
37.	218	Correggio, Antonio A.	Leda mit dem Schwan
38.	115 A	Cossa, Francesco	Allegorie des Herbstes
39.	564 A	Cranach, Lucas d. Ä.	Ruhe auf der Flucht nach Ägypten
40.	1832	Cranach, Lucas d. Ä.	Lukretia
41.	1907	Cranach, Lucas d. Ä.	Bildnis der Frau des Rechtsgelehrten Johann Reuss
42.	80	Credi, Lorenzo di	Bildnis eines jungen Mädchens
43.	523 B	Cristus, Petrus	Maria mit dem Kind und einem Karthäusermönch
44.	532	Cristus, Petrus	Bildnis eines jungen Mädchens
45.	64	Domenico Veneziano	Martyrium der hl. Lucia
46.	95 A	Domenico Veneziano	Anbetung der Könige

47.	1614	Domenico Veneziano	Profilbildnis einer jungen Frau
48.	557 E	Duerer, Albrecht	Bildnis des Hieronymus Holzschuher
49.	557 F	Duerer, Albrecht	Die Madonna mit dem Zeisig
50.	557 G	Duerer, Albrecht	Bildnis einer jungen Frau
51.	557 H	Duerer, Albrecht	Betende Maria
52.	1707	Elsheimer, Adam	Landschaft mit dem hl. Christophorus
53.	1843	Elsheimer, Adam	Das Dankopfer Noahs
54.	1973	Elsheimer, Adam	Landschaft mit der büßenden Magdalena
55.	2039	Elsheimer, Adam	Heilige Familie mit Engeln
56.	523 A	Eyck, Jan van	Bildnis des Giovanni Arnolfini
57.	525 A	Eyck, Jan van	Der Mann mit den Nelken
58.	525 C	Eyck, Jan van	Maria mit dem Kind in der Kirche
59.	525 F	Eyck, Jan van	Christus am Kreuz
60.	525 G	Eyck, Jan van	Bildnis eines Ritters vom Goldenen Vließ
61.	1617	Fouquet, Jean	Estienne Chevalier mit dem heiligen Stephan
62.	1620	Französisch, um 1400	Diptychon
63.	1648	Französisch, um 1400	Krönung Mariae
64.	1631	Geertgen, tot Sint Jans	Johannes der Täufer
65.	1853	Geertgen, tot Sint Jans	Maria mit dem Kind
66.	12 A	Giorgione	Bildnis eines jungen Mannes
67.	1884	Giotto	Tod Mariae
68.	1112 B	Giovanni di Paolo	Christus am Kreuz
69.	2170	Giovanni di Paolo	Der. hl. Franziskus und die hl. Klara
70.	2171	Giovanni di Paolo	Die hl. Klara rettet Schiffbrüchige
71.	551 A	Gossaert, Jan	Christus am Ölberg
72.	586 A	Gossaert, Jan	Bildnis des Baudoin de Bourbon
73.	501 F	Guardi, Francesco	Der Aufstieg eines Luftballons über dem Canale della Giudecca in Venedig
74.	501 G	Guardi, Francesco	Der Markusplatz in Venedig
75.	1836	Guardi, Francesco	Die Piazzetta in Venedig
76.	800	Hals, Frans d. Ä.	Bildnis eines jungen Mannes

77.	801	Hals, Frans d. Ä.	Bildnis einer jungen Frau
78.	801 A	Hals, Frans d. Ä.	Singender Knabe mit einer Flöte
79.	801 C	Hals, Frans d. Ä.	Malle Babbe (»Hille Bobbe«, die Hexe von Harlem)
80.	801 G	Hals, Frans d. Ä.	Die Amme mit dem Kinde
81.	801 H	Hals, Frans d. Ä.	Bildnis des Tyman Oosdorp
82.	1984	Hobbema, Meindert	Weg zwischen Baumgruppen und Gehöften
83.	586	Holbein, Hans d. J.	Bildnis des Kaufmanns Georg Gisze
84.	586 B	Holbein, Hans d. J.	Bildnis des Hermann Hillebrandt Wedigh
85.	586 D	Holbein, Hans d. J.	Bildnis eines älteren Mannes
86.	820 B	Hooch, Pieter de	Die Mutter
87.	1401	Hooch, Pieter de	Die Gesellschaft
88.	948 D	Kalf, Willem	Stilleben mit Pokal
89.	948 F	Kalf, Willem	Stilleben mit chinesischer Terrine
90.	1627	Kölnisch, um 1350	Diptychon. Innenseiten.
91.	1224	Kölnisch, um 1400	Das Leben Christi
92.	821 A	Koninck, Philips	Holländische Flachlandschaft
93.	2046	La Tour, Georges de	Der hl. Sebastian wird von der hl. Irene und ihren Frauen betrauert
94.	574 A	Leyden, Lucas van	Die Schachpartie
95.	584 B	Leyden, Lucas van	Maria mit dem Kind und Engeln
96.	78 A	Lippi, Filippino	Allegorie der Musik
97.	69	Lippi, Fra Filippo	Maria das Kind verehrend
98.	1067	Lippo Memmi	Maria mit dem Kind
99.	1077	Lorenzetti, Pietro	Die hl. Humilitas heilt eine kranke Nonne
100.	1077 A	Lorenzetti, Pietro	Der Tod der hl. Humilitas
101.	325	Lotto, Lorenzo	Christi Abschied von seiner Mutter
102.	86	Mainardi, Sebastiano	Bildnis eines jungen Mannes
103.	9	Mantegna, Andrea	Bildnis des Kardinals Lodovico Mezzarota
104.	29	Mantegna, Andrea	Darstellung Christi im Tempel
105.	1645	Marmion, Simon	Linker Flügel des Altars St. Omer

106.	1645 A	Marmion, Simon	Rechter Flügel des Altars St. Omer
107.1.	58 A	Masaccio, Tommaso	Anbetung der Könige
107.2.	58 B	Masaccio, Tommaso	Tafel mit zwei Darstellungen: Martyrium des hl. Petrus und Martyrium des Johannes d. T.
107.3.	58 E	Masaccio, Tommaso	Tafel mit zwei Darstellungen: Elternmord des hl. Julian und der hl. Nikolaus beschenkt drei Mädchen
108.	58 C	Masaccio, Tommaso	Die Wochenstube einer vornehmen Florentinerin
109.	58 D	Masaccio, Tommaso	Vier Heilige
110.	574 C	Massys, Quinten	Die klagende hl. Magdalena
111.	1205	Meister der Darmstädter Passion	Thronende Maria mit dem Kind
112.	1206	Meister der Darmstädter Passion	Die hl. Dreieinigkeit
113.	537 A	Meister von Flémalle	Bildnis eines feisten Mannes
114.	538 A	Meister von Flémalle	Christus am Kreuz
115.	1672	Meister der virgo inter virgines	Anbetung der Könige
116.	528 B	Memling, Hans	Maria mit dem Kinde
117.	529	Memling, Hans	Thronende Maria mit dem Kind
118.	529 D	Memling, Hans	Thronende Maria mit dem Kind und einem Engel
119.	591	Mostaert, Jan	Bildnis eines Mannes
120.	1662	Österreichisch um 1410	Christus am Kreuz zwischen Maria und Johannes
121.	1837	Österreichisch um 1425	Christus in der Trauer
122.	532 A	Ouwater, Aelbert van	Auferweckung des Lazarus
123.	174	Palma, Giacomo d. Ä., gen. Palma Vecchio	Bildnis eines Mannes
124.	197 B	Palma, Giacomo d. Ä., gen. Palma Vecchio	Halbfigur einer jungen Frau
125.	454 A	Panini, Giovanni Paolo	Phantasielandschaft mit römischen Monumenten
126.	608	Patinir, Joachim de	Ruhe auf der Flucht nach Ägypten

127.	107	Piero di Cosimo	Venus, Mars und Amor
128.	259 A	Piombo, Sebastiano del	Bildnis eines Edelmannes in der Rittertracht des Ordens Sant Jago
129.	259 B	Piombo, Sebastiano del	Bildnis einer jungen Römerin
130.	73 A	Pollaiuolo, Antonio	David als Sieger
131.	467	Poussin, Nicolas	Jupiter als Kind von der Ziege Amalthea genährt
132.	478 A	Poussin, Nicolas	Landschaft aus der römischen Campagna mit Matthaeus und dem Engel
133.	141	Raffaello Santi	Maria mit dem Kind u. Stieglitz
134.	147	Raffaello Santi	Madonna Diotalevi
135.	247 A	Raffaello Santi	Maria mit dem Kind und dem kleinen Johannes
136.	810	Rembrandt, Harmensz van Rijn	Selbstbildnis in Samtbarett und einem Mantel mit Pelzkragen
137.	811	Rembrandt, Harmensz van Rijn	Moses zerschmettert die Gesetzestafeln
138.	811 A	Rembrandt, Harmensz van Rijn	Der Mann mit dem Goldhelm
139.	812	Rembrandt, Harmensz van Rijn	Rembrandts Gattin Saskia
140.	823	Rembrandt, Harmensz van Rijn	Raub der Proserpina
141.	828 A	Rembrandt, Harmensz van Rijn	Bildnis eines Rabbiners
142.	828 B	Rembrandt, Harmensz van Rijn	Bildnis der Hendrickje Stoffels
143.	828 C	Rembrandt, Harmensz van Rijn	Minerva
144.	828 E	Rembrandt, Harmensz van Rijn	Susanna und die beiden Alten
145.	828 F	Rembrandt, Harmensz van Rijn	Die Vision Daniels
146.	828 H	Rembrandt, Harmensz van Rijn	Joseph und Potiphars Frau
147.	828 I	Rembrandt, Harmensz van Rijn	Der Alte mit der roten Mütze

148.	828 K	Rembrandt, Harmensz van Rijn	Predigt Johannis des Täufers
149.	828 N	Rembrandt, Harmensz van Rijn	Tobias mit dem Engel
150.	1932	Rembrandt, Harmensz van Rijn	Landschaft mit Brücke
151.	762 A	Rubens, Petrus Paulus	Bildnis der Isabella Brant, des Meisters erster Gattin
152.	776 C	Rubens, Petrus Paulus	Andromeda
153.	776 E	Rubens, Petrus Paulus	Landschaft mit dem Schiffbruch des Aeneas
154.	780	Rubens, Petrus Paulus	Thronende Maria mit Kind und Heiligen
155.	781	Rubens, Petrus Paulus	Die hl. Cäcilie
156.	785	Rubens, Petrus Paulus	Perseus befreit Andromeda
157.	885 C	Ruisdael, Jacob van	Haarlem von den Dünen bei Overveen
158.	413 A	Sacchi, Andrea	Bildnis des italienischen Feldhauptmanns Alessandro del Borro
159.	63 D	Sassetta, Steffano di Giovanni	Die Messe des hl. Franziskus
160.	1945	Sassetta, Steffano di Giovanni	Szene aus der Geschichte des hl. Franziskus
161.	1629	Schongauer, Martin	Geburt Christi
162.	808 A	Seghers, Hercules	Holländische Flachlandschaft mit dem Städtchen Rhenen
163.	79	Signorelli, Luca	Zwei Flügel eines Altars
164.	79 C	Signorelli, Luca	Bildnis eines älteren Mannes
165.	1070 A	Simone Martini	Grablegung Christi
166.	27 A	Squarcione, Francesco	Maria mit dem Kind
167.	795	Steen, Jan	Der Wirtshausgarten
168.	795 D	Steen, Jan	Die Kindtaufe
169.	1727	Strozzi, Bernardo	Judith
170.	791	Terborch, Gerard	Die väterliche Ermahnung
171.	791 G	Terborch, Gerard	Das Konzert
172.	459 B	Tiepolo, Giovanni B.	Martyrium der hl. Agathe
173.	459 C	Tiepolo, Giovanni B.	Kreuztragung
174.	459 D	Tiepolo, Giovanni B.	Rinaldo im Zaubergarten der Armida

175.	298 B	Tintoretto, Jacopo	Bildnis eines Mannes
176.	2145	Tintoretto, Jacopo	Bildnis des Dogen Mocenigo
177.	160 A	Tiziano Vecellio	Bildnis einer Tochter des Roberto Strozzi
178.	163	Tiziano Vecellio	Selbstbildnis
179.	166	Tiziano Vecellio	Tizians Tochter Lavinia
180.	301	Tiziano Vecellio	Bildnis eines jungen Mannes
181.	1849	Tiziano Vecellio	Die Venus mit dem Orgelspieler
182.	1170 B	Tura, Cosma	Der hl. Sebastian
183.	1170 C	Tura, Cosma	Der hl. Christophorus
184.	413 E	Velazquez, Diego	Bildnis der Gräfin Olivares
185.	922 C	Velde, Adriaen van de	Die Farm
186.	912 B	Vermeer van Delft, Jan	Die junge Dame mit dem Perlenhalsband
187.	912 C	Vermeer van Delft, Jan	Herr und Dame beim Wein
188.	104 A	Verrocchio, Andrea del	Maria mit dem Kind
189.	108	Verrocchio, Andrea del	Maria mit dem Kind
190.	468	Watteau, Antoine	Die französische Komödie
191.	470	Watteau, Antoine	Die italienische Komödie
192.	474 B	Watteau, Antoine	Gesellschaft im Freien
193.	1216 B	Westfälisch um 1250–1270	Altaraufsatz in drei Abteilungen. Die hl. Dreieinigkeit Maria und Johannes
194.	534 B	Weyden, Rogier van der	Johannesaltar
195.	535	Weyden, Rogier van der	Bladelinaltar
196.	545	Weyden, Rogier van der	Bildnis Karls des Kühnen, Herzog von Burgund
197.	545 D	Weyden, Rogier van der	Bildnis einer jungen Frau
198.	534 A	Weyden, Rogier van der	Marienaltar
199.	1656	Witz, Konrat	Christus am Kreuz
200.	1673	Witz, Konrat	Der »Ratschluß der Erlösung«
201.	893	Daumier, Honoré	Don Quixote und Sancho Pansa
202.	693	Manet, Edouard	Im Wintergarten

Entsprechende amerikanische Liste siehe bei K. M. Birkmeyer: Bericht über 202 Bilder aus Berliner Museen in den Vereinigten Staaten von Amerika, New York, am 22. April 1949 und bei Th. C. Howe: Salt Mines and Castles, Indianapolis, New York 1946, S. 297–300.

Anhang III

IIIa Verschiedene Dokumente (Seite 203 ff.)

Diese Dokumente aus dem Zeitraum vom 10. April bis 24. September 1945 sind Zeugnisse des politischen Hintergrunds und der Debatte über Wiedergutmachungen und Entschädigungen, die schließlich zu der Entscheidung führten, die „202“ Gemälde im November 1945 in die Vereinigten Staaten zu verbringen. Alle Dokumente unterlagen viele Jahre der Geheimhaltung und ihr Inhalt war den Mitarbeitern der MFA & A nur „gerüchteweise“ bekannt. Die veröffentlichten Kopien wurden in den amerikanischen Akten der OMGUS auf Mikrofilmen aufgefunden, die zwischen 1977 und 1981 für das Deutsche Bundesarchiv in Koblenz und das Institut für Zeitgeschichte in München hergestellt worden waren. Ein Nachweis ihrer heutigen Fundstelle in den National Archives, Washington D.C. (NARA), kann nicht gegeben werden, weil die Mikrofilme dort noch vor der endgültigen Katalogisierung angefertigt wurden. Kopien befinden sich bei den WIF-Dokumenten, NGA Washington D.C. (KG).

IIIb Nofretete (Seite 214 ff.)

Fünf Dokumente, hier als Faksimile wiedergegeben, beziehen sich auf die frühe Bitte Ägyptens, die berühmte Büste der Nofretete zurückzuerhalten. Ähnlich wie die Dokumente in Anhang IIIa belegen sie die Vorgänge auf den höheren Ebenen der Militärverwaltung zwischen 1945 und 1946. Der Inhalt dieser Papiere war den meisten Mitarbeitern der amerikanischen MFA & A zu dieser Zeit nicht bekannt.

POLAD 728/11

TOP SECRET TOP SECRET

SHAEF

STAFF MESSAGE CONTROL

INCOMING MESSAGE

EYES ONLY

UNITED STATES OF AMERICA
WAR

SHAEF FWD 19/20

TOO 101947Z Apr TOR 102314B Apr

TOP SECRET

URGENT

57

FROM : AGWAR FROM GENERAL MARSHALL

TO : SHAEF FORWARD FOR GENERAL EISENHOWER FOR HIS EYES ONLY

REF NO : W-69929, 10 April 1945

For your information the following memorandum has been received from the State Department and has the approval of the Treasury Department:

"It has come to the Department's attention that American Armed Forces have captured in GERMANY a quantity of gold, foreign currencies and art treasures. Pending final decision as to the ultimate disposition of the foregoing, which will require careful study and probable consultation with our Allies, the State Department hopes that this treasure may be moved to a place of safekeeping in the proposed American Zone of Occupation in GERMANY for the time being and carefully guarded. The Department feels that this temporary solution will be less likely to cause unfortunate political complications".

Please keep me advised on this subject.

711.2

DISTRIBUTION:

1. SUPREME COMMANDER
2. CHIEF OF STAFF
3. Gen. McSherry (Personel) Action
4. Mr. Murphy ✓
5.

COPY NO 47

TOP SECRET

Nachricht an Eisenhower betreffend die Beschlagnahme von Gold usw.

TOP SECRET

URGENT

FROM : AGWAR FROM GENERAL MARSHALL

TO : SHAEF FORWARD FOR GENERAL EISENHOWER FOR HIS EYES ONLY

REF NO: w-69929, 10 April 1945

For your information the following memorandum has been received from the State Department and has the approval of the Treasury Department:

"It has come to the Department's attention that American Armed Forces have captured in GERMANY a quantity of gold, foreign currencies and art treasures. Pending final decision as to the ultimate disposition of the foregoing, which will require careful study and probable consultation with our Allies, the State Department hopes that this treasure may be moved to a place of safekeeping in the proposed American Zone of Occupation in GERMANY for the time being and carefully guarded. The Department feels that this temporary solution will be less likely cause unfortunate political complications".

Please keep me advised on this subject.

DISTRIBUTION:

1. SUPREME COMMANDER

2. CHIEF OF STAFF

3. GEN. McSherry (Personal) Action

4. Mr. Murphy

5.

COPY NO 4

Nachricht an Eisenhower betreffend die Beschlagnahme von Gold usw. (Abschrift).

U. S. GROUP, CONTROL COUNCIL (GERMANY)
REPARATION, DELIVERIES AND RESTITUTION DIVISION
Monuments, Fine Arts and Archives Branch
APO 742

JNB/ejb

TAS
A

9 August 1945.

SUBJECT: Comments on Document, "Art Objects in US Zone", transmitted by C of S to Col JEFFERSON, RD&R Division, US Group CC, under date 29 July 1945.

TO : Deputy Military Governor, US Group CC (GERMANY) APO 742, US Army.

I. DISCUSSION

1. The subject document divides all works of art in US Zone into three classes and makes recommendations as to the disposal of each. The following discussion of each class is submitted.

2. Class "A".

a. Quote:

"consisting of works of art taken from the countries overrun by Germany readily identifiable as publicly owned, and works of art taken from private owners of overrun countries by seizure and without compensation."

"It is recommended that all works of art in Class "A" be returned to the country of origin as rapidly as arrangements can be affected, without conditions."

b. Comment:

Reference is made to a Staff Study entitled "Return of Works of Art, Archives, and other cultural Materials in Anticipation of Restitution", dated 17 June 1945.

The action recommended, namely, the immediate return of objects in Class "A", follows substantially the recommendations in the Staff Study, and is approved, subject to technical conditions to be included in receipt.

3. Class "B".

a. Quote:

John Nicolas Brown, "Art Objects in US Zone" (9. August 1945) "consisting of works of art taken from private collectors in the overrun countries for which some compensation is alleged to have been made to the owner."

"It is recommended that works of art in Class "B" be returned to the countries of origin and that receipts be taken for the amount of compensation alleged to have been paid by the Germans, with these values possibly to be considered as reparations payment to the several countries to which these works of art are returned."

b. Comment:

It is submitted that this question of the ownership of each object is at issue. The author of the subject document states in par. 4., "while there may be some doubt as to the return of all works of art in Class "B" to their original owners, it is believed that the US will desire these works of art to be returned to the country from which they were taken." It would seem, therefore, that before works of art in Class "B" are finally returned that there be an adjudication of title. Merely the fact that some compensation is alleged to have been made to the owners would seem hardly enough to justify action recommended, namely the return to the countries of origin, even with the corollary that this alleged amount of compensation be charged against the reparations account. For instance, if the title, and ownership, is judged to be in a French national, then the object should be returned to the French Government which should give receipt for the amount of compensation involved as laid down in the subject document's recommendations; but if the sale is considered bona fide then the object falls into Class "C". The dealings of the art world were so intricate and so devious that it is submitted that there must be adjudication after evidence and by a suitably set up judicial authority before objects in Class "B", as defined in the Subject document, can safely be returned.

4. Class "C".

a. Quote:

"consisting of works of art placed in the US zone by Germany for safe keeping which are bona fide property of the German nation."

"It is recommended that the works of art in Class "C" be removed to the US as rapidly as arrangements can be affected and distributed among the museums in the US properly equipped to handle these works of art. It is suggested that they be placed on exhibit in the US, but that an announcement be made to the public, to include the German people, that these works of art will be held in trusteeship for return to the German nation when it has re-earned its right to be considered as a nation."

b. Comment:

The undersigned strongly protests the action contemplated, ans submits the following arguments against it:

(1) There are no works of art which in a technical and legal sense are the "property of the German nation." The German Museums were not at the Reich level.

(2) The author of the subject document was under a grave misapprehension when he made the statement, contained in the first par. of Section 3, that "neither expert personnel nor satisfactory facilities are available in the US Zone to properly safeguard and handle these priceless works of art." Some of the most competent men in the museum field are serving as MFA&A Specialist Officers, and already the vast majority of the most important and valuable works of art owned in Germany are found in the US Zone are under their care and control. There is therefore no reason to take Class "C" objects to the US simply to keep them from harm. Indeed the shipping and transportation of these objects, most of which are delicate, entail a grave risk and responsibility in itself.

(3) It is manifestly impossible to take all the thousands of objects back to the US "to be inventoried, identified and cared for by our leading museums" as suggested in par. 4 of the subject document. If there is to be a selection, then this identification must be made in Germany. For this purpose there are many European art historians, scholars and technicians available to supplement US Army personnel.

(4) Many objects in the US Zone belong to institutions in other Zones. For instance, pictures found in the mines at SIEGEN, and now safely stored and expertly cared for at MARBURG, both in the US Zone, came from the Museums of COLOGNE, DUSSELDORF and other institutions in the British Zone. Likewise the great treasures found at MERKERS which is now in the Russian Zone, and presently to be placed in the Collecting Point at WIESBADEN, come from the museums in the Russian sector of BERLIN.

(5) The taking of masterpieces of art, regardless of their number, which have been part of GERMANY's national cultural heritage for years past, by the US for distribution among museums in the US under the questionable legal fiction of "trusteeship" seems to the writer, and to his associates in the MFA&A Branch not only immoral but hypocritical. He believes that any such action on the part of the US would be regarded by her allies with distrust and disfavor and would have a seriously adverse effect upon the course of the program of reeducation which the US is attempting to promulgate in Germany itself. For the US to take priceless treasures which all the world would recognize as bona fide property of

the great German museums and transport them 3000 miles, or more, under the guise of taking them "in trusteeship for return to the German nation when it has re-earned its right to be considered as a nation", would be to cast but a thin veil over an act based upon the principles against which we have been fighting. All through the operational phase of MFA&A it was constantly said by our officers in the field that the US Army had established this service in order to preserve and protect works of art and not for the purpose of carrying them off to the USA, as was often accused by our Allies as well as by enemy propaganda. To have the German propaganda turn out to be true would indeed be humiliating.

(6) Many of the objects referred to in Class "C" are church property and on no account should be allowed to be taken to the US without the consent of the ecclesiastical owners.

(7) It is suggested, however, that a series of loan exhibitions could well be arranged; that pending the reerection of suitable museum display facilities in Germany, that the reactivated, de-Nazified German Museum institutions would gladly lend the cream of their less fragile treasures to the US as well as to the formerly occupied countries which have suffered such great artistic losses due to Nazi barbarism, and that in this way the world could enjoy these works of art which perforce must otherwise remain in repositories and collecting points until Germany is rebuilt. But these objects should come to the US as German property and not as taken by some quasi legal act of war.

5. Attention is invited to a memorandum entitled "Suggested Plan for the Restitution of Works of Art taken by Germans from Occupied Territories", dated 27 July 1945, which the undersigned prepared in Berlin before he had seen the subject document and in anticipation of a call for his opinion and advice.

II. ACTION RECOMMENDED.

That since it will be physically impossible to arrange for the transport to the US of any works of art for some time, that no publicity be given to recommendation c. in Section 5 of the subject document, at this time.

John Nicholas Brown
JOHN NICHOLAS BROWN
Adviser on Cultural Matters.

UNITED STATES POLITICAL ADVISER
FOR GERMANY

AG 007
OSGAB

31 August 1945.

SECRET

MEMORANDUM

TO : Lieutenant General Lucius D. Clay,
Deputy Military Governor, Germany.
Brigadier General C. L. Adcock,
Assistant Chief of Staff, G-5, USFET.
Colonel L. W. Jefferson,
Director, R.D. and R. Division, US Group CC.

FROM: Political Adviser.

You may be interested in the following message received from the Department of State:

"The Department of State, while agreeing that the announcement made on the removal of German art to the United States should omit reference to German obligation to make replacement in kind, is disturbed by the view that Germans should not be required to replace looted art not found or destroyed.

"In the past the Department of State has always accepted replacement in kind with respect to restitution of art as distinct from restitution of objects of no unique cultural value. The Department transmitted to Winant on June 5 a draft agreement on restitution of art approved by State-War-Navy Coordinating Committee and the Roberts Commission which provided that "if works of art, books, historic or artistic archives, and other artistic or historic property known to have been looted cannot be found within a period of two years after the unconditional surrender or defeat of Germany, there shall be an obligation on Germany to replace such articles by comparable objects from German collections, public or private." Moreover, replacement in kind will be strongly insisted upon by all countries which lost part of their cultural patrimony to the Germans."

Robert Murphy.

(130)

Notiz von Robert Murphy an General Lucius D. Clay betreffs Reparationsleistungen vom 31. August 1945.

ADDRESS OFFICIAL COMMUNICATIONS TO
THE SECRETARY OF STATE
WASHINGTON, D. C.

DEPARTMENT OF STATE
WASHINGTON

September 14, 1945

SECRET

My dear Mr. Chairman:

As you know, the President approved at the Berlin Conference a proposal by General Clay to transfer works of art of bona fide German ownership to the United States for safekeeping pending their eventual return to Germany.

The National Gallery of Art would seem to be the most appropriate instituion to assume the responsibility for the custody, and to handle the storage and protection, of this art in the United States. I hope, therefore, that the National Gallery can assume these functions. The Department of State is, of course, prepared to support a request by the National Gallery for additional funds necessary to the discharge of this task.

General Clay has been asked to supply information regarding the storage space needed for the art destined for shipment. Since existing facilities for storage and safekeeping in Germany are highly inadequate, I trust that the National Gallery will be able to make prompt arrangements for the reception and storage of this art in the United States so that shipments can commence in the very near future.

Sincerely yours,

Dean Acheson

Acting Secretary

The Honorable Harlan F. Stone,
Chairman, Board of Trustees,
National Gallery of Art,
Washington, D. C.

Dean Acheson über die Verwahrung von Kunstwerken aus deutschem Besitz vom 14. September 1945.

UNIT AL ADVISER
FOR GERMANY

URGENT 14 September 1945.

MEMORANDUM

TO : Lieutenant General Lucius D. Clay,
Deputy Military Governor, Germany.
Colonel L. W. Jefferson, Director,
R D and R Division, US Group CC.

FROM: Political Adviser.

With reference to our conversation and my memorandum of August 30 regarding the shipment of German art to the United States, the Department of State now telegraphs the text of the proposed announcement as revised and approved by the Department:

"The U. S. Government is removing from Germany to continental United States certain art objects not readily identifiable as looted property with the sole intention of keeping such treasures safe and in trust for the people of Germany or the other rightful owners. The U.S. Government will retain these objects of art in its possession only as long as will be necessary to insure their physical safety or until such time as it may be possible to determine the rightful owners.

"When the appropriate Allied bodies determine the rightful owners or the return of conditions in Germany whereby the safety of these objects can be definitely assured, they will be distributed according to the directives of such Allied groups."

The Department of State adds that it is expected that more detailed announcement will have to be made in Washington in the near future to counter rumors and anticipated criticism concerning the action taken. We will be advised in advance by the Department regarding the date of such an announcement in order to synchronize it with the announcement made in Germany.

Robert Murphy.

Robert Murphy über die Verwahrung von Kunstwerken aus deutschem Besitz vom 14. September 1945.

C/ 'ER SHEET HEADQUARTERS U.S. GR^'IP CC
Must remain with attached papers

NUMBER EACH ITEM IN LEFT COLUMN. USE ENTIRE WIDTH OF PAPER.

ITEM No.	TO	FROM	DATE	SUBJECTS: Reply to Cable on Removal of German-owned Art. (Enter AG File Classification)
1	Chief of Staff	Dir RD&R Div	24 Sep /45	The following is submitted as a draft reply to the cable from Mr. McCLOY W-66436 to the Deputy Military GOVERNOR. This cable assigned to O/SS for action.

"In connection with the shipment of German-owned works of art to the United States to prevent their deterioration, subject of your cable W-66436, dated 19 September, it now appears that the bulk of such art objects may be left in suitable repositories and placed in the custody of acceptable German personnel without undue risk of damage or deterioration. A complete check of the repositories in the US Zone is now being made to determine which may suitably be left undisturbed in the custody of German personnel and which should be evacuated either because their contents are loot or because the conditions of storage are unsatisfactory. It is hoped that the rapid restitution of looted art already evacuated to collecting-points will make space available in these for the storage of German-owned art objects which are evacuated from unsatisfactory repositories. Furthermore requests have been received from other zone authorities for the return to their custody of German-owned works of art from museums in their areas which are now stored in the US Zone. It is proposed to return such objects under assurances of proper safe-keeping. This action will not only relieve the US of responsibility for them but also make further storage space available in our collecting-points. When the survey of respositories is completed you will be advised whether and to what extent it appears advisable to evacuate outstanding German-owned works of art to US museums for safekeeping."

L. W. JEFFERSON
Colonel, GSC
Director.

Deliver by hand to Maj Scott, Secy –
" " " " Col Jefferson, Chf, RD&R.

HQ. USGCC FORM NO 9 PAGE No

LIFT HERE. USE OTHER SIDE.

USGCC über die Verwahrung von Kunstwerken aus deutschem Besitz vom 24. September 1945.

HEADQUARTERS

U.S. GROUP C.C.

A.G. CABLES

INCOMING CLASSIFIED MESSAGE

DATED 181330A   RECD 242005B SEPT
                                                                    184/24
                                                                    433

C O N F I D E N T I A L

S E C R E T

FROM : USFET MAIN SIGNED EISENHOWER

TO : US GROUP CC FOR R D & R DIVISION

FOR INFO : ADJ GEN WAR DEPT

REF NO : S-23916 CITE: ETGEC

Subject is removal of German owned cultural art objects to US, reference your CC-16123 dated 13 Sept 1945.

Only available information on cubic footage is on 3 respositories of German owned art evacuated by US Forces to US Zone for safekeeping, namely: 2 from Russian Zone, 17250 cubic feet and 1 from British Zone, 10250 cubic feet. Estimated floor space for storing them, 30,000 square feet. Inasmuch as most of the objects thus evacuated are in unopened crates, their quality is not now determinable. There remain 677 respositories in US Zone still to be investigated as to ownership and cubic content. Many months and much additional museum specialist personnel are required to complete competent estimate. Implementation of restitution program precludes use of present MFA and A personnel for this purpose. This Headquarters requests clarification of policy regarding future evacuation to US of German owned art objects in US Zone but indigenous to British, French and Russian Zones, inasmuch as British and French policy is to reassemble in their original form scattered German collections and to reactivate German Museums.

CC-15123, 13 Sept 45, Originator RD & R

ACTION : RD & R

INFORMATION : O/SS ; Legal
PR [illegible] (M)
Transport [illegible] Records

[illegible] IN 9554 24 Sept 45 2325B DMS/[illegible] REF NO: S-23916

C O N F I D E N T I A L

COPY NO. 26

The Making Of An Exact Copy Of This Message Is Forbidden

USFET über die Verwahrung von Kunstwerken aus deutschem Besitz vom 24. September 1945.

DIVISION OF
CENTRAL SERVICES
TELEGRAPH SECTION

DEPARTMENT OF STATE

INCOMING TELEGRAM

INFORMATION
COPY
ACTION MUST BE ENDORSED
ON ACTION COPY

Rec'd to Com

GEM -K
Paraphrase before communicating except to Government Agencies.

1946 FEB 13 AM 9 07

DC/L
LIAISON

Cairo

Dated February 12, 1946

Rec'd 6:01 p.m.

ACTION: ESP
INFO: ~~RESTRICTED~~
S
U
C
A-C
EUR
DC/L
OFD
FC
DC/R

Secretary of State,

Washington.

278, February 12, 7 p.m.

In official note Egyptian Prime Minister requests our govt's assistance with appropriate officials in American zone of occupation in Germany in order expedite return to Egypt of bust of Queen Nefertiti fraudulently taken to Germany in 1913. Prime Minister urgently requests that necessary instructions be given to commanding general or political adviser to deliver bust to representative of Egyptian Govt who will shortly proceed Germany to take delivery of it. Also that this official be given all possible facilities for his return to Egypt.

There is no gesture which would be more deeply appreciated by Egyptian Govt or people than the return to this country of bust of famous Queen Nefertiti. Am sending copies of Prime Minister's note to you and to Murphy.

Repeated to Murphy.

TUCK

JMS

~~RESTRICTED~~

DECLASSIFIED
NND 750148
By AEL NARS, Date 11-22-88

Brief betreffend Nofretete und Ägypten vom 12. Februar 1946.

MEMORANDUM

TO: Mr. Huntington Cairns

FROM: Mr. Lamont Moore

February 14, 1946

It occurred to me in thinking about the Queen Nefertiti case that it might be well for us to consider as follows: let us assume that the buck-slip from the Department of State was really a request for consideration and suggested action. In the event that we do not answer it and the transfer of the sculpture from Germany to Egypt is accomplished, there might be a kick-back which we will not be able to answer, especially if the State Department said "well, we sent you the basic communication". Should we either by telephone or, if you wish, by informal memorandum, state our reactions possibly along the following lines:

1) The bust was taken to Germany long before the Nazis came to power, therefore, existing directives concerning resitution do not apply.

2) It is known that the bust left Egypt without national authorization, an act of so-called "smuggling" or fraudulent passage. Since the bust was purchased, the whole transaction was in no wise different from other transactions some of which brought works of art to American collections. Fraudulent passage cannot be considered looting. Representations by the Egypt should have been made before this date if fraudulent procedure was used in 1913.

3) The piece is to the Berlin Museum what the Winged Victory and Elgin Marbles are to their respective institutions. It has been associated for over a generation with the Berlin Museum by tourists and scholars and it would seem that its return to Egypt at this late date would be principally to satisfy the 'amour propre' of the Egyptians in a Nationalist sense.

4) To return this item to Egypt now would be to follow the Nazi principle of confiscating works of art by pretense or force in order to enlarge their own collections.

From a personal point of view, I should like to follow your recommendation that we consider no immediate action and yet I feel that if the Egyptian authorities succeed in their plan, we might be faced with similar problems which might not be easily solved once the Nefertiti precedent has been established.

LM.

Brief betreffend Nofretete und Ägypten vom 14. Februar 1946.

Fi...

MEMORANDUM

TO: Mr. Huntington Cairns
Secretary
The Roberts Commission

FROM: Lamont Moore
Assistant Secretary
The Roberts Commission

SUBJECT: LOAN OF THE NEFERTITI TO THE METROPOLITAN MUSEUM

As a result of my telephone conversation with Mr. Taylor of the Metropolitan Museum, he has asked for the Commission's advice on the following:

In connection with their promotion campaign, the Metropolitan Museum is planning to import certain important works of art from European Collections for a big loan exhibit of which the recent Good Shepherd "from the Lateran" is an example. Mr. Taylor was interested in the recent developments concerning the Nefertiti and he has suggested the following plan: Mr. Lansing of the Museum will contact the Egyptian Minister and explain the desire of the Metropolitan to exhibit the Nefertiti for two months. The Egyptian Minister will concur and indicate the approval of the Egyptian Government to the State Department. At the conclusion of the exhibit, Nefertiti will be returned to Egypt.

Mr. Taylor would like your reaction to this idea.

Lm.

March 7, 1946

Brief betreffend Nofretete und Ägypten vom 7. März 1946.

April 19, 1946

Dear Francis:

I had hoped that by this date current considerations in certain departments would give us a firm basis for approving the loan of the Nefertiti. However, the Commission can only suggest at this time that you negotiate for the loan through whatever channels you desire, subject to whatever conditions may be imposed by outside authorities This applies particularly to the suggestion that, upon the conclusion of its showing, the Nefertiti be returned to the country of its origin.

Sincerely yours,

Huntington Cairns
Secretary

Mr. Francis H. Taylor
The Metropolitan Museum of Art
Fifth Avenue and 82nd Street
New York 28, New York

Brief betreffend Nofretete und Ägypten vom 19. April 1946.

COPY

The Secretary of State presents his compliments to the Honorable the Minister of Egypt and has the honor to acknowledge receipt of the note of February 18, 1946, in which are stated the history of the statue of Queen Nefertiti and the request of the Egyptian Government to have this invaluable art object, now in the United States zone of occupation in Germany, returned to the land of its origin.

The Secretary of State fully understands the desire of the Egyptian Government to bring back this statue which has such great significance in the cultural history of Egypt, and has examined with the utmost sympathy the claim advanced in the Legation's note. It must, however, be recalled that the position of the United States as one of the four Occupying Powers who jointly have assumed supreme authority in Germany of necessity precludes unilateral disposition of property found in the United States zone. In so far as this Government has

acted

Brief betreffend Nofretete und Ägypten vom 29. Mai 1946.

-2-

acted with respect to the disposition of art objects found in Germany it has done so either as an agent of the control authority for the restitution of art looted by Germans during the war, in accordance with the United Nations Declaration of January 1943, or as trustee for artistic property in the possession of Germany at the beginning of the war.

On the basis of the latter principle the United States Government has brought from Germany to the National Gallery in Washington, D. C., about two hundred paintings not identifiable as looted property, with the intention of keeping such treasures in trust so long as necessary to insure their physical safety. These paintings will be returned to Germany as soon as conditions warrant, and no attempt will be made to investigate the manner in which Germany acquired them before 1939.

However much the Secretary of State appreciates the wishes of the Egyptian Government, he regretfully feels obliged after long consideration to state that the

present

-3-

present quadripartite military government of Germany, necessarily an agency concerned with specific objectives growing out of the total defeat of Germany, does not appear to be the appropriate authority for dealing with cases of disputed transfer of cultural objects which antedate the war.

In disclaiming the competence of the Allied military government to settle this matter, the Secretary of State does not propose in any way to overlook the merits of the case presented by the Egyptian Government or to pass judgment on the substantive issue. Since he must regard the subject as a juridical question, he earnestly hopes that subsequent to the reestablishment of a competent German Government this case may be brought before the International Court of Justice or other appropriate international agency for settlement.

Department of State,

Washington, May 29, 1946

CE:David Harris
H.C. Vedeler:AMR EUR/M Le NE A-H
5/20/46

8б3.413/?-1846 CS/H

Anhang IV

William Whobrey ist Professor für Germanistik und Mediävistik an der Yale University. Der Vortrag *Die Siegespflichten: Walter Farmer und das Wiesbadener Manifest* wurde am 1. November 1997 auf einem Symposium zum Thema „Schutz von Kulturgut in Krisenzeiten. Gesetzliche und moralische Aspekte“ an der Temple University gehalten.

Die Siegespflichten: Walter Farmer und das Wiesbadener Manifest

William Whobrey

Walter Farmer verstarb am 9. August dieses Jahres in Cincinnati, Ohio. Jetzt ist Ihre erste Frage vielleicht: Wer war Walter Farmer, und Ihre zweite: Was geht mich das an? Ich möchte Sie zunächst kurz mit dem Lebenslauf Walter Farmers bekannt machen, insbesondere mit einem kritischen Punkt seines Lebens am Ende des Zweiten Weltkrieges, und dann darlegen, was dieser Mann für die mit zivilen Angelegenheiten betrauten Soldaten im Allgemeinen und für diese Konferenz im Besonderen bedeutet.

Gestatten Sie mir zunächst, kurz darzustellen, wie ich auf die Geschichte Walter Farmers aufmerksam wurde. Es handelt sich dabei um eine Geschichte, die erst seit kurzem erzählt wird, eine Geschichte, die entweder aus Desinteresse oder vielleicht aus ganz besonderen Interessen heraus lange Zeit vergessen war. Ich habe mir angewöhnt, regelmäßig die deutsche Wochenzeitschrift „Der Spiegel" zu lesen, und dort stieß ich zufällig auf einen Nachruf auf Walter Farmer. Dort also las ich, dass ein gewisser CPT Farmer nach dem Ende des Zweiten Weltkriegs eine wichtige Rolle bei der Errichtung der Zentralen Sammelstelle für Kunstwerke in Wiesbaden in Deutschland gespielt hatte. Ich las auch von einem Protestschreiben mit dem Titel „Wiesbadener Manifest". Das erregte mein Interesse und so entschloss ich mich, mir die Geschichte dieses früheren Offiziers anzusehen, der in einer Einheit gedient hatte, die damals „Monuments, Fine Arts and Archives" (MFAA) genannt wurde. Das interessierte mich in meiner Eigenschaft als Offizier für zivile Angelegenheiten, der ich einem Team für Sonderaufgaben angehörte, das ebenfalls eine Abteilung „Kunst und Denkmäler" hatte, als Akademiker mit einem Interessenschwerpunkt im Bereich sowohl der älteren als auch der neuen deutschen Geschichte, und als jemand, der Kunst schätzt. Kurz gesagt: ich war völlig begeistert.

Die Geschichte Walter Farmers kam Ende der achtziger Jahre dank der Arbeit von Dr. Klaus Goldmann, Oberkustos des Museums für Vor- und Frühgeschichte, Staatliche Museen zu Berlin, Preußischer Kulturbesitz, ans Licht. Dr. Goldmann hatte seit 1972 über verlorene oder gestohlene Kunst geforscht und Walter Farmer 1987 um Mithilfe bei einem Filmprojekt gebeten. Aber erst nach dem Erscheinen von Lynn Nicholas Buch *Der Raub der Europa* richtete sich die öffentliche Aufmerksamkeit darauf, welche Rolle die US-Armee bei der Rettung unschätzbarer Kunstwerke in und nach dem Krieg gespielt hatte. Das Buch weckte internationales Interesse an dem Thema und führte unter anderem im Januar 1995 zu einer Konferenz mit dem Titel „Kriegsbeute: Der Zweite Weltkrieg und seine Folgen", unterstützt vom Bard College Graduate Center for Studies in the Decorative

Arts. Die Konferenz brachte viele der damaligen Mitwirkenden wieder zusammen, einschließlich Walter Farmer. Die Vorträge wurden nun in einem von Elisabeth Simpson herausgegebenen Band unter dem gleichen Titel veröffentlicht, der in zahlreichen Buchclubs erhältlich ist. Walter Farmer sprach auf der Konferenz und erhielt, wie man mir erzählte, großen Beifall. Dank dieser Publicity und der Arbeit von Dr. Goldmann und anderer in Deutschland wurde Walter Farmer im Februar 1996 mit der höchsten zivilen Auszeichnung des Landes ausgezeichnet, dem Großen Verdienstkreuz. In Begleitung seiner Tochter, Frau Margaret Planton, lobte ihn die deutsche Regierung als jemanden, der, mit den Worten Außenminister Kinkels, „für unser kulturelles Erbe aufgestanden ist ... ein großer Sohn einer großen Nation." Farmer wurde darüber hinaus im Mai 1997 von den deutschen Freimaurern geehrt und nahm an einigen weiteren Konferenzen teil, bevor er in diesem Jahr an Krebs verstarb. Ich möchte an dieser Stelle Mrs. Planton aus Chillicothe, Ohio, öffentlich dafür danken, dass sie mir zahlreiche Artikel und Notizen aus Herrn Farmers persönlichen Beständen zur Verfügung gestellt hat.

Wir sind in der Gegenwart angekommen, aber was ist nun mit der Vergangenheit? Immerhin ist dies die Geschichte von CPT Farmer, einem jungen Mann, der seinem Land im Zweiten Weltkrieg diente. Ich möchte gerne die Ereignisse darstellen, die zu jenem schicksalhaften Tag im November 1945 führten.

Walter Farmer, geboren 1911, war dreißig, als die Vereinigten Staaten in den Krieg eintraten. Er hatte an der Miami University in Oxford, Ohio, Architektur und Mathematik studiert und das Examen 1935 in beiden Fächern absolviert. Wegen seiner starken Sehschwäche und seines Alters dachte er nicht an den Militärdienst. Er heiratete im Februar 1942 und fand sich fünf Wochen später als Rekrut einer medizinischen Einheit wieder. Nach seinem Dienst als Assistent des ersten Sergeanten schrieb er sich an der Offiziersanwärterschule ein, absolvierte diese im Januar 1943 und wurde zweiter Leutnant bei den Pionieren. Im April gelangte er als Adjutant zum 373. Pionierregiment und ging nach England. Nach der Landung in der Normandie hatte das Regiment in Frankreich und Deutschland Brücken zu reparieren. Er erhielt das Verwundetenabzeichen für Verletzungen, die er sich während einer dieser Aktionen zuzog. Im Mai 1945, am Ende Krieges, kam dieses Regiment in Aschaffenburg an, und bereitete sich auf eine Abreise nach Fernost vor. Ein Artikel im „Stars and Stripes" erregte CPT Farmers Aufmerksamkeit, und so las er von Gold und Kunstwerken, die nun in Höhlen und Salzstöcken in ganz Deutschland entdeckt wurden. Aus seinem persönlichen Interesse an Kunst und Architektur heraus dachte er, dabei einen Beitrag leisten zu können. Er fuhr zum Hauptquartier der SHAEF und bat um eine Versetzung zur Amerikanischen Kommission zum Schutz und zur Rettung von künstlerischen und historischen Monumenten in Kriegsgebieten. Im Juni 1945 wurde er zu einem Denkmalschützer.

Wenig wusste er von der MFAA, aber es war ihm, wie vielen anderen, General Eisenhowers Befehl vom 26. Mai 1944 bekannt: „In Kürze werden wir auf dem Europäischen Kontinent Schlachten schlagen, um unsere Zivilisation zu bewahren. Unweigerlich werden wir auf unserem Vormarsch auf historische Monumente und kulturelle Zentren stoßen, die der Welt all das symbolisieren, um dessen Verteidigung wir kämpfen. Es liegt in der Verantwortung eines jeden Kommandeurs, diese Symbole zu schützen und zu respektieren, wann immer dies möglich ist." CPT Farmer war ein Idealist und nahm sich diese Worte zu Herzen. Sie erwiesen sich als elementar für Entscheidungen, die er später treffen würde.

Er wurde bald von anderen MFAA-Offizieren in seine neue Aufgabe eingewiesen, unter denen sich auch solche Enthusiasten befanden, wie er selbst einer war. George Stout und Paul Sachs, Professoren in Harvard, und Francis Henry Taylor, Direktor des Metropolitan Museum of Art in New York waren an der Front zum Schutz und zur Rettung der in Deutschland eroberten Kunstwerke tätig. Er erhielt den Auftrag, die Zentrale Sammelstelle für Kunstwerke aus deutschem Besitz zu errichten, und so besuchte er zuerst das Gebäude der Reichsbank in Frankfurt, wo Berge von Kisten mit Kunstwerken lagerten, die man im März 1945 aus den Salzstöcken südwestlich von Berlin evakuiert hatte. Die Räume dort wurden zu eng, so dass andere Kapazitäten gefunden und darauf vorbereitet werden mussten, Hunderte von Kunstsammlungen aufzunehmen, sprichwörtlich Hunderttausende einzelner Werke, denen Sicherheit und eine Umgebung gewährt werden mussten, die sie nach den feuchten und schmutzigen Bedingungen vor weiterer Verschlechterung ihres Zustands bewahrten. Das Landesmuseum in Wiesbaden stand zwar noch, doch waren alle seiner 2000 Fenster zerschlagen, es gab keine Heizung und die Türen waren sämtlich aus ihren Verankerungen gedrückt. CPT Farmer begann seine Arbeit und hatte bereits im August genügend Fläche wiederhergestellt, um erste Transporte aufzunehmen, während er gleichzeitig das Gebäude mit Panzern und Infanteristen absichern ließ. Andere Zentren wurden in München und Marburg eingerichtet. Zusammen mit seiner Übersetzerin und Sekretärin Renate Hobirk musste er dann die Katalogisierung und Einlagerung tausender Kisten aus der gesamten Amerikanischen Zone überwachen. Deutsche Museumsexperten wurden eingestellt, um bei der Restauration und Pflege beschädigter Stücke zu helfen, und fotografiert wurden die Werke obendrein.

Und um welch einen Schatz es ging: Die ungarischen Kronjuwelen, die Büste der Nofretete, die Insignien der Hohenzollern, Werke von Tizian, Botticelli, Lucas Cranach, Rembrandt und Dürer und vieles mehr. Offiziere und Offizielle kamen von überall her, um das „Raubgut" zu betrachten. Entsetzt war CPT Farmer, als sich ein Hauptmann der Armee als Scherz die ungarische Krone auf den Kopf setzte.

In der ersten Novemberwoche wurde der Besuch eines gewissen COL Henry McBride erwartet, einer Kontaktperson zur National Gallery. Er war schroff und wunderte sich, warum das Gebäude so schlecht repariert worden sei, dass sich überall Pfützen auf dem Boden fanden. Ohne funktionierenden Befeuchter war dies jedoch die einzige Möglichkeit, Holzpanelen und gotische Skulpturen zu erhalten. Dieser Besuch gab einen Vorgeschmack auf das, was noch kommen sollte. Am 6. November 1945 überbrachte ein Bote der Sammelstelle ein Telegramm, in dem die Verbringung von mindestens 200 Gemälden in die Vereinigten Staaten befohlen wurde. (Der Wortlaut des Befehls im Original und in deutscher Übersetzung ist oben abgedruckt auf Seite 60 f.)

CPT Farmer war am Boden zerstört. Wie er später sagen wird: „Es schien mir, dass all unsere Bemühungen, die Integrität der Vereinigten Staaten im Umgang mit deutschem Kulturgut zu unterstreichen, diskreditiert würde, sollte dieser Transport stattfinden.“

CPT Farmer berief für den nächsten Tag ein Treffen aller 35 MFAA-Offiziere ein, um das weitere Vorgehen zu beraten. Am Tag darauf kamen 32 der 35 und das Ergebnis stundenlanger erhitzter Diskussion war das sogenannte „Wiesbadener Manifest“, eine Protestnote, die von Everett Presley aufgesetzt und 24 der anwesenden Offiziere unterzeichnet wurde. Drei Offiziere stimmten im Grundsatz zu, verweigerten jedoch ihre Unterschrift aus Angst um ihre Karriere und fünf weitere schrieben separate Briefe. Die Note wurde Major Bancel La Farge übergeben, dem Repräsentanten der MFAA im oberen Hauptquartier.

Der Protest hatte keine unmittelbare Wirkung. Die Gemälde, 202 an der Zahl, wurden in Kisten verpackt und für den Abtransport in zehn Tagen vorbereitet. Man holte sie ab, brachte sie mit dem Zug nach Le Havre und von dort mit dem Schiff nach New York, wo sie am 6. Dezember ankamen. Von New York wurden sie per Lastwagen zur National Gallery nach Washington D.C. transportiert.

Weitere Kunstwerke kamen nach Wiesbaden und im Februar 1946 organisierte Farmer eine Ausstellung, um den Deutschen zu zeigen, dass viel von ihrem kulturellen Erbe noch erhalten war. Werke, welche die Nazis nach 1933 gestohlen hatten, wurden an die rechtmäßigen Eigentümer zurückgegeben, sofern sie ermittelt werden konnten. Im März kehrte CPT Farmer in die Vereinigten Staaten zurück, um seine zivile Laufbahn als Architekt fortzusetzen. Er blieb jedoch Reservist der Armee und wurde im Rang des Colonels entlassen.

In der Zwischenzeit hatten die „202“, wie sie genannt wurden, in den Vereinigten Staaten eine Kontroverse entfacht. Der frühere MFAA-Offizier Charles Kuhn veröffentlichte das „Wiesbadener Manifest“ zuerst im Januar 1946 im *College Art Journal*. Im Februar wurde die Protestnote im *New York Times, Magazine of Art* und in der *Times* behandelt. Am 9. Mai 1946 unterzeichneten 95 Museumsbedienstete und Akademiker des ganzen Landes einen weiteren Protest und sandten in an Präsident Truman. Die Diskussion um die Motive der National Gallery eskalierte. Um es kurz zu machen, die Bilder wurden im Jahr 1948 ausgestellt, aber 1949 wieder nach Deutschland zurückgebracht. Die Wiesbadener

Sammelstelle wurde im gleichen Jahr an die Deutschen übergeben und damit, so scheint es, endet unsere Geschichte, vielleicht wie ein Sturm im Wasserglas.

Aber es erscheint geboten, den Inhalt des Manifests und die Gründe seiner kontroversen Aufnahme näher zu beleuchten. Es ist kein längeres Dokument und so möchte ich es hier im Ganzen verlesen.[1]

Man benötigt einige Hintergrundinformationen, um die tangierten internationalen, nationalen, militärischen und persönlichen Belange zu verstehen. Zunächst hatten die Vereinigten Staaten über mehrere Regierungs- und private Organisationen den Schutz von Kunstwerken während des Krieges zur nationalen und internationalen Aufgabe erklärt. Diese Organisationen hatten oftmals widerstreitende Interessen und Zielsetzungen. Es ist nicht möglich, diese Aufgaben hier im Detail zu behandeln. Aber es ist wichtig, einige der gegensätzlichen Standpunkte in Bezug auf das, was mit Kunstwerken in Deutschland unter amerikanischer und alliierter Kontrolle geschehen sollte, näher zu betrachten. Noch vor Dezember 1941 wurden einige Gruppen aktiv, um zu beraten, was zum Schutz bedrohter Kunstwerke auch in den USA zu unternehmen sei. Der Grundsatz der Entschädigung wurde von einigen vorangestellt, unter ihnen der oberste Richter der Vereinigten Staaten Harlan Stone. Im Jahr 1942 schließlich empfahl Richter Stone Präsident Roosevelt, dass die Achsenmächte nach einem Waffenstillstand verlorene oder zerstörte Kunstwerke durch eigene gleichwertige Werke ersetzen und die Museen der Achsenmächte diese direkt den überfallenen Ländern zurückgeben sollten.

Als der Krieg voranschritt, setzte das Kriegsministerium bestimmte Vorschläge in die Tat um. Zum Einen wurde am 1. März 1943 eine Abteilung für Zivile Angelegenheiten (CAD) unter Führung des Kriegsministers ins Leben gerufen. Auf ziviler Seite gründete sich im Juni 1943 die Roberts Commission, benannt nach ihrem Vorsitzenden, Richter Owen Roberts. Diese Kommission kam auf Geheiß von George Stout zustande, dem Leiter der Konservierungsabteilung im Harvard Fogg Museum und größter Experte des Landes auf dem Gebiet der Pack- und Evakuierungstechniken. Stout und andere zivile Akademiker wollten vor allem sicherstellen, dass das Militär auf seinem Vormarsch durch Italien, Frankreich und Deutschland eine aktive Rolle bei der Bewahrung von Kunstwerken und Denkmälern übernehmen würde. Eine zentrale Rolle spielten dabei die CAD und die MFAA, da sie Experten eine Stimme bei militärischen Operationen gaben, von denen viele in Uniform dienten. Das Spannungsverhältnis zwischen „militärischer Notwendigkeit“ und der Unversehrtheit historischer Kunstwerke maß der Arbeit dieser Männer und Frauen, die mit den Truppen an der Front marschierten, eine entscheidende Bedeutung bei.

---

[1] Im Original abgedruckt als Anhang IIa, Seite 159f., deutsche Übersetzung siehe oben Seite 63.

Die Politik der Sowjetunion war von Anfang an klar. Als sie 1944 und 1945 durch Polen und Deutschland marschierten, wurden die Deutschen Objekt einer offiziellen Vergeltungspolitik. Kunstwerke waren zu konfiszieren und gen Osten zu verbringen. Sie sollten nicht zurückgegeben werden, sondern aus historischen Gründen die Früchte des Sieges repräsentieren. Dieses Vorgehen wurde von den westlichen Alliierten nur dann kritisiert, wenn keine ähnliche Politik verfolgt wurde. Tatsächlich benutzten die Sowjets die Verbringung der Wiesbadener 202 als Rechtfertigung dafür, dass sie selbst tausende Kunstwerke außer Landes brachten.

Deutschland hatte natürlich ganz andere Interessen. Trat man dem Bedürfnis, verschleppte Kunstwerke den rechtmäßigen Eigentümern zurückzugeben, auch nicht entgegen, so wollte man doch das eigene Kulturgut bewahren, so gut es eben ging. Als völlig besiegte und in Ruinen liegende Nation hatte es nicht viel zu sagen und war auf das Wohlwollen der Siegermächte angewiesen. Obwohl einzelne Nazis, hochrangig oder nicht, sich um eine Rückgabe ihrer eigenen Sammlungen bemühten, wurden doch die überwiegende Zahl der Anspruchsteller zurückgewiesen und landeten wegen ihrer Taten zumeist in Gefängniszellen. In jüngerer Zeit und insbesondere nach der Vereinigung Deutschlands und dem Zusammenbruch der Sowjetunion wurden Anstrengungen unternommen, solche Kunstwerke zurückzubekommen, die vor dem Krieg in deutscher Hand waren und sich noch immer in Museen außerhalb Deutschlands befinden, zumeist in Russland. Seit den Enthüllungen des Jahres 1991, dass bestimmte verloren geglaubte Kunstschätze, wie das Gold des Priamos aus Troja, tatsächlich in russischen Museen aufbewahrt wurden, bemühte sich Deutschland verstärkt um eine Rückkehr dieser Objekte.

Die Wiederentdeckung des Wiesbadener Manifests in den Augen der Öffentlichkeit lässt bestimmte ethische Fragen aufkommen, die für uns in der Abteilung für Zivile Angelegenheiten von Bedeutung sind. Ich möchte nicht mit einer detaillierten Analyse dieser Argumente schließen, sondern vielmehr Fragen aufwerfen, die uns zu einer Diskussion über Walter Farmers Taten vom 7. November 1945 und über die Bedeutung des Wiesbadener Manifests in Bezug auf Militärpolitik und persönliche Verpflichtungen führen. Das Manifest ist eine Erklärung des Gewissens. Viel wurde schon gesagt über die Befehlsverweigerung der Unterzeichner und das Risiko, vor ein Kriegsgericht gestellt zu werden. Davon kann ich in dem Dokument nichts erkennen. Auch wenn die Protestnote über den Dienstweg nach oben gesandt werden sollte, enthält sie keine Weigerung, die Befehle des höheren Hauptquartiers zu befolgen, und die 202 wurden nach Plan verschickt. Die Frage sollte dahin gestellt werden, wozu ein Offizier verpflichtet ist, wenn er erkennt, dass die Befehle, die er umsetzen muss, zuvor geäußerten Grundsätzen widersprechen und den Interessen der USA schaden.

Auch wenn die Protestnote nie über den Dienstweg nach oben gelangte, erreichte sie doch die Sphäre öffentlicher Diskussion. Ist es ethisch vertretbar, dass

Armeeangehörige sich anderer Mittel, wie der Presse, bedienen, um die Politik zu beeinflussen? Den MFAA-Offizieren war nicht bekannt, dass Präsident Truman und General Clay, der Militärgouverneur der Amerikanischen Zone, im Sommer 1945 im Grundsatz vereinbart hatten, die 202 später wieder zurückzugeben. Es ist jedoch wahrscheinlich, dass die Verbringung weiteren deutschen Kulturguts von einem öffentlichen Aufschrei vereitelt worden wäre. Ich bin der Auffassung, dass uns dies zum Kern der Frage führt, ob politische Belange militärischer oder ziviler Kontrolle unterliegen sollten.

Zum Schluss möchte ich um Stellungnahmen zur Bedeutung des Manifests für die Zukunft bitten. Manche haben es als Modell einer ehrenvollen und zivilisierten Politik für die Bewahrung des kulturellen Erbes in Konflikten bezeichnet. Der deutsche Außenminister Klaus Kinkel lobte Walter Farmer als Repräsentanten des amerikanischen Volkes, das „seinen Werten und Idealen treu bleibt". Mit dieser Auszeichnung wollte Deutschland einen Menschen ehren, der ein „Beispiel für Zivilcourage bot ... und zeigt, wie ein Demokrat und Bürger einer freien Nation handelt, jemand, der zwischen richtig und falsch, zwischen moralischer Rechtschaffenheit und Opportunismus unterscheidet."

Anhang V

Diese Fotodokumentation aus den Akten von Walter I. Farmer gibt einen guten Einblick in die Arbeit der Wiesbadener Sammelstelle von 1945 bis 1946. Der private Charakter der Bilder zeigt das tägliche Leben dort besser als offizielle Pressefotos.

Zwei Wachtposten; Edith A. Standen (Mitte) und Rose Valland (rechts)

Walter I. Farmer in seinem Büro

Edith A. Standen

Dr. Ferdinand Kutsch

Lore Hengstenberg, Kenneth C. Lindsay

Renate Hobirk

Ernst Holzinger

Walter I. Farmer und „seine“ Nofretete

Vorbereitungen für die erste Ausstellung in der Wiesbadener Sammelstelle, die am 10. Februar 1946 eröffnet wurde. Kenneth C. Lindsay (links), Ernst Holzinger (Mitte) und Wulfhild Schoppa (rechts)

Alo Altripp mit der Stephanskrone

Die ungarischen Insignien sowie drei Kelche aus der Kathedrale von Gnesen (Gniezno, Polen)

Joe Kohlmaier und Edith A. Standen mit *Der Jungbrunnen* (1546) von Lucas Cranach dem Älteren

Eröffnung der Ausstellung in der Wiesbadener Sammelstelle am 12. Mai 1946

Eröffnung der Ausstellung in der Wiesbadener Sammelstelle am 12. Mai 1946

Eröffnung der Ausstellung in der Wiesbadener Sammelstelle am 12. Mai 1946; Ernst Holzinger und Edith A. Standen (links), Kenneth Lindsay und die Prinzessin von Preußen (rechts)

Eröffnung der Ausstellung in der Wiesbadener Sammelstelle am 12. Mai 1946; Theodore A. Heinrich, der Prinz und die Prinzessin von Preußen, Edith A. Standen

Dr. Holzinger und Captain Farmer begutachten den Zustand eines Gemäldes der Nationalgalerie, das unverpackt aus Frankfurt ankam und nun in diesen offenen speziell angefertigten Regalen aufbewahrt wurde.

Bundesaußenminister Dr. Klaus Kinkel verleiht Walter Farmer am 9. Februar 1996 im Gästehaus Petersberg das Große Verdienstkreuz.

Verschiedene Kisten der Staatlichen Museen Berlin im Jahr 1946 in der Sammelstelle Wiesbaden.

Polnische Kirchenschätze, aufgefunden im April 1945 in der Mine Grasleben, die später zur Wiesbadener Sammelstelle gebracht wurden.

Zwei Kelche aus der Kathedrale von Gnesen (Gniezno, Polen).

Die NGA als Aufbewahrungsort von Kunstwerken, die am Ende des Krieges zur Sicherstellung aus Deutschland abtransportiert und später wieder zurückgegeben wurden. Direktor David Finley, Chefkurator John Walker und Verwaltungschef Harry McBride (von links nach rechts) überwachen den Transport.

Ein Wachposten sichert einige der 202 Gemälde aus Deutschland, während ihrer Aufbewahrung im Gewölbe der NGA.

Als die Ausstellung der Berliner Bilder ohne Zeremonie ihre Tore öffnet, strömen die Menschen in beispielloser Zahl zur NGA: Fast eine Million Besucher in vierzig Tagen. Die sogenannte Ausstellung der „202" ist der erste „Blockbuster" (wenn auch dieser bedauerliche Begriff – zunächst in Kriegszeiten geprägt als Synonym für eine große Bombe – erst Jahrzehnte später für Museumsereignisse herhalten musste).

Zusätzliches Wachpersonal wurde angestellt, um die Besucherströme zu bewältigen, und die Armee entsandte eine Einheit Militärpolizei, um die Sicherheit der „202" zu gewährleisten. Das Bild zur linken ist Peter Paul Rubens Heilige Cäcilie.

An einem Sonntag zählt das Wachpersonal 67.940 Besucher, angeblich die höchste Besucherzahl überhaupt. An einem anderen Sonntag zählen Sanitäter sechzig Erste-Hilfe-Fälle.

Nachdem die Ausstellung Washington verlassen hatte, tourte sie noch durch ein Dutzend weiterer Städte und wurde von einer Million Menschen gesehen. Danach werden die Berliner Bilder wieder in Kisten verpackt und nach Deutschland zurückgebracht, wo sie in Bremerhaven ankommen.

Ankunft in Bremerhaven 1948.

Register

Bei Fragen zur Produktsicherheit wenden Sie sich bitte an:
If you have any questions regarding product safety,
please contact:

Walter de Gruyter GmbH
Genthiner Straße 13
10785 Berlin
productsafety@degruyterbrill.com